JEAN-BAPTISTE ÉDOUARD PERDON

INSTITUTEUR PRIMAIRE ET CHEF D'INSTITUTION

A VERSAILLES

DIRECTEUR DES ÉCOLES NORMALES

D'ALBI (TARN) ET DE CHARTRES (EURE-ET-LOIR)

1805-1877

In multis sapiens multa fecit.

DEUXIÈME ÉDITION

PARIS

LIBRAIRIE LÉOPOLD CERF

13, RUE DE MÉDICIS, 13

—

JUILLET 1884

JEAN-BAPTISTE ÉDOUARD PERSON

JEAN-BAPTISTE ÉDOUARD PERSON

INSTITUTEUR PRIMAIRE ET CHEF D'INSTITUTION

A VERSAILLES

DIRECTEUR DES ÉCOLES NORMALES

D'ALBI (TARN) ET DE CHARTRES (EURE-ET-LOIR)

1805-1877

In multis sapiens multa fecit.

DEUXIÈME ÉDITION

PARIS

LIBRAIRIE LÉOPOLD CERF

13, RUE DE MÉDICIS, 13

—

JUILLET 1884

AUX SIX CENTS ÉLÈVES
DE J.-B. ÉDOUARD PERSON

ET A MON PETIT GARÇON FRANÇOIS PERSON
PETIT-FILS POSTHUME D'ÉDOUARD PERSON

AVANT-PROPOS

DE CETTE SECONDE ÉDITION

En tirant à trois cents exemplaires seulement la biographie de J.-B.-Edouard Person, j'ai fait tort à sa mémoire : l'ancien directeur de l'Ecole normale primaire de Chartres a laissé plus d'amis sympathiques et plus d'élèves reconnaissants que je ne croyais. Je m'empresse donc de faire réimprimer cette Notice.

Sur certains points intéressant l'histoire de l'Enseignement primaire en général, et les plans d'études de l'Ecole de Chartres en particulier ; sur l'épisode des journées de Juin ; sur les préparatifs et l'exécution de la loi de 1850, j'ai modifié quelques passages, et ajouté quelques détails que j'ai eu l'occasion de recueillir, depuis mon premier travail[1].

En ce qui concerne la loi de 1850 et la liberté de l'Enseignement, j'avais été tenté tout d'abord d'adoucir les traits un peu vifs de ma narration. Ainsi que

---

[1] Je dois notamment de nouveaux traits aux notices que M. Eugène Rendu m'a fait l'honneur de me communiquer (l'une, consacrée à Ambroise Rendu, son père, l'autre à J. Rapet), et aux souvenirs de plusieurs anciens élèves d'Edouard Person que je n'avais pas revus depuis nombre d'années.

je l'ai dit du reste, il se fait de nos jours une réaction en faveur de cette loi. Puis, en parcourant les trois volumes de l'abbé Lagrange, où est retracée la vie de Mgr Dupanloup, — ouvrage si remarquable qu'il a failli tout dernièrement remporter à l'Académie Française un prix Montyon ; — en relisant, dans le *Correspondant* du 25 décembre 1878, un article où M. de Falloux, ancien ministre de l'Instruction publique, raconte plusieurs particularités saisissantes sur l'élaboration de la loi de 1850, les idées libérales et les sentiments élevés qui animaient la plupart de ses auteurs, je me suis demandé si je n'avais pas été trop loin dans le blâme, et si je n'avais pas péché par indiscrétion dans mes conjectures.

Mais, en me rappelant d'autre part les appréciations si nettes et toujours invariables de mon père, au sujet de « cette fatale loi », et les amertumes que lui a causées le système administratif inauguré par ce nouveau régime, je me suis décidé à ne rien retrancher de ce que j'avais primitivement écrit. Quelques juges, que j'ai la vanité de croire fort compétents, ont bien voulu me dire que mon travail était rigoureusement exact et absolument sincère. Je me garderai donc d'enlever à cette seconde édition le mérite que l'on a reconnu à la première.

Maisons-Laffitte, ce 25 juillet 1884.

L. P.

AVANT-PROPOS

DE LA PREMIÈRE ÉDITION

L'homme, à la mémoire duquel sont consacrées les pages intimes qui vont suivre, s'élevait souvent contre la vanité des discours funèbres et l'exagération des articles nécrologiques. Quelque temps avant sa mort, qui fut calme et sereine, il exprimait le désir bien arrêté que le silence se fît sur sa tombe et autour d'elle. Ses œuvres parleraient pour lui, et elles ne diraient que ce qu'elles doivent dire. Sept années ont déjà passé, et par le temps qui court, à la façon dont nous remplissons l'existence et dévorons la vie, sept années sont un long espace. J.-B. Edouard Person n'a point prétendu sans doute interdire à tout jamais l'expression encore émue du sentiment filial qui inspire cette Notice. Il n'a point voulu détruire les souvenirs épars que nous avons réunis, et qui s'éteindront petit à petit avec ceux qui les ont aujourd'hui présents à l'esprit.

Sauvons donc, pour quelque temps encore, si c'est possible, sauvons de l'oubli, qui tôt ou tard attend ici-bas les hommes et leurs travaux, le nom de l'ancien directeur de l'Ecole normale primaire de Chartres. Le moment est arrivé de rendre à cette chère mémoire un hommage qui lui est dû. Pour conquérir de son vivant, et pour garder après sa mort, dans le milieu où l'on a vécu, cette notoriété de bon aloi qui est comme le premier degré d'où quelques-uns parviennent ensuite jusqu'à la renommée, il ne suffit pas de faire son devoir et d'être un homme de bien ; il faut encore unir à ces avantages, dans la manière dont on pratique le bien et dont on exerce son métier, une largeur d'idées et une hauteur de vues qui impriment à vos actes un cachet personnel : il faut aussi rencontrer un concours d'événements importants et d'épreuves favorables qui permette au caractère de se déployer, de donner toute sa mesure, et jette sur votre vie un certain lustre. Rien de tout cela n'a manqué à Edouard Person, et j'ose dire que dans la sphère où s'est exercée son activité, et dans le labeur journalier de ses fonctions, sa carrière n'a pas été sans éclat. J'en appelle au témoignage de ses collaborateurs et de ses anciens élèves. Aucun d'eux ne me dédira, pas même les derniers venus, desquels on peut affirmer cependant qu'ils n'ont pas connu l'homme tout entier, et qu'ils n'ont recueilli de lui que « les restes d'une voix qui tombe et d'une ardeur qui s'éteint ».

Si ces pages ont été écrites *con cuore*, si elles paraissent inspirées par une affection respectueuse et tendre, elles veulent être en même temps exactes, impartiales et vraies. Car il y a bien des cas où la sincérité et la vivacité de l'émotion s'accordent avec la justesse du souvenir et la fidélité du tableau.

Cette impression juste et fidèle, que j'ai cherché à rendre, me paraît fort convenablement résumée dans une inscription latine que je lisais dernièrement au Palais du Trocadéro, sous le buste de Viollet-le-Duc : *in mullis sapiens, multa fecit :* sage et avisé (sinon savant) sur beaucoup de points, il a fait beaucoup de choses.

Je dois encore, avant de commencer mon récit, m'excuser auprès de plusieurs de mes lecteurs, si je rappelle, parfois un peu longuement, mais pour être compris d'autres amis moins au courant de ces questions, un certain nombre de détails et de règlements relatifs à l'histoire et à la législation de l'enseignement primaire. J'aurai du moins le plaisir de faire connaître ici certaines particularités que j'ai rencontrées, au cours de mes recherches à travers des documents inédits. Au surplus les débats qui ont eu lieu récemment à la Chambre des députés, et les discours qui ont été prononcés dans les séances des 3, 4, 6 et 8 mars dernier, sur le mode de nomination des instituteurs primaires, donneront peut-être un certain intérêt à plusieurs chapitres de cette Notice.

Paris, le 14 avril 1884.

LÉONCE PERSON.

CHAPITRE IER

1805-1814

Vitry-le-François. — La conquête de la Hollande et la reddition de Berg-op-Zoom. — La bataille de Leipzig. — L'invasion de 1814. — Napoléon Ier à Luxémont. — Les lagunes de la Marne. — L'oncle Abraham.

Edouard Person naquit à Vitry-le-François, le 25 nivôse de l'an XIII (14 janvier 1805), un mois après que le pape Pie VII était venu sacrer Napoléon Ier dans la cathédrale de Paris, et au commencement de cette année mémorable qui vit luire à son déclin le soleil d'Austerlitz [1]. La famille de sa mère portait le nom de Collard, nom que devait bientôt illustrer un homme d'État, puissant orateur et philosophe de génie, Royer-Collard, le chef des doctrinaires. Le père d'Édouard Person, Jacques Person-Collard, était, en 1805, instituteur primaire à Vitry-le-François. Il ne semblait guère fait pour un métier qui exige du calme et de la patience : c'était l'un des hommes les plus irascibles qu'on pût voir. Pendant toute sa vie, il offrit avec le caractère si doux et si mesuré de son enfant le contraste le

---

[1] Le calendrier grégorien fut rétabli à partir du 1er janvier 1806 ; le mois de janvier 1805 fut donc le dernier qui s'appela nivôse.

plus étonnant, et ses colères exercèrent bien souvent, sans jamais le lasser, l'inaltérable esprit de résignation de son fils, au point d'en faire une vertu dont bien des témoins se déclaraient incapables[1]. Avec son humeur batailleuse et belliqueuse, en présence des grands événements qui s'accomplissaient en France et se préparaient en Europe, Person-Collard ne put rester en place. En effet, laissant à Vitry-le-François sa femme et son enfant, il partit pour la guerre, et devint chef de parc d'artillerie.

A vrai dire, il avait déjà vu de près la guerre. Agé de quinze ans, il avait suivi son père (mon bisaïeul) qui avait un petit emploi dans l'administration des armées de la République. C'est ainsi que Person-Collard fit tout jeune la campagne de Hollande, en 1794 et 1795, dans l'armée de Pichegru. Il racontait qu'il était entré à Berg-op-Zoom,

---

[1] Edouard Person a été, jusqu'à la dernière heure, le soutien de ses parents qui ne l'ont jamais quitté. Person-Collard est mort le 20 mars 1849, à l'Ecole normale de Chartres. Il avait le titre de maître-adjoint, émargeait un petit traitement, et donnait aux élèves des leçons d'écriture. Il n'y épargnait pas sa peine... ni la dépense. Il a formé plusieurs générations de calligraphes émérites qui, au sortir de ses leçons avaient tous la même écriture, ce qui est, paraît-il, le criterium des bonnes méthodes. L'on ne pouvait rien voir de plus parfait que ses modèles. C'était la beauté du genre, mais une beauté idéale réalisée. Pour enseigner cet art difficile, sur les véritables principes duquel on n'est pas encore d'accord de nos jours, il avait imaginé un système, une méthode dont il poursuivait l'application avec la foi et la persévérance de l'inventeur. C'était notamment une série de modèles ponctués et piqués que l'on transportait ensuite, au moyen d'un ponce, sur les cahiers des élèves. Il comptait faire fortune avec cette invention. Il ne réussit qu'à faire grossir démesurément les notes du papetier, que son fils payait avec la plus louable abnégation. Il mourut « les armes à la main » raconte l'un de ses élèves, celui-là même qui le transporta, frappé d'apoplexie, de la salle d'études où il taillait ses plumes, dans la chambre où il expira quelques jours plus tard. Mon grand'père avait encore une autre passion et un autre talent : la pêche! Il fabriquait toutes sortes de filets et d'engins, de réservoirs et de boutiques à poissons. Par ses soins, la pièce d'eau de l'Ecole normale était pleine de belles carpes et d'un abondant fretin. Il se relevait la nuit, et faisait relever le jardinier pour les prendre. Il était incomparable dans l'art d'amorcer. Dans cet art, il a formé aussi des élèves et je pourrais citer encore tel ancien instituteur d'Eure-et-Loir qu'il avait élevé à la dignité de « pêcheur en chef »

ville déjà célèbre par le siège de 1747, et qu'il avait vu la flotte hollandaise, enfermée dans les glaces, capturée par des hussards français. S'agit-il là de la mémorable affaire du Texel, qui eut lieu le 20 janvier 1795, tandis que Berg-op-Zoom fit sa soumission le 30? Il me semble bien difficile qu'un enfant ait pu traverser, avec les cavaliers français, les glaces du Zuyderzée. S'il en était ainsi, il y aurait eu dans mon grand-père l'étoffe d'un Joseph Bara, le fameux petit hussard de la République. Je crains bien de ne pouvoir jamais éclaircir tous ces souvenirs, car j'ai négligé de questionner mon père à ce sujet. Que d'informations on prendrait auprès des vivants, si l'on savait à quels regrets l'on s'expose plus tard, pour ne les avoir point fait causer davantage! Je crois jusqu'à nouvel ordre que le jeune Person-Collard ne remonta pas en Hollande jusqu'au Helder, et qu'il vit simplement dans le canal de Berg-op-Zoom, et dans les bouches de l'Escaut, quelques vaisseaux orangistes, des chaloupes canonnières ou quelques bricks anglais chargés de rhum et de munitions, saisis dans les glaces et surpris par les Français. Cette petite expédition était déjà, en elle-même, un véritable apprentissage de la guerre, et je puis dire que mon grand-père ne fit que reprendre du service, dans les dernières années de l'Empire, lorsqu'il se rendit en Allemagne. C'est alors qu'il fut chef de parc d'artillerie.

Il assista en cette qualité à la bataille de Leipzig; il fut témoin, dans la journée du 18 octobre 1813, de ce terrible combat d'artillerie que M. Thiers a appelé « une des plus épouvantables canonnades qu'on ait jamais entendues », et le 19, il arriva trop tard pour passer l'unique pont de Lindenau, par où l'armée française battait en retraite. L'arche venait de sauter : il tomba, avec tant d'autres, aux mains de l'ennemi. A Vienne, où il fut conduit, malade et misérable, il s'aperçut un jour que l'officier qui commandait le dépôt des prisonniers était un grand seigneur aimable, lettré, parlant et comprenant le français. Non seulement Person-Collard était calligraphe, mais il était poète, deux dons qui se trouvent rarement réunis dans la même personne. Il composa aussitôt une pièce de vers qu'il écrivit de sa plus belle plume, et dans laquelle il exposait ses souffrances, sans que la dignité du vaincu s'abaissât devant le *jus in viribus* du vainqueur. Il remit cette pièce à l'Autrichien qui prit fort bien la chose, adoucit le sort du prisonnier et de ses camarades, et s'arrangea même pour que l'auteur de cette poétique requête rentrât en France un des premiers.

Pendant ce temps, Édouard Person assistait en Champagne à l'inoubliable spectacle de l'invasion. Il avait neuf ans, lorsqu'en 1814 les Prussiens et les Cosaques brûlèrent, à deux reprises, au petit village de Luxémont, les bâtiments de la ferme qu'exploitaient des parents de sa mère. En mars 1814, l'Empereur s'était approché de Vitry que l'ennemi occupait. Il avait même l'intention d'enlever la place. Il s'arrêta un instant dans la petite ferme de Luxémont, se fit servir à manger et se reposa quelques minutes, Édouard Person était là : il vit l'Empereur tirer de sa poche une pièce d'or, et la donner, pour payer son écot, à l'humble fermière qu'il prenait sans doute pour une servante. La différence à cette époque n'était guère sensible et l'erreur était bien naturelle. La tante d'Édouard Person reçut cette pièce, et on la conserva longtemps dans la famille comme une relique.

Quand l'approche des colonnes ennemies était signalée, et suivant le degré de terreur qu'elles inspiraient, les femmes et les enfants se réfugiaient au milieu des lagunes de la Marne et bivouaquaient. Mon père passa ainsi bien des jours et des nuits dans de misérables huttes, pendant que les hommes, embusqués dans les bois ou derrière d'impénétrables roseaux, faisaient le coup de feu et décimaient les convois ennemis. Quelquefois on était surpris en ville par l'arrivée imprévue d'un détachement. L'enfant voyait alors défiler les soldats et les officiers. Quelques-uns de ces derniers avaient un fouet à la main et en administraient des coups à leurs soldats. D'autres, jeunes cadets à peine sortis des écoles, étaient assis sur les pièces de canon, ne pouvant plus supporter les fatigues de la route.

Mon père racontait qu'il vit un jour les Cosaques entrer dans la maison de ses parents. On venait de mettre le pain au four. Ces affamés se jetèrent sur cette pâte encore molle et toute crue, et la dévorèrent à belles dents, sans en éprouver le moindre malaise.

Un des oncles d'Édouard Person, Bernard Abraham, exerçait à Vitry-le-François la profession de coutelier : il avait à loger des Prussiens chez lui. L'un d'eux voulut un jour faire quelque violence à sa femme. Mais l'oncle Abraham était énergique. Il entend du bruit, quitte sa boutique et monte dans la chambre; il saisit le Prussien, le précipite dans la cour de la maison, et de là dans un puits dont ses camarades ne s'avisèrent point. Édouard Person, qui avait vu cette scène, racontait avec quelle impassibilité le marchand de couteaux était allé ensuite, les mains nonchalamment croisées derrière le dos, causer avec les autres Prussiens; avec quel zèle, un peu plus tard, il s'était mis consciencieusement à chercher devant eux, partout ailleurs que du côté du puits, leur camarade disparu. Bien d'autres souvenirs de cette douloureuse époque étaient encore présents à la mémoire de mon père. Cinquante-six ans plus tard, non plus en Champagne, mais en Beauce, à Chartres, l'enfant de 1814, devenu un vieillard, revoyait l'invasion : et un jour d'octobre 1870, voulant s'opposer à quelques exigences des soldats ennemis qui avaient un instant envahi l'École normale, à la porte de laquelle les défenseurs de la ville avaient établi une barricade, il était saisi à la gorge et adossé au mur, sur l'ordre d'un officier prussien qui voulait l'intimider sans doute, et lui imposer silence par la menace ou le simulacre d'une exécution sommaire. Cette menace, au fond, j'en suis persuadé, n'avait rien de bien dangereux. Mais la situation était douloureuse et humiliante pour le patient. C'était la revanche du Prussien de 1814, si prestement défenestré et jeté dans un puits par le coutelier de Vitry-le-François.

Le spectacle de ces tristes événements, ces années de privations et de détresse passées aux côtés de sa mère inquiète, loin d'un père qui courait les hasards, avaient inspiré à l'enfant une gravité et une sagesse précoces qui furent le signe distinctif de toute sa jeunesse. Alfred de Musset a décrit cette « génération ardente, pâle et ner-
» veuse, ces milliers d'enfants conçus entre deux batailles,
» élevés dans les collèges au roulement des tambours et
» qui se regardaient entre eux d'un œil sombre, en es-
» sayant leurs muscles chétifs. De temps en temps, leurs
» pères ensanglantés apparaissaient, les soulevaient sur
» leur poitrine chamarrée d'or, puis les posaient à terre et
» remontaient à cheval ». Édouard Person était bien en effet de cette époque-là et de ce millésime; mais il n'était ni nerveux ni pâle. En revanche, il n'a rien fait depuis qui ait pu prendre place, à un titre quelconque, dans la *Confession d'un enfant du siècle!*

Un autre enfant, de deux ans plus âgé qu'Édouard Person, assistait aussi, à Vitry-le-François, sa ville natale, au douloureux spectacle de l'invasion. Peut-être même avait-il été élève de la petite école que dirigeait Person-Collard. Cet enfant quitta aussi la Champagne et vint habiter en Eure-et-Loir. En 1848, il se trouvait dans les rangs de la garde nationale, non loin d'Édouard Person. C'était M. Gouverneur, le père de l'érudit et du publiciste distingué qui est aujourd'hui maire de Nogent-le-Rotrou.

CHAPITRE II

1815

Versailles. — L'invasion de 1815 et le combat de Rocquencourt d'après des documents inédits.

De retour en France après la guerre, en 1814, Person-Collard fut bien obligé de reprendre le premier métier qui avait été son gagne-pain. Mais toujours ami du mouvement et en quête de nouvelles entreprises, il quitta Vitry-le-François avec sa famille, et s'établit à Versailles, je ne sais trop en vertu de quelles préférences. Il y ouvrit une école libre, préparant ainsi, sans s'en douter, par le choix de cette nouvelle résidence, la destinée universitaire de son fils.

C'est à Versailles qu'Édouard Person vit pour la deuxième fois l'invasion : les Prussiens étaient entrés dans cette ville le 1er juillet 1815. A Vitry-le-François, il n'avait connu que les désastres et les humiliations de la défaite. Cette fois-ci du moins, il allait être témoin d'un glorieux épisode, destiné à adoucir dans les âmes françaises l'amertume de ces temps néfastes. Je veux parler du brillant combat de Rocquencourt.

Si je m'étends un peu longuement sur cet épisode, c'est que le récit que m'en a fait mon père, d'après ses souvenirs d'enfance, m'en a toujours paru très saisissant, et que, d'autre part, je ne puis laisser échapper la bonne fortune qui m'est offerte, en ce moment, de publier certains détails inédits, que je dois au bienveillant empressement avec lequel M. Lesbazeilles, bibliothécaire de la ville de Versailles, m'a fait connaître deux relations manuscrites sur l'invasion et l'entrée des Prussiens à Versailles et sur l'affaire du 1er juillet 1815 [1].

On sait qu'après la bataille de Waterloo, définitivement perdue le 18 juin 1815, la situation militaire de la France était bien meilleure qu'en 1814, à pareille époque. L'armée de Waterloo, ralliée par le maréchal Soult, le corps de Grouchy intact, mille contingents divers grossissant le nombre des combattants, une ligne de redoutes et de fortifications exécutées devant Paris, auraient permis de livrer sous les murs de la capitale, de l'aveu des meilleurs juges, une bataille suprême qui eût été probablement fatale aux armées ennemies. Le ministre de la Guerre, commandant en chef de toutes ces forces, était le maréchal Davout, le glorieux vainqueur d'Auerstaedt et le défenseur de Hambourg. Malheureusement le maréchal Davout, entravé par les intrigues politiques qui s'agitaient autour de lui, paralysé par les manœuvres de Fouché, par les rapports pessimistes de Carnot, et par les démarches de tous ceux que le capitaine Coignet appelle « les matadors en habits bour-

---

[1] Récit des événements qui se sont passés en 1814 et en 1815 à Versailles, rédigé et offert au Conseil municipal de cette ville, en août 1816, par M. de Jouvencel, maire. Manuscrit de la Bibliothèque de la ville de Versailles. — *Versailles féodal, royal et municipal*, par M. de Saint-James. Manuscrit de la Bibliothèque de la ville de Versailles.

geois » ; Davout, enfin, sentant au fond de son âme ce douloureux « conflit » dont parle M. Thiers [1], n'osa pas balayer ces politiques et ces stratégistes sans mandat, ni livrer cette dernière bataille dont il avait déclaré d'avance à plusieurs reprises le succès à peu près certain. Cette bataille, l'armée française frémissante la réclamait à grands cris, circonstance bien digne de remarque après le terrible désastre qu'elle venait d'essuyer.

Voici quelle avait été, dans les derniers jours, la suite des événements.

Le 22 juin, Napoléon abdique à l'Elysée, en faveur de son fils, et la Chambre des représentants nomme une commission exécutive, composée de cinq membres [2] pour prendre en main le gouvernement ; Davout reste ministre de la Guerre.

Le 23 juin, cette commission nomme Fouché, duc d'Otrante, son président ; en même temps elle confie à Masséna le commandement de la garde nationale de Paris.

Le 24, elle nomme une députation chargée d'aller demander la paix aux souverains alliés.

Le 25, l'Empereur quitte Paris et se retire à la Malmaison.

Pendant ce temps, l'armée française de Waterloo, ramenée par le maréchal Soult, et le corps de Grouchy, échappé comme par miracle, et dans lequel se trouvaient les dragons d'Exelmans, rejoints par les chasseurs et les hussards du général de Piré dont il va être question tout à l'heure ; et d'autre part l'armée prussienne, commandée par Blücher, se

---

[1] Pages 628 et 632 du tome IV de l'édition grand in-8° de l'*Histoire de l'Empire*.
[2] Carnot, Fouché duc d'Otrante, général Grenier, Caulaincourt duc de Vicence, baron Quinette.

dirigeaient à marches forcées, et par des routes parallèles, sur Paris. L'armée française arriva la première, le 28 au matin, à Saint-Denis, suivie de près par les Prussiens qui, quelques heures après, s'arrêtaient au Bourget [1].

Dès le lendemain, 29 juin, Blücher détacha sur sa droite une forte colonne qui devait franchir la Seine au delà d'Argenteuil, aux ponts de Bezons, de Chatou et du Pecq, près Saint-Germain, pour enlever Napoléon à la Malmaison. En même temps, en face de lui, Blücher attaquait l'armée française dans les lignes d'Aubervilliers. Un seul bataillon défendait Aubervilliers : ce bataillon, après une résistance honorable, se retira derrière les retranchements, dont la vue fit comprendre à Blücher que toute attaque sur Paris de ce côté-là devait être infructueuse.

A cette date du 29 juin, il n'était pas encore question des Anglais qui se trouvaient à deux jours de marche en arrière des Prussiens.

Quant à la colonne envoyée par Blücher pour enlever Napoléon à la Malmaison, elle avait trouvé les ponts de bois de Bezons et de Chatou brûlés ; le 29 au soir elle passait la Seine au pont du Pecq, arrivait à Saint-Germain et, par conséquent, menaçait Napoléon de lui couper la retraite. Or, dans cette journée du 29, Napoléon, entendant le canon d'Aubervilliers, avait fait préparer ses chevaux de selle et son uniforme, et tenté de vains efforts auprès de la Commission exécutive pour obtenir, pendant quelques heures, le commandement de l'armée afin d'écraser les Prussiens. Mais le soir apprenant que la colonne chargée de l'enlever à la Malmaison était maîtresse du pont de Saint-Germain,

---

[1] Une localité que les événements de la guerre de 1870-1871, en face de ces mêmes Prussiens, et le tableau d'A. de Neuville, ont rendue bien célèbre.

il comprit qu'il n'avait plus une minute à perdre ; il embrassa sa mère, ses frères, la reine Hortense, quelques généraux et quelques amis restés fidèles, prit des habits de ville et arriva la nuit, en voiture à Rambouillet ; le 30 il passait à Chartres qu'il traversa sans être reconnu. Il continua sa route par Châteaudun, Vendôme et Tours jusqu'à Rochefort.... où l'attendait le *Bellérophon*.

Revenons à cette journée du 29. Le matin de ce même jour, le général Exelmans était arrivé de Meaux à Vincennes avec ses deux divisions de dragons. L'histoire ne dit pas s'il y rencontra Daumesnil qui gardait, pour la seconde fois, le château, attendant que les ennemis lui rendissent sa jambe pour leur livrer la place. Ardent, désireux de se battre et encouragé par ses troupes, Exelmans, l'un des héros de Ligny, voulut tout de suite se porter à la Malmaison, enlever l'Empereur et le mettre à la tête de l'armée française. On lui dit que l'Empereur était déjà parti ; c'était une erreur ; car nous venons de voir que l'Empereur ne quitta la Malmaison que dans la soirée. Mais patience ; nous allons retrouver à Versailles l'énergique général [1].

Le 29, le gros de l'armée française était toujours dans ses lignes d'Aubervilliers et de Saint-Denis, et le maréchal Davout avait établi son quartier général à la Villette. C'est à quelques pas de là que le capitaine Coignet, qui était vaguemestre, accomplit ce dernier exploit, vraiment digne des paladins du moyen âge, qu'il raconte si naïvement dans ses *Cahiers*, publiés tout dernièrement par M. Lorédan Larchey (p. 412).

Le 30, Blücher, voyant bien qu'il ne pouvait forcer l'en-

---

[1] Le général Exelmans a été nommé maréchal de France en 1850.

trée de Paris de ce côté, laissa Bülow devant Saint-Denis, pour contenir les Français, et fila sur Argenteuil, et de là sur Saint-Germain, où il arriva le 30 par le pont du Pecq, que la colonne détachée la veille avait surpris.

Grandes étaient les perplexités de Davout! Fouché et Carnot avaient eu, devant lui, à la Villette, une violente altercation : lui-même avait approuvé et signé contre les Bourbons une adresse véhémente qui fut portée à la Chambre des représentants [1] ; ce même jour, il avait fait demander à Blücher un armistice [2], voulant sans doute gagner du temps. Quoi qu'il en soit, en apprenant que Blücher prononçait son mouvement pour passer sur la rive gauche de la Seine par Saint-Germain et Versailles, Davout fit traverser Paris à l'armée française. L'armée française alors s'échelonna des Invalides à la barrière d'Enfer, et de là à Montrouge, où Davout établit son quartier général le 1er juillet, donnant la main à la cavalerie d'Exelmans qui, de son côté, s'était porté de Vincennes à Gentilly.

Le 1er juillet, Davout était donc avec le gros de l'armée française, à Montrouge, et Blücher, avec les Prussiens, à Saint-Germain.

Revenons maintenant à l'enfant de dix ans qui est cause que j'ai abordé le récit de ces événements ; car ces souvenirs, parfaitement lucides, confirmés de tous points par la relation manuscrite de M. le chevalier de Jouvencel, maire

---

[1] De Vaulabelle, *Histoire des Deux Restaurations*, tome III, p. 265. Ce détail ne se trouve pas dans Thiers.

[2] Ce détail est donné par M. de Vaulabelle ; M. Thiers n'en parle pas non plus ; mais la réponse en date du 1er juillet de Blücher à Davout (dont M. Thiers ne parle pas davantage) que transcrivent M. de Vaulabelle et Mme la marquise de Blocqueville, fille du maréchal Davout, dans son 3e volume, ne s'expliquerait pas sans cela.

de Versailles en 1815, vont fournir la matière de la narration qui suit.

Le 1er juillet au matin, une avant-garde de cavalerie prussienne, formée par les régiments de Brandebourg et de Poméranie, et commandée par le baron « Desorch [1] », arriva de Saint-Germain et se présenta aux portes de Versailles. Le maire conclut une capitulation d'après laquelle la garde nationale, commandée par M. le baron de Viel-Castel, conserverait avec ses armes la police de la ville et le service des patrouilles ; les propriétés privées, les casernes et tous les bâtiments appartenant au Roi de France devaient être scrupuleusement respectés.... Il était déjà question, à Versailles, de l'arrivée de Louis XVIII.

Le Prussien « Desorch » fit camper sa troupe sur la Place d'Armes, imposa à la ville quelques réquisitions, enleva, malgré les protestations du maire, une vingtaine de chevaux aux écuries de la Vénerie et, quittant Versailles à trois heures de l'après-midi, se porta du côté « du pont » Colbert sur la route de Fontainebleau. Deux heures » après, ajoute M. de Jouvencel, un bruit effroyable de » mousqueterie se fit entendre de ce côté ; et bientôt on » nous apprit qu'un combat acharné était engagé autour » du village de Velizy. »

Voici, en effet, ce qui s'était passé.

Le 1er juillet, le maréchal Davout qui, la veille, avait demandé un armistice à Blücher, reçut de ce dernier une réponse insolente ; on la trouvera dans Vaulabelle, *Histoire des deux Restaurations*, t. III, p. 299, et dans le troisième volume de Mme la marquise de Blocqueville,

---

[1] Desorch, suivant M. de Jouvencel, Deshoch, suivant M. de Saint-James. Le vrai nom est de Sohr.

p. 225. Or, ce même jour (1ᵉʳ juillet), le maréchal Davout avait été convoqué vers dix heures par Fouché, aux Tuileries, à un conseil de gouvernement ; et là, mis en demeure de déclarer s'il croyait pouvoir battre les Prussiens, il répondit qu'il avait les plus grandes chances de remporter un succès décisif. Le vieux maréchal Lefebvre, le vainqueur de Dantzig, appuya cet avis. Au contraire, Carnot soutint énergiquement que toute résistance était impossible. Cet avis de Carnot faisait le jeu de Fouché ; en conséquence, Davout reçut de la Commission exécutive l'ordre de ne rien tenter. Est-ce après ou avant ce conseil aux Tuileries (M. de Vaulabelle dit *après*, Mᵐᵉ de Blocqueville dit *avant*), que le vainqueur d'Auerstaedt reçut l'insolente réponse de Blücher, je n'ai pu élucider ce fait[1] ; toujours est-il que, ce même jour, Davout donna l'ordre au général Exelmans, qui commandait les dragons, et au général Piré, un autre héros qui s'était brillamment conduit aux Quatre-Bras, et qui avait sous la main des hussards, des chasseurs et un bataillon du 44ᵉ de ligne, de culbuter les Prussiens dont l'entrée à Versailles venait d'être signalée.

Exelmans et Piré ne se le firent pas dire deux fois. Ils partirent dans la journée du 1ᵉʳ juillet de Montrouge et de Gentilly. Piré gagna rapidement à main droite Meudon, Sèvres, Ville-d'Avray et Rocquencourt où il se plaça en embuscade avec son bataillon du 44ᵉ de ligne et deux régiments de chasseurs. Exelmans, avec ses dragons et des hussards, inclina à main gauche sur Fontenay, les bois de Verrières et Velizy. Velizy est un ravissant petit village situé à quelque distance de Viroflay, non loin de la ligne

---

[1] M. Thiers est absolument muet sur cet incident.

actuelle du chemin de fer de l'Ouest, qui mène de Paris à Versailles et à Chartres. C'est dans ces parages que la cavalerie d'Exelmans rencontra les régiments de Brandebourg et de Poméranie du Prussien de Sohr. Il se produisit là un choc furieux, et je laisse de nouveau la parole aux historiens versaillais, MM. de Jouvencel et Saint-James :

> Vers les cinq heures du soir, ce corps de cavalerie prussienne revint sur la ville, et la traversa dans le plus grand désordre, étant poursuivi de près par la cavalerie française. Ils entrèrent dans Versailles par l'avenue de Paris et la rue des Chantiers. On se battit encore sur l'avenue de Paris et dans les rues et faubourgs de Versailles ; la populace applaudissait et l'on prétend même qu'au milieu de la confusion que cette échauffourée occasionna dans la ville, des hommes habillés en gardes nationaux firent feu sur les Prussiens qui fuyaient.

Le chevalier de Jouvencel, qui diminue le nombre des Prussiens ainsi démolis et qui, en cette circonstance, s'efforce de séparer la cause du peuple de Versailles, de celle de la garde nationale, félicitant cette dernière de s'être abstenue et d'être demeurée fidèle aux termes de la capitulation du matin, oublie peut-être ici qu'il y a de ces actes, méritoires sans doute, dont il ne faut pas trop louer les autres, ni être trop loué soi-même ! Mais n'insistons pas davantage. Un spectacle amusant en tout cas fut celui que donnèrent les vingt chevaux enlevés le matin des écuries de la Vénerie. Débarrassés de leurs cavaliers prussiens, on les vit regagner à bride abattue leur domicile habituel.

Quand cet ouragan eut traversé la ville, les Prussiens laissant les routes, les avenues et la rue des Réservoirs par où ils s'engagèrent, toujours poussés par Exelmans, couvertes de leurs morts et de leurs blessés, tombèrent, dans la plaine du Chesnay et de Rocquencourt, au milieu de l'embuscade que leur avait préparée le général Piré; pris en queue et en flanc, fusillés et sabrés, ils furent presque anéantis; ils laissèrent huit cents morts sur le terrain : un neveu du Roi de Prusse, ajoute M. de Saint-James, était du nombre. Le narrateur confond sans doute ce personnage avec un fils du général York qui fut tué à Rocquencourt [1].

Tout le reste fut ramené prisonnier à Versailles par Exelmans et Piré qui ne pouvaient s'avancer plus loin, sur la route de Rocquencourt et de Marly, à cause des masses ennemies cantonnées à Saint-Germain, et qui, « n'ayant » eu l'intention, dit M. de Jouvencel, de faire (ce que l'on » appelle en terme de guerre) qu'un hourras (*sic*), rétro- » gradèrent à la chute du jour et revinrent à Versailles. » Parmi les blessés du premier combat, à Velizy, se trouvait le général de Sohr, qui, en revoyant le maire, M. de Jouvencel, auquel il avait, non sans hauteur, imposé le matin la capitulation de la ville, lui dit d'un air très résigné et presque souriant, malgré ses graves blessures : « Que » voulez-vous, Monsieur le maire ? Voilà les vicissitudes » de la guerre ! » On le pansa, on l'étendit sur de la paille dans une charrette, et on l'envoya sous bonne escorte, à Paris avec les autres prisonniers [2].

Mais les vainqueurs de Velizy, de Versailles et de Rocquencourt — car cette bataille a eu trois actes distincts — méditaient une nouvelle expédition ; pour cela, il leur fallait des renforts ; ils demandèrent l'appui de la garde nationale de Versailles qui, se trouvant liée par la convention du matin, et prévoyant l'arrivée et les représailles de Blücher,

---

[1] Voir le court récit de Treitschke, *Deutsche Geschichte*, 1882, I, 767.
[2] Du côté des Français le colonel de Bricqueville, du 20e dragons, avait été grièvement blessé.

refusa de sortir. C'est alors, d'après le récit de M. de Jouvencel, que les soldats français, furieux de cette inertie, tombèrent pour la seconde fois (une première fois en arrivant de Velizy, une seconde en revenant de Rocquencourt), et à coups de crosses et à coups de plats de sabre, sur ces malheureux, et les rouèrent d'importance, pendant que les généraux Exelmans, Piré, et Vandamme qui se trouvait là au dire du narrateur, tenaient contre les habitants de Versailles « les propos les plus infâmes ». Ce fut une épouvantable bagarre où les habitants bien entendu eurent le dessous. Enfin, les Français se retirèrent par Sèvres, Meudon et Clamart, et le lendemain « à cinq heures du ma-
» tin, le 2 juillet, l'armée du prince Blücher de Wahlstadt
» commença à entrer dans Versailles avec l'artillerie an-
» glaise ». Blücher était furieux de ce qui s'était passé la veille ; il accusa les gardes nationaux d'avoir tendu un piège perfide à ses cavaliers, de les avoir massacrés dans les rues, et il imposa à la ville de dures réquisitions. Il fit garder à vue M. de Jouvencel qui fut très rudement malmené en cette circonstance, et qui ne dut même son salut, dit-il, qu'à la présence d'esprit de son jeune fils.

Édouard Person avait assisté encore enfant à toutes les péripéties de cette mémorable journée du 1er juillet 1815. Il nous a raconté bien des fois cette charge à fond de train dans les rues de Versailles ; et il disait qu'il alla ensuite avec plus de curiosité que d'effroi, et accompagné de tous les gamins de son âge, jusqu'au Chesnay contempler les morts et les blessés. Ce sont ces lointains souvenirs, devenus également pour moi, par ricochet, des souvenirs d'enfance, qui m'ont engagé aujourd'hui à compléter ces premières informations, en remontant à d'autres sources locales.

L'histoire, — mais l'histoire vraie, — à la fois animée et sincère, de la France pendant l'invasion de 1815, est encore à écrire, et celui qui l'essaiera ne devra point négliger le précieux document dont je viens de citer quelques fragments. En y lisant le récit émouvant de cette charge furibonde, et peut-être sans rivale, à travers les rues de Versailles, je pensais à la cavalerie de Henri IV poursuivant les lansquenets allemands et espagnols dans les rues d'Ivry-la-Bataille, — ou encore, souvenir plus douloureux, — à cet effroyable engagement des cuirassiers, pénétrant, le 6 août 1870, dans le village de Morsbronn, au moment où le général de Lartigue, leur disait de sa voix vibrante : « Mes amis, allez-y comme à Waterloo !... »

Ils y allèrent, et sur six cents hommes du 8e cuirassiers, il en revint cent soixante-dix.

Je n'ai plus rien à dire maintenant des derniers actes de ce terrible drame : le 3 juillet 1815, la capitulation de Saint-Cloud livrait Paris aux alliés, à Blücher et Wellington, et Davout, mécontent des autres, et peut-être aussi de lui-même, se rendait avec l'armée française derrière la Loire. Avant de partir, le 3, il avait tiré et fait tirer au général Vichery quelques bons coups de fusil dans la plaine d'Issy. Le brave capitaine Coignet a tracé de ce départ pour la Loire un tableau saisissant que je ne puis m'empêcher de citer encore ; ce sera du moins ma dernière transcription :

Arrivé à la barrière d'Enfer où l'armée était réunie, je trouvai le maréchal Davout à pied, les bras croisés, contemplant cette belle armée qui criait : « *En avant !* » Lui, silencieux, ne disait mot ; il se promenait le long des fortifications, sourd aux supplications de l'armée qui voulait marcher sur l'ennemi. Nos soldats voulaient se porter sur l'ennemi qui avait passé la Seine, une partie sur Saint-Germain, l'autre sur Versailles, tandis que nous n'avions que le Champ de Mars à traverser pour gagner le bois de Boulogne. Avec notre aile gauche sur Versailles, il ne serait resté pas un Prussien ni un Anglais devant la fureur de nos soldats. Le maréchal Davout ne savait quel parti prendre ; il fit appeler les généraux de la vieille garde et donna ordre au général Drouot de montrer l'exemple à l'armée, disant qu'il ferait suivre son mouvement et partir sur-le-champ pour Orléans. Notre sort fut ainsi décidé. Les vieux braves partirent sans murmurer ; le mouvement commença, notre aile droite sur Tours et l'aile gauche sur Orléans. Les ennemis formèrent de suite notre arrière-garde, et ils eurent la cruauté de s'emparer des hommes qui rejoignaient leur corps et de les dépouiller, ainsi que les officiers. A notre première étape, ils nous serraient de si près, que l'armée fit demi-tour et tomba sur leur avant-garde ; on les poursuivit, ils ne furent plus si insolents et ne nous suivirent que de loin.

CHAPITRE III

1815-1833

La carrière d'un instituteur primaire sous la Restauration. — L'ancien régime. — Les projets de la Convention. — Les ordonnances de 1816, 1824, 1828 : MM. de Frayssinous et de Vatimesnil, ministres de l'Instruction publique. — Les trois brevets de capacité. — Les comités cantonaux. — L'autorisation préalable de l'évêque diocésain. — Person-Collard, maître d'écriture à l'Ecole des Pages. — Edouard Person, instituteur primaire à Versailles, en 1825. — La méthode Lancastérienne. — Le mode simultané. — Que faut-il penser des tableaux peu flatteurs qui ont été tracés de la situation de l'enseignement primaire, en France, sous la Restauration et avant la loi du 28 juin 1833 ? — Qu'il y a à prendre et à laisser dans ces peintures. — Le livre de P. Lorain. — Développement graduel de l'enseignement primaire de 1821 à 1833. — Cours normaux et premières écoles normales. — M. de Montalivet, ministre de l'Instruction publique en 1831. — Efforts et premiers succès d'Ed. Person, comme instituteur primaire, puis comme maître de pension dans l'enseignement secondaire, à Versailles. — Honorables amitiés et hauts patronages qu'il conquiert à cette époque : MM. Aubernon, de Jouvencel, Théry, Barthe et Polonceau. — Il adresse au maire de Versailles, M. Haussmann, un projet d'organisation pour l'Ecole primaire supérieure de la ville.

C'est à Versailles, rue de la Paroisse, dans une petite école primaire libre dont son père était l'instituteur, que le jeune Person sentit naître et se développer en lui la vocation pédagogique ; c'est là qu'il fit, par goût autant que par devoir, le premier apprentissage de notre rude métier. Ce temps est déjà si loin de nous que je demande à mes lecteurs la permission d'insister sur certains détails. Ils n'offrent pas seulement, pour ce qui concerne l'homme, la fraîcheur et l'attrait des souvenirs de jeunesse; ils ont en même temps, à la distance qui nous en sépare déjà, le charme invincible du passé. Au surplus, quand on écrit, en 1884, la biographie d'un grand-père qui était maître d'école avant 1805, et d'un père qui l'est devenu en 1825, on a le droit de remonter presque jusqu'au déluge, sans trop craindre de paraître faire un vain étalage d'érudition.

L'érudition, du reste, est devenue aimable de nos jours, et je signalerai tout d'abord, sur le sujet qui nous occupe, le livre agréable de M. Jules Simon, intitulé l'*Ecole* et les deux ouvrages de M. Albert Babeau, *le Village* et *la Ville sous l'ancien régime*.

C'est dans les livres de M. A. Babeau que l'on trouvera, sur la constitution de l'enseignement primaire avant 1789; sur les louables efforts des évêques et du clergé, et les ordonnances de nos rois, dont quelques-unes décrètent l'instruction obligatoire; sur la diffusion des écoles après la révocation de l'édit de Nantes; sur les règlements des communautés (c'est-à-dire des paroisses ou communes de ce temps-là), relatifs aux examens publics et à l'élection des maîtres ou *recteurs* d'écoles; sur les amendes, prisons et bannissements infligés aux parents qui ne font pas instruire leurs enfants; sur les écoles gratuites ou de charité, et les écoles des Frères de la doctrine chrétienne se répandant dans toute la France, — sauf à Chartres, où l'intervention du duc d'Orléans fut nécessaire pour obtenir leur admission; — enfin, sur la fondation de séminaires qui ne sont autre chose, à cette époque, que nos écoles normales d'aujourd'hui; c'est là que l'on trouvera des documents bien curieux, et qui nous conduiraient à des conclusions fort inattendues sur la prétendue ignorance et les prétendues ténèbres de ce bon vieux temps. De graves esprits ne se plaignaient-ils pas déjà de la multiplicité des écoles et des inconvénients de l'instruction qui rendait le paysan raisonneur, et augmentait le nombre des ambitieux et des déclassés ?...

Quoi qu'il en soit, l'enseignement officiel, au sens propre du mot, organisé d'après un plan méthodique, date, sinon en fait, du moins en projet, de la Révolution. Pour tout ce qui concerne cette période, et la quantité de propositions, de rapports, de règlements ou de décrets qu'elle vit naître, je renvoie au *Dictionnaire de Pédagogie et d'Instruction primaire publié sous la direction de F. Buisson*, aux mots *Condorcet*, *Convention*, *Grégoire*, *Lakanal*, *Daunou*, *Consulat*, *Chaptal*, ainsi qu'à l'article *France*[1]. Je dirai simplement que la Convention, après avoir chassé les prêtres, les congrégations et les Frères de la doctrine chrétienne, proclamé le principe de l'enseignement gratuit obligatoire et de la fondation des *écoles normales* parisiennes et départementales, terme nouveau en France, sinon en Europe[2]; admis, pour désigner les maîtres d'école, le mot

---

[1] Cet excellent ouvrage n'étant pas encore arrivé à la lettre T, je signalerai ici, de mon côté, le rapport de Talleyrand à l'Assemblée nationale (septembre 1791), où le principe de l'instruction élémentaire gratuite (mais non obligatoire) est défini en termes élevés : « C'est dans le trésor commun que doit être prise la dépense nécessaire pour un bien commun. » — Dans ce flot de projets, on rencontre des propositions réjouissantes : je retrouve, dans mes notes, un projet de décret, présenté à la Convention par Léonard Bourdon : l'article 14 propose la fondation d'écoles dites maisons d'égalité, où les enfants seront « vêtus simplement, nourris frugalement, couchés durement ».

Ces trois adverbes joints font admirablement...

[2] Les *Mémoires de l'Académie impériale et royale des sciences et belles lettres de Bruxelles*, récemment publiés, contiennent précisément le récit d'une mission du secrétaire perpétuel Des Roches, qui, en 1786, alla étudier à Vienne l'organisation des écoles normales. On trouvera au *Moniteur* du

d'*instituteurs* et discuté tous les modes de nomination et de surveillance, n'eut, en somme, ni le temps, ni les moyens, ni l'argent nécessaires pour rien organiser. L'Empire n'organisa pas davantage : il laissa aux communes le soin de se débrouiller, et favorisa plus spécialement l'Institution des Frères de la doctrine chrétienne. Quant au recrutement des maîtres laïques, le décret du 17 mars 1808 n'y avait pourvu qu'en termes généraux [1].

L'Empire cependant avait mis la question à l'étude. Un décret du 17 octobre 1810 avait chargé Cuvier, l'illustre savant, d'étudier en détail, en Hollande et en Allemagne, l'organisation de l'instruction primaire. Il en résulta un magnifique rapport, plein de faits et d'idées. Mais l'Empereur n'eut pas plus le loisir de faire passer dans la pratique les conclusions de Cuvier, qu'il n'eut les moyens, pendant les Cent jours, de mettre à exécution les propositions que lui adressa, sur le même objet, son ministre de l'Intérieur, le grand Carnot.

Sous la Restauration, l'opinion publique s'empara de la question de l'enseignement primaire. Les communes, les associations laïques ou religieuses, les particuliers fondent des écoles. Les hommes les plus distingués, depuis l'abbé Gaultier, qui mourut en 1818, jusqu'à Frédéric Cuvier, le frère du grand savant, Ambroise Rendu, de Gérando, Ch. de Lasteyrie, Guizot, le futur ministre, le baron Ch. Dupin,

---

21 janvier 1795, l'arrêté signé Lakanal et Daleyre, relatif aux écoles normales qui doivent former « des instituteurs et des professeurs pour toute l'étendue de la République ». Il semble que dans ce projet il n'y ait aucune différence consentie entre l'enseignement primaire et l'enseignement secondaire et supérieur.

[1] Article 108 : Il sera établi, auprès de chaque académie et dans l'intérieur des collèges et des lycées, une ou plusieurs *classes normales* destinées à former des maîtres pour les écoles primaires. — O. Gréard, *Législation de l'Instruction Primaire*, t. I, p. 56.

Rapet, Boulay de la Meurthe, sans parler des étrangers comme Pestalozzi, Frœbel ou le P. Girard, abordent, dans la presse et dans de remarquables publications, tous les problèmes relatifs à l'instruction populaire. On remue une foule d'idées : le système d'enseignement mutuel se développe sous la protection d'esprits éclairés et convaincus ; enfin, un grand mouvement se prononce à tous les degrés. Le gouvernement de la Restauration, quoi qu'on ait pu dire, s'associe à ce mouvement et le dirige, avec prudence sans doute, mais avec autorité, avec netteté et sans aucune répugnance. Mieux que cela, le gouvernement de la Restauration ferme l'oreille aux suggestions de publicistes passionnés qui dénoncent le régime universitaire, et parmi lesquels le plus ardent à l'attaque était l'abbé de Lamennais. C'est à ce moment que M. Ambroise Rendu faisait paraître un de ses plus remarquables ouvrages, l'*Essai sur l'instruction publique et particulièrement sur l'instruction primaire* (3 vol. 1819).

Les règlements et les ordonnances sur la matière se succèdent sans interruption, de 1816 à 1830. Nous en verrons quelques-uns tout à l'heure ; on les trouvera tous dans le 1er volume de la belle publication de M. O. Gréard, sur la *Législation de l'Instruction primaire*, et dans le *Dictionnaire* de M. Buisson, à l'article *Lois scolaires*.

Mais comment fonctionnaient à cette époque les écoles primaires, sous quelle surveillance, sous quelles autorités? Comment pouvait-on acquérir le grade et le titre d'instituteur?

La Restauration commença par organiser dans chaque canton, pour surveiller et encourager l'instruction primaire, des comités dont le curé cantonal, président, le juge de paix, le principal du collège voisin, etc., étaient membres nécessaires [1]. Quant à la surveillance directe et active des écoles, elle appartenait en première ligne au curé ou desservant, et au maire de chaque commune (art. 8 de l'ordonnance du 29 février 1816). Tout particulier qui désirait se vouer aux fonctions d'instituteur devait présenter au recteur de son Académie un certificat de bonne conduite signé par le curé et le maire de sa commune. Il subissait ensuite un examen devant un inspecteur délégué par le recteur. Cet examen conférait le brevet de capacité. Il y avait trois degrés de brevets, suivant l'importance des matières de l'examen : le brevet du troisième degré était d'une extrême simplicité, si simple même qu'on pouvait l'accorder avec une grande facilité, et qu'un recteur, M. Ozaneaux, réclamait son abolition et le signalait comme « un brevet d'ignorance, un instrument de déception, une monnaie de mauvais aloi [2] ». En décembre 1825, Ed. Person, examiné par Frédéric Cuvier, inspecteur de l'Académie de Paris (il n'y avait pas encore à ce moment de jury d'examen), obtenait le brevet de capacité du second degré. Le programme était encore des plus modestes. Quant au diplôme, il lui était conféré par l'évêque d'Hermopolis, Denis Frayssinous, ministre des Affaires ecclésiastiques et de l'Instruction publique, grand-maître de l'Université.

---

[1] Ces comités avaient une grande influence : la loi de 1833 les transformera en comités locaux ou communaux (voir la note 1 à la fin du volume). Ils intervenaient pour proposer la révocation, décerner le blâme et l'éloge : ils donnaient leur avis sur tous les points importants. C'est du comité cantonal de Versailles qu'Edouard Person reçut, en 1826, pour la bonne tenue de son école, sa première récompense, une médaille de bronze à l'effigie du roi Charles X.

[2] Académie de Toulouse : rapport inédit de M. Ozaneaux, recteur (13 décembre 1831). Archives nationales, liasse 1938. La loi votée le 28 juin 1833 supprima en effet le brevet du troisième degré.

Mais, pour ouvrir une école dans un lieu déterminé, il fallait, outre l'agrément du comité cantonal, une autorisation spéciale du recteur, visée par le préfet. (Pour être instituteur public, il fallait, de plus, être présenté par le curé et le maire de la commune). Plus tard, l'ordonnance du 8 avril 1824 enleva ce droit d'autorisation au recteur, pour le remettre : 1° à l'évêque diocésain, en ce qui concernait les instituteurs libres ; 2° à un comité supérieur ou de surveillance, en ce qui concernait les instituteurs publics [1]. C'est ainsi que l'évêque de Versailles autorisait Édouard Person, en décembre 1825, à remplir les fonctions d'instituteur primaire dans la commune de Versailles, sur le vu d'un rapport adressé par le Comité supérieur ou de surveillance, attestant « sa moralité, son attachement sincère à la religion, ainsi que son dévouement au Roi et à son auguste Famille ». Il dut alors, en vertu de la loi, placer au-dessus de la porte de son école un tableau noir, sur lequel était écrite, en lettres rouges, une annonce portant son nom et indiquant les matières de l'enseignement autorisé par le brevet : c'était, pour le deuxième degré, la lecture, l'écriture, l'orthographe et le calcul.

Un autre progrès, dont l'honneur revient au ministre, M. de Vatimesnil, fut réalisé par l'ordonnance royale du 21 avril 1828. Cette ordonnance créait, à la place des comités cantonaux, un comité d'arrondissement chargé de désigner des inspecteurs gratuits et de surveiller les écoles.

---

[1] Précisons encore, car le mot d'*instituteurs publics* ou d'écoles publiques opposé au mot d'*instituteurs libres* ou d'écoles libres, n'était pas encore usité. Les écoles publiques s'appelaient à cette époque des *écoles dotées*, dotées soit par des associations laïques ou religieuses, soit par les communes. L'autorisation spéciale d'exercer était remise directement par l'évêque à l'instituteur d'une école non dotée ; et par le comité supérieur dont l'évêque du reste était président, à l'instituteur de toute école dotée qui recevait au moins cinquante élèves gratuits (Ordonn. du 8 avril 1824, articles 8 et 11).

Le nombre des comités d'arrondissement pouvait même être augmenté suivant les besoins du service et, dès l'année 1828, Ed. Person, devenu chef d'institution secondaire, fit partie d'un des comités de l'arrondissement de Versailles. En ce qui concerne la dignité de l'homme et du fonctionnaire, le même ministre, M. de Vatimesnil, désirant, comme il le disait dans son rapport au Roi, « protéger les instituteurs contre l'arbitraire » et les assimiler à leurs confrères de l'enseignement secondaire, faisait décider par cette même ordonnance royale du 21 avril 1828 que les instituteurs ne pouvaient être privés de leur emploi que par un arrêt du Conseil académique, précédé d'une instruction contradictoire faite par le comité d'arrondissement; qu'enfin, l'instituteur frappé par cette juridiction pouvait se pourvoir devant le Conseil supérieur, le Conseil royal de l'Instruction publique.

Mais ce qu'il importe de bien comprendre ici, c'est que le nombre de ces instituteurs primaires libres, autorisés à exercer par le recteur ou par l'évêque diocésain, était aussi considérable à cette époque reculée que le nombre des instituteurs publics installés par la commune ou par des associations. La loi du 18 juin 1833 elle-même, la loi Guizot, en mettant chaque commune en demeure de se pourvoir d'une maison d'école et d'un instituteur, ne diminua que lentement le nombre des instituteurs libres ou privés. C'est beaucoup plus tard, et presque de nos jours, que l'instituteur communal, l'instituteur public a fait disparaître et qu'il a remplacé, presque partout, l'instituteur libre. Et ce dernier, l'instituteur libre, fonctionnera longtemps encore sous l'empire de la loi de 1833, et concurremment avec l'instituteur public, alors même que chaque commune se trouvera pourvue de son école officielle.

En l'année 1825, Édouard Person, instituteur primaire à Versailles, avait vingt ans. Mais, bien avant cette époque, son père lui avait abandonné, dans la direction et la surveillance de son école primaire, la tâche la plus importante. Dans les premières années de la Restauration, Person-Collard avait trouvé d'ailleurs un autre emploi : il était pour ainsi dire monté en grade. Il avait été désigné pour donner des leçons d'écriture à l'École des pages. C'était une fonction fort enviée et des plus honorables. L'École, ou, comme on disait alors, la Maison des pages, faisait partie des services de la Maison du Roi. Elle était placée sous l'autorité du grand Écuyer, et installée à Versailles dans les bâtiments qui sont devenus aujourd'hui la caserne du Génie. C'était là que venaient se préparer, pour les divers services de la Cour, une quarantaine de jeunes gens des plus grandes familles de la noblesse française. Ils étaient dirigés par un gouverneur, des sous-gouverneurs, des adjudants-majors, des répétiteurs, et instruits par des professeurs et des maîtres de choix. Mathématiques, haute latinité, topographie et dessin, musique et écriture, escrime et danse, hippiatrique et voltige, on se serait cru dans une de ces académies du XVIIe siècle, où les jeunes seigneurs, avant de se rendre à la Cour ou dans les armées, complétaient leur éducation, au sortir du collège ou en quittant leurs précepteurs.

Malheureusement, Person-Collard ne resta pas longtemps en possession de son emploi. Son caractère violent et ses emportements le brouillèrent de bonne heure avec MM. les pages, qui étaient moins endurants, je pense, que les élèves de la petite école primaire. On conçoit encore qu'un poète soit irritable ; mais un calligraphe en colère, cela ne se peut admettre : or ce merveilleux écrivain, joignant l'action à l'exemple, se servait en guise de férule de l'instrument lui-même qui était l'attribut de son art. Sa règle en métal, qui l'aidait à la fois à tracer sur les cahiers de ses élèves des lignes si régulières et à marquer sur leurs doigts des coups trop bien appliqués, est demeurée légendaire. Bref, lorsqu'en 1821 l'*Almanach royal* commença à donner tout au long la liste des pages et de leurs professeurs, Person-Collard était déjà privé de l'honneur d'y figurer, à la suite des hérauts d'armes et des écuyers cavalcadours. Il eut pour successeur l'excellent M. Duvergé, qui devint à sa place, dans cette même école des pages, le collègue du musicien Eigenschenk [1] et du latiniste l'abbé Bouchitté [2].

Retournons donc à l'école primaire d'Édouard Person et au pensionnat qui va bientôt y être annexé.

Je tiens à le redire encore, tout humble et tout précaire qu'ait pu paraître l'état de l'enseignement primaire sous la Restauration, ou dans les années qui ont précédé immédiatement la grande loi du 28 juin 1833, et quoiqu'on ait tracé de cette situation des tableaux peu flatteurs, il me semble, si j'ai bien compris les souvenirs que mon père avait conservés de cette époque, et si j'interprète convenablement les documents que j'ai interrogés à mon tour, que des progrès visibles et des essais intéressants s'accomplissaient déjà de tous côtés; que l'on voyait se produire dans les esprits, à tous les degrés, le mouvement et la lumière. Il ne faudrait pas croire en effet que la loi du 28 juin 1833,

---

[1] Le fils de M. Eigenschenk est aujourd'hui professeur de musique au Lycée et à l'École normale de Versailles. C'est lui qui, en 1856 (voir plus loin, chapitre IX) dirigeait les choristes, dont les chants firent une si grande impression sur l'auditoire chartrain qui se pressait dans la cathédrale pour les entendre.

[2] Voir plus loin, chapitre VIII. L'abbé Bouchitté est le futur recteur d'Eure-et-Loir.

cette belle loi Guizot, toute importante et toute décisive qu'elle fût (elle a fait époque, et mon père en était un admirateur sincère), il ne faudrait pas croire que cette belle loi ait créé de toutes pièces, dans l'enseignement primaire, une machine nouvelle, et qu'elle ait tiré du néant les blocs de granit posés dans la poussière. Déjà bien des fondations ou des institutions utiles étaient en germe ou en plein développement, que la Révolution de 1830 et la loi de 1833 n'ont fait que consacrer, étendre ou régulariser (voir la note 1, à la fin de ce volume). Ainsi plusieurs associations, les unes religieuses, les autres laïques ; des sociétés autorisées par le Gouvernement ; de riches particuliers, comme M. le conseiller Rendu, maire de l'Isle-Adam ; la famille Aguado, en Seine-et-Oise ; le duc de Raguse à Châtillon-sur-Seine, le duc de Doudeauville à Montmirail ; à Paris même, MM. de Greffulhe, de Praslin, Mme de Lavoisier, Mme la duchesse de Duras ; là encore, et de tous les côtés, de grands industriels ; enfin les communes elles-mêmes, avaient déjà fondé ou perfectionnaient de belles et bonnes écoles primaires. On étudiait, on innovait. C'était aussi le temps où florissait la méthode lancastérienne, dite d'enseignement mutuel (voir à l'Appendice la note II), dont Ed. Person ne fut du reste l'adepte que dans une mesure restreinte et très mitigée. Mais ces systèmes et ces méthodes provoquaient du mouvement dans les esprits et de l'émulation dans les écoles.

Deux autres institutions, qui plus tard devaient recevoir un grand développement, les écoles professionnelles et les salles d'asile, prenaient naissance pendant la Restauration. C'était, pour les écoles professionnelles, une *Institution commerciale*, à Limoges ; un *Cours de théorie et de pratique commerciales*, à Toulouse ; une *École de commerce et de langues,* au Havre ; une *École spéciale,* à Marseille ; à Mulhouse, ville encore si française aujourd'hui, bien qu'elle ne soit plus à la France, un *Cours de sciences physiques et d'arts,* qui devint ensuite la grande école professionnelle si florissante et si renommée [1].

Quant aux salles d'asile, cette belle conception du pasteur Oberlin et de Louise Schæppler, elles s'établissaient en France vers 1825, en attendant les lois bienfaisantes du gouvernement de Louis-Philippe et les généreux exemples de J.-M.-D. Cochin.

Le recrutement des maîtres s'opérait déjà par les cours normaux ou classes normales, qui fonctionnaient dans beaucoup de villes, tantôt annexés aux collèges, comme à Etampes [2], tantôt installés chez des particuliers. Tel est ce brave curé des Vosges qui admettait chez lui, chaque année, une demi-douzaine de jeunes gens pour les préparer aux fonctions d'instituteurs [3]. Quant aux écoles normales primaires proprement dites, qu'on appelait encore écoles modèles, et qui étaient composées d'externes, de pensionnaires et de boursiers des communes ou des départements, on les voit naître bien avant la loi de 1833. Celle de Strasbourg date de 1810 [4] : elle recevait soixante et jusqu'à cent boursiers, qui fournissaient des instituteurs aux deux départements du Haut-Rhin et du Bas-Rhin. Le cours d'études y était de quatre années [5]. En 1816, Paris avait une école normale élémentaire installée rue Saint-Jean-de-Beauvais,

---

[1] Eugène RENDU, *M. Ambroise Rendu et l'Université de France,* p. 117.
[2] Archives nationales, liasse 1938 : rapport inédit de M. l'inspecteur Mauger, 15 septembre 1831.
[3] *Ibid.* : rapport inédit du recteur de Nancy, 21 juillet 1821.
[4] Ambroise RENDU, *Considérations sur les Écoles normales primaires en France.*
[5] GUIZOT, *Rapport au Roi sur l'état de l'enseignement primaire en France,* 2 mars 1833.

d'où sortaient des maîtres et des maîtresses de choix. En Lorraine, l'École normale d'Helfedange, transférée depuis à Metz, l'École normale de Bar-le-Duc, toutes deux admettant soixante élèves pendant deux années de cours, étaient créées dès 1820[1]. Mirecourt dans les Vosges, puis Toul et Nancy, puis Dijon, Orléans, Bourges, etc., suivirent l'exemple. A Dijon, le premier directeur, en 1829, fut le vénérable Thévenot. Il y mourut en 1868 (voir plus loin, chapitre xi). L'École normale de Rouen, dirigée jusque dans ces dernières années par les Frères de la Doctrine chrétienne, était autorisée par une ordonnance royale du 26 novembre 1823[2]. L'Almanach royal de cette même année mentionne à Paris une École normale élémentaire, rue Le Carpentier, pour les hommes; à la Halle aux Draps, pour les femmes; il est vrai que les cours duraient six semaines seulement. Versailles, Chartres, Albi avaient leurs Écoles normales dès l'année 1831.

J'essaierai de retracer au chapitre v de cette notice l'histoire des débuts de notre chère École normale chartraine. L'origine de l'École normale de Versailles est plus intéressante encore : le chef-lieu de Seine-et-Oise, qui possédait depuis 1819 une école gratuite d'enseignement mutuel très florissante[3]; qui méditait d'établir « une *école moyenne* sur le modèle de celles que M. V. Cousin avait visitées à Francfort[4] », avait installé en avril 1831, dans un local gratuitement offert par M. Polonceau, ingénieur des ponts et chaussées, une École normale pour dix-huit élèves-

---

[1] Guizot, *ibidem*.
[2] O. Gréard, *Législation de l'Instruction primaire*, tome I.
[3] Etablie dans un local donné par le Roi (l'hôtel du Grand-Commun), elle comptait deux cents élèves.
[4] Archives de la ville de Versailles que M. l'archiviste Laurent Hanin a gracieusement mises à notre disposition.

maîtres. Quelques mois après, une convention intervenue entre le ministre de l'Instruction publique, le préfet de Seine-et-Oise et le maire de Versailles, décidait que l'École normale primaire de l'Académie de Paris se fixerait à Versailles dans le local de la Vénerie (aujourd'hui la Préfecture). La séance solennelle d'inauguration fut présidée par M. de Montalivet, ministre de l'Instruction publique, le 1er décembre 1831. C'est beaucoup plus tard que l'École normale de Versailles fut transférée dans le quartier de Montreuil et que le département de la Seine eut son école normale primaire indépendante (l'École normale d'Auteuil). Pris d'un beau zèle, l'inspecteur Mauger, que j'ai déjà cité, proposait même d'établir une École normale dans tous les chefs-lieux de canton du département de Seine-et-Oise.

Le 14 décembre 1832 paraissait un règlement concernant les quarante-sept écoles normales primaires déjà existantes [1] et, dans sa circulaire aux Recteurs du 17 octobre 1832, M. Guizot appelait la sollicitude de ses administrés sur ces utiles institutions. « Les écoles normales, disait-il, sont les vrais foyers de l'instruction populaire. » Puis, traçant le portrait des bons directeurs : « Il faut, ajoutait-il, que ce soient des hommes d'élite, d'une moralité éprouvée, d'une expérience consommée. » L'ordonnance du 16 juillet 1833, rendue en exécution de la loi du 28 juin, ne fit donc que multiplier et développer des institutions dont quelques-unes étaient déjà florissantes. Il est vrai qu'elle décidait expressément (art. 22) que si les conseils généraux refusaient d'entretenir une école normale primaire, la dépense nécessaire serait portée d'office au budget du département.

---

[1] O. GRÉARD, *Législation de l'Instruction primaire*, tome I. Le 11 mars 1831, avait également paru, je crois, une ordonnance du roi Louis-Philippe sur le même sujet.

Et cette décision souveraine était en elle-même un grand progrès.

L'Almanach royal de 1830 mentionne même une institution plus curieuse encore. C'est, à Paris, rue Mignon-Saint-André-des-Arts, n° 2, une École centrale normale primaire destinée à former « des instituteurs capables de diriger d'autres écoles semblables dans les départements. » *Nil sub sole novi!* Qu'est-ce cela, si ce n'est l'école actuelle de Saint-Cloud où viennent se perfectionner les futurs professeurs et directeurs d'écoles normales primaires départementales?

Toutefois, nous avons en France, lorsque nous interrogeons des textes, résumons des enquêtes et feuilletons des documents, une déplorable habitude, c'est de soutenir des thèses, c'est de chercher des arguments pour des conclusions préconçues, c'est de tout exagérer en bien ou en mal, suivant le besoin de notre cause. Semblables au paysan dont parle Luther, nous retombons du côté opposé, lorsque penchant déjà, et prêts à glisser par l'autre bout, on essayait de nous redresser et de nous mettre d'aplomb.

Toutes les peintures que l'on a tracées de l'état de l'enseignement primaire en France avant l'application de la loi du 28 juin 1833 ont été composées d'après un livre, fort instructif d'ailleurs, dont l'auteur, P. Lorain, professeur de rhétorique au Collège royal de Louis-le-Grand et chef de bureau au ministère de l'Instruction publique, était incontestablement homme d'étude et de progrès. C'est P. Lorain que citent à chaque pas nos modernes historiens, M. Jules Simon, par exemple, dans son livre *l'École,* M. Ch. Jourdain, qui pourtant n'est pas un pessimiste, dans son *Rapport sur l'organisation et les progrès de l'Instruction publique* (1867), et tout dernièrement encore, mon ancien camarade de l'École normale supérieure, M. Gabriel Compayré, député, dans son *Histoire de la Pédagogie*.

Le livre de P. Lorain (*Tableau de l'instruction primaire*, 1837) est un résumé des rapports fournis par les quatre cent quatre-vingt-dix inspecteurs de bonne volonté que M. Guizot avait envoyés dans tous les départements à la fin de 1833, pour visiter les communes et les écoles primaires de la France. P. Lorain lui-même était un de ces inspecteurs : il avait été délégué en Indre-et-Loire. J'ai lu attentivement son livre, et, après cette lecture, j'ai dépouillé avec non moins d'attention tout ce que j'ai pu retrouver aux Archives nationales des rapports de ces quatre cent quatre-vingt-dix inspecteurs. J'avais un intérêt tout particulier à faire cette recherche, car mon père était lui-même au nombre de ces *missi dominici* de l'année 1833. Il inspecta l'arrondissement de Versailles, et je dirai tout à l'heure comment cette inspection a été le premier degré de sa petite fortune universitaire. Eh bien, j'ai acquis la conviction que P. Lorain, dans son livre, a signalé de préférence le mal, et qu'il a laissé le bien de côté. Est-ce pour cela qu'au dire de M. Jules Simon, il faillit être lapidé ? En tout cas, voulant justifier la loi de 1833 et faire son apologie, il s'est attaché à relever tout ce qui, dans les faits et dans la situation de l'enseignement primaire à cette époque, donnait aux réformes et aux institutions nouvelles un caractère plus prononcé de nécessité et d'urgence. Mais si c'est là une partie de la vérité, ce n'est pas toute la vérité. Les institutions nouvelles ne s'établissent pas toujours aussi brusquement, et les lois humaines sont comme les lois de la nature : *natura non facit saltus*. Elles n'ont pas toujours à franchir, à combler ou à creuser des abîmes : et les meilleures et les plus durables même sont souvent celles qui consacrent des besoins à moitié satisfaits déjà [1].

Les historiens de l'enseignement primaire ont usé et abusé, après Lorain et d'après lui, des exemples désormais inévitables de ces communes où le magister était en même temps cabaretier, sabotier, cordonnier ou fossoyeur; de l'école où le pourceau était installé dans la classe; de l'ignorance de tel instituteur, en Eure-et-Loir, pourvu du brevet du troisième degré, et qui traçait comme modèle d'écriture, sur les cahiers de ses élèves les mots *otaurisation* et *éfort stéril;* et d'une foule d'autres descriptions qui rappellent, moins l'esprit et la gaîté, quelques scènes flamandes de Teniers ou de Van Ostade. Mais encore une fois, ceci n'est qu'un coin du tableau : ce n'est pas toute la vérité. Eh! sans doute, les écoles primaires, avant 1833, n'étaient pas installées, outillées, éclairées, chauffées et aérées comme les élégants et somptueux bâtiments scolaires pour lesquels la moindre commune de France vote aujourd'hui des crédits, avec une libéralité qui témoigne de plus de sollicitude pour l'enseignement primaire que de souci pour l'équilibre du budget : mais nos pères non plus, voire même les plus aisés, n'avaient pas dans leurs maisons des parquets cirés et des calorifères, des glaces et des plafonds dorés, des candélabres et des lampes suspendues, du gaz et de l'eau à tous les étages, comme on en trouve aujourd'hui dans la

---

[1] Je ne fais que résumer ici des idées que j'ai souvent entendu exprimer à mon père. C'est pour cette même raison, quoiqu'en sens inverse, qu'il était peu partisan, dans ces derniers temps, du principe de la loi de l'enseignement obligatoire. Il trouvait que le principe même de cette loi pouvait s'implanter et passer dans nos mœurs en vertu du seul progrès des idées et des lumières. — Et de fait si la loi actuelle, qui consacre l'obligation et la gratuité, a été si facilement acceptée, si elle est même destinée à faire, dans l'histoire, bien moins de bruit que n'en a fait la loi du 28 juin 1833, c'est qu'elle était déjà moralement votée, appliquée et réalisée dans le pays, lorsqu'elle a été officiellement promulguée par les législateurs.

plus petite maison bourgeoise de province, ou dans le plus modeste appartement de Paris. Ajoutons bien vite que nos pères ne s'en portaient pas plus mal, et que les Français de la Restauration n'étaient pour cela ni moins spirituels, ni moins lettrés que les Français de nos jours !

Je ne puis dissimuler du reste que j'ai retrouvé dans les documents déposés aux Archives nationales bien des traits analogues à ceux que P. Lorain a cités dans son livre avec une complaisance évidente. Il y en a même de plus piquants et, si j'ose dire, de plus pittoresques encore, soit en 1833, soit dans les années précédentes, ou dans celles qui ont suivi l'application de la loi Guizot. Les instituteurs de l'arrondissement de Sainte-Menehould faisant la quête à domicile, pour obtenir des familles, sous le nom de *marlage* la quantité de grain qui compose leurs émoluments [1] ; ce bon abbé, à Châteauneuf en Eure-et-Loir, qui s'obstine à tenir une école clandestine malgré les amendes qu'il encourt, et met l'inspecteur dans l'embarras de décider « qui de lui ou des parents dont il reçoit les enfants doivent être conduits à Charenton [2] » ; les instituteurs de l'arrondissement de Brest châtiant les enfants avec une discipline formée de cordes nouées et cirées, et s'exposant aux doléances des parents et des autorités municipales qui leur déclarent à l'envi que les corrections ne sont pas appliquées assez vigoureusement [3] ; en Corse, la peinture du maître d'école qui terrorise le pays, engagé qu'il est dans des inimitiés sanglantes, et qui ne marche jamais qu'avec son fusil en bandoulière, à cause

---

[1] Archives nationales, 1831. Rapport signé Artaud. D'autres écrivent *marnage*, et l'on me dit que dans le département du Loiret, en 1850, il n'était pas rare encore que les instituteurs reçussent de chaque habitant une *hottée* de raisin, pour faire leur pièce de vin de l'année.
[2] *Ibidem*, 1831. Rapport signé Taillefer.
[3] Archives nationales, 1833.

de la vendetta¹ ; tout cela et bien d'autres choses encore peuvent paraître fort éloignées de notre époque. Mais ce qu'on a oublié de mentionner aussi, c'est la somme de progrès déjà réalisés et d'efforts heureux que signalent à l'envi tous ces inspecteurs. A l'exception d'un rapport très remarquable sur la situation de l'enseignement primaire dans l'Académie de Toulouse, tableau fort sombre j'en conviens, et qui a d'autant plus attiré mon attention que l'École normale d'Albi, où mon père devait débuter en 1834, est dans le ressort de cette académie, j'ai été étonné de la quantité de bonnes choses que signalent les inspecteurs, et que P. Lorain ni aucun de ses successeurs n'ont mises en lumière. — Et je dis qu'en interrogeant ces mêmes documents, l'on pourrait faire avec un peu d'habileté... et de partialité, au lieu d'une peinture de l'état misérable et précaire de l'enseignement avant 1833, un tableau enchanteur de l'état florissant de ce même enseignement à la même époque.

Mais ne nous lançons point à notre tour dans les paradoxes, et ne renouvelons point l'exemple du paysan de Luther. Félicitons-nous plutôt qu'il y ait toujours, et en tout temps, ici-bas, quelque mal à combattre puisqu'il n'y aurait pas d'hommes de bien sans cela, et des ignorants à instruire, puisque sans les ténèbres on ne verrait pas d'hommes éclairés. Toutefois, que la juste mesure est délicate à saisir en histoire, et la vérité même des faits matériels difficile à surprendre ! Heureux encore ceux qui ne se découragent pas dans cette poursuite, et qui ne jettent pas au feu leur travail commencé, comme Walter Raleigh enfermé dans la Tour de Londres ! On connaît son aven-

---

¹ Archives nationales, 1835. Mérimée a oublié ce type dans son roman de *Colomba* ou dans sa dramatique histoire de *Mateo Falcone*.

ture : il avait ébauché une histoire universelle ; il entend du bruit dans la cour, il interroge deux de ses gardiens qui, à tour de rôle, lui apportent sur ce vulgaire incident deux versions contradictoires. Quelle témérité, dit-il, de vouloir écrire une histoire du monde, quand je ne puis même savoir ce qui vient de se passer sous mes fenêtres !

Je n'abandonnerai pas ce sujet sans tirer de mes notes quelques traits que j'ai recueillis aux Archives sur la situation de l'enseignement primaire en Eure-et-Loir, avant la loi de 1833. Les passages du livre de P. Lorain, en ce qui concerne notre département, ne sont pas flatteurs pour les maîtres de ce temps-là. Voici des renseignements infiniment plus satisfaisants, puisés aux mêmes sources. Dans les rapports de juin 1831, les inspecteurs signalent l'essor que prend l'instruction primaire en Eure-et-Loir, et les succès de maîtres intelligents et dévoués pour lesquels ils demandent des récompenses ; ils citent même des noms propres : voici le sieur Richer à Dreux, le sieur Chéneau à Saint-Sauveur, les sieurs Boulard père et fils à Cloyes ; ils décernent des notes excellentes aux écoles de Brou, de Voves, d'Anet, de Senanches, de Courville, de Janville, etc. Ils terminent leur visite par le bel établissement d'enseignement mutuel qui fonctionnait à Chartres ; ils font le plus grand éloge du maître de cette école [1] « qui joint beaucoup d'activité à beaucoup d'intelligence. » Ils signalent avec plaisir que la prière est faite avec soin dans l'école, et demandent le rétablissement de l'image du Christ dé-

---

[1] Ce maître est M. Dunand qui fut ensuite le premier directeur de l'Ecole normale primaire de Chartres, et auquel Ed. Person devait succéder en 1838. Quant à M. Boulard fils, qui est mentionné dans les rapports de juin 1831, il fut, de 1838 à 1849, directeur de l'Ecole d'Enseignement mutuel à Chartres.

clarant « qu'il est impolitique de laisser cet avantage à l'école des Frères. » Voilà qui fait oublier, je crois, les modèles d'écriture avec les mots *otaurisation* et *éfort stéril*.

Parmi ces maîtres qui, avant la loi de juin 1833, donnaient le bon exemple et servaient la bonne cause, d'autant meilleurs peut-être qu'ils s'étaient formés seuls, qu'ils avaient approfondi, sans secours étranger, les secrets de leur art, et retrouvé dans leur propre expérience les données de l'expérience d'autrui, se trouvait Edouard Person, instituteur primaire libre à Versailles. Il faisait merveille et gagnait la confiance des familles. On comprendra la petite émotion que j'ai éprouvée en retrouvant, dans les vieux papiers qui se rapportent à ces temps déjà si lointains, un document officiel qui le concerne. Voici en effet ce que j'ai copié dans un rapport de M. Mauger, inspecteur adjoint de l'Académie de Paris, chargé du département de Seine-et-Oise, à la date du 15 septembre 1831 : « Nous
» avons visité l'école mutuelle, dirigée par le sieur Michel :
» nous l'avons trouvée très forte sous tous les rapports,
» mais cependant un peu faible sur les principes de la
» grammaire. L'école simultanée [1] du sieur Person, plus
» forte sous ce dernier rapport, est excellente dans toutes
» ses parties. Elle a été depuis érigée en pensionnat com-
» mercial et industriel [2] ».

La grammaire ! Edouard Person était déjà dans son élément. Il a conservé en effet toute sa vie, pour l'enseignement de la grammaire, une prédilection marquée. C'était sa droite balle, comme disait Montaigne en parlant de l'histoire. On voit encore, par ce rapport, qu'il avait trans-

---

[1] La note II, à la fin de ce volume, donne tous les éclaircissements nécessaires au sujet de la méthode mutuelle et de la méthode simultanée.
[2] Archives nationales, liasse 1938.

formé son école primaire en un pensionnat d'instruction secondaire. Depuis 1827, ce pensionnat était installé à Versailles, sur le boulevard de la Reine. Mon père avait acquis à lui tout seul, dans les livres, sa première instruction primaire élémentaire et supérieure. Seul encore, il avait appris assez de latin pour obtenir le diplôme de bachelier ès lettres.

Il forma dans son nouvel établissement de bons élèves; la pension avait des succès au Collège royal de Versailles; elle y disputait parfois les nominations à l'excellente institution Savouré dont le nom est bien connu dans l'histoire de l'enseignement libre; l'activité, le zèle et la sollicitude d'Edouard Person étaient appréciés des familles. On remarquait l'irréprochable tenue, la pureté des mœurs, l'élévation du langage, la distinction des manières de ce grand jeune homme, raisonnable et mûr avant l'âge, qui cherchait toujours à s'élever, non pas en dehors de sa sphère, mais du moins au-dessus du niveau commun. Il apportait en toutes choses, dans les plus petites comme dans les plus importantes, un tact et un décorum parfaits dont la bienséance n'avait ni affectation ni raideur, parce que la bienséance était le fond même de sa nature, que son ton n'avait rien de compassé, et parce que la gaîté et la bonne humeur n'en étaient point exclues. Il dut à ces qualités éminemment sociables de conquérir dès sa première jeunesse, et à toutes les époques de sa vie, les plus honorables amitiés; car je ne sais de quel autre nom désigner ces sympathies bienveillantes qui s'attachèrent à lui, dans les rangs les plus élevés de la société, à Versailles, à Paris, à Albi comme à Chartres, pour le distinguer d'abord, et s'employer ensuite, s'il en était besoin, en sa faveur. Ses amis et ses patrons, c'étaient, à Versailles, à l'époque de la Révolution de 1830, le Préfet, M. Aubernon, qui l'avait pris en si haute estime qu'il voulait lui faire donner d'emblée la direction de l'Ecole normale primaire de Versailles. Mon père s'en était fort défendu, car cette école était dans les mains excellentes de M. Lebrun ; et il bornait son ambition à devenir directeur de l'Ecole primaire supérieure de la ville, pour laquelle il venait d'adresser au Conseil municipal, un avant-projet très étudié ; — M. de Jouvencel père, ancien maire de Versailles et député, honoré à maintes reprises des suffrages de ses concitoyens, en récompense de son dévouement constant, et en souvenir de sa belle conduite au moment de l'arrivée des Prussiens en 1815[1] ; — M. Théry, proviseur du Collège royal, dont je reparlerai tout à l'heure ; — M. Madden, l'aimable professeur d'anglais de ce collège ; — M. Barthe, professeur à l'Ecole de Saint-Cyr qui, en 1861, fut maire de Versailles ; — Cornilliet, graveur d'un vrai talent, qui l'initiait à ses travaux, et développait son goût pour les arts ; — M. Polonceau, l'éminent ingénieur, déjà célèbre par la construction des routes du Simplon et de Grenoble à Briançon, par l'introduction en France du macadam, et qui bientôt allait tracer le chemin de fer de Paris à Rouen. A Versailles où il était ingénieur en chef des ponts et chaussées, M. Polonceau conçut pour Edouard Person la plus vive sympathie : il lui fit connaître la ferme-école de Grignon, dont il était un des membres fondateurs, et il lui confia l'éducation de ses fils. L'un d'eux, Camille Polonceau, sortit de la pension du boulevard de la Reine pour entrer, en 1833, à l'Ecole centrale : il a fourni, lui aussi, une belle carrière scientifique et administrative ; ami de Perdonnet, directeur du chemin

---

[1] Voir plus haut, p. 20.

de fer d'Orléans, il a signalé sa compétence par une foule d'applications ingénieuses et de perfectionnements utiles. Mon père citait son nom avec orgueil, comme le plus brillant de ses anciens élèves. Il en eut d'autres encore : il recevait des Anglais, des candidats à l'Ecole militaire de Saint-Cyr; il avait organisé chez lui une forte préparation, avec le concours des professeurs du Collège royal. Ses élèves l'aimaient et le respectaient. J'ai retrouvé de leurs lettres dans ses papiers : écrites bien longtemps après cette époque, et par des hommes devenus vieux à leur tour, elles sont pleines des souvenirs les plus cordiaux, et des sentiments de l'amitié la plus sympathique.

Edouard Person ne se désintéressait pas pour cela des choses de l'enseignement primaire. Il était membre d'un comité d'arrondissement; il faisait passer des examens aux instituteurs; il étudiait les méthodes nouvelles; il composait des projets d'organisation. J'ai trouvé aux archives de la ville de Versailles un travail manuscrit qu'il adressait au maire M. Haussmann [1] et au Conseil municipal, en l'année 1833. C'était au moment où la loi Guizot mettait les villes dont la population dépassait 6,000 âmes, en demeure d'instituer des écoles primaires supérieures. Les écoles primaires supérieures, on commence à s'en occuper aujourd'hui : eh bien, elles sont déjà vieilles de plus d'un demi-siècle. Voici en quels termes, élevés et pratiques à la fois, Ed. Person concevait pour la ville de Versailles, un projet d'école dans des circonstances où, comme le disait sa lettre d'envoi, « un citoyen, guidé par son expérience bien plus que par ses

---

[1] M. Louis Haussmann, maire de Versailles de 1831 à 1837, était cousin-germain du père du Préfet de la Seine, et grand-oncle de M. Georges Haussmann, un des avocats en ce moment les plus distingués du barreau de Versailles.

lumières, venait payer un tribut à la chose publique en soumettant au Conseil municipal ses études préliminaires » :

L'universalité de l'instruction primaire doit être considérée aujourd'hui non-seulement comme un gage de l'amélioration des mœurs et du bien-être des individus, mais comme une des garanties de l'ordre et de la stabilité sociale. C'est l'homme qu'il faut préparer dans l'enfant ; l'homme de la condition modeste, mais apte à la connaissance des devoirs et des droits de cette même condition, devenant pour la famille un membre moral, intelligent, laborieux, pour l'Etat un citoyen éclairé, utile et dévoué. Les écoles primaires supérieures sont appelées à devenir de véritables écoles préparatoires à la vie sociale.

Il trace alors un programme d'enseignement, vigoureux et clair, avec un projet d'examen public conférant, à la sortie, un certificat d'études et de capacité délivré par le maire.

MATIÈRES D'ENSEIGNEMENT.	1re ANNÉE.	2e ANNÉE.	3e ANNÉE.
Écriture.	Française et anglaise.	Moulée et caractères étrangers.	Ornements à la plume.
Français.	Grammaire élémentaire.	Grammaire générale et raisonnée.	Exercices de style.
Arithmétique.	Opérations fondamentales et système des poids et mesures.	Fractions ordinaires et fractions décimales.	Proportions et nombres complexes.
Géométrie.	Lignes et cercle, mesure des lignes et des angles.	Surfaces. Toisé des surfaces.	Solides, évaluation des solides, arpentage.

MATIÈRES D'ENSEIGNEMENT.	1re ANNÉE.	2e ANNÉE.	3e ANNÉE.
Dessin linéaire.	Figures géométriques.	Objets relatifs aux arts et aux métiers.	Constructions et machines.
Géographie.	Notions générales.	Géographie générale.	Géographie de la France.
Histoire.	Histoire sainte.	Histoire grecque et histoire romaine.	Histoire de France.
Sciences naturelles.	Explication des phénomènes de la nature.	Notions physiques et chimiques sur les propriétés des corps.	Éléments de minéralogie, de botanique et de zoologie.
Chant.	»	»	»

Il accompagne l'exposé de ce programme de nouvelles réflexions ; l'une des plus intéressantes est celle qui concerne l'enseignement de la morale qui devra être séparé, dit-il, de l'enseignement religieux réservé aux ministres de la religion.

Cet enseignement moral aura pour but de disposer l'esprit à l'exercice de toutes ses facultés, dans un cercle de droiture et de raison ; c'est un enseignement nouveau à fonder : il faut qu'on rassemble les éléments encore épars d'un pareil cours, qu'on range ces matériaux de manière à pourvoir aux prévisions de la vie, et à former un code de devoirs prescrivant la pratique de la vertu dans toutes les positions que l'élève pourra occuper.

Voilà, si je ne me trompe, une idée originale en l'année 1833, et une idée féconde pour l'avenir. Car cet enseignement de la morale a singulièrement bien fait son chemin dans nos écoles [1].

Il est vrai qu'une chose essentielle faisait entièrement défaut à cet excellent maître de pension, à cet esprit si ouvert, si éclairé, si répandu : c'était le génie des affaires ; j'entends par là cet honnête esprit pratique qui sait proportionner le but à atteindre aux moyens dont on dispose ; qui, en d'autres termes, équilibre les recettes et les dépenses, et recherche un profit légitime, juste récompense du labeur. Or, partout où il y avait de l'argent à gagner, Ed. Person n'a jamais su qu'en perdre. Pour le nombre et la qualité des élèves, sa pension était florissante. Mais sous le rapport des bénéfices, c'était une déplorable affaire. Tous les succès qu'il remportait étaient autant de victoires à la Pyrrhus. Il fit des dettes, ce qui lui donna une nouvelle occasion, en les payant, de prouver son honnêteté. Mais, dès qu'une circonstance favorable se présenta de mettre fin à cette ruineuse entreprise, il en profita. Je vais raconter quelle fut cette occasion.

---

[1] L'Ecole primaire supérieure de Versailles s'est éteinte en 1848. Elle est remplacée aujourd'hui par l'Ecole spéciale et professionnelle de M. Bertrand ; cette école, dans laquelle la ville entretient des boursiers, était patronnée par MM. Laboulaye, Hervé-Mangon, etc. Sous l'influence de M. Léon Say elle tend à devenir une école d'apprentis assez semblable au remarquable établissement de la Villette, à Paris.

CHAPITRE IV

1834-1838

La loi du 28 juin 1833. — Les 490 inspecteurs. — Ed. Person mandé et reçu par M. Guizot, ministre de l'Instruction publique. — L'Ecole normale primaire d'Albi. — Difficultés de la situation. — La Croisade des Albigeois. — M. de Villeneuve, préfet du Tarn. — La cathédrale d'Albi. — Le saut de Sabo. — Services exceptionnels et succès d'Edouard Person. — Il reçoit à Albi les palmes académiques et la croix d'honneur. — Le docteur Rigal. — Les préparatifs d'un duel au pistolet.

La loi du 28 juin 1833, portant organisation de l'instruction primaire, venait d'être votée. Avant de la mettre à exécution, M. Guizot, ministre de l'instruction publique, avait fait faire une enquête minutieuse sur la situation de l'enseignement primaire. Quatre cent quatre-vingt-dix inspecteurs dévoués à la cause, commencèrent « une battue générale », comme dit P. Lorain, dans les écoles de France. Ed. Person avait été désigné pour faire partie de ce corps d'inspection, par le proviseur du Collège Royal de Versailles, M. Théry, membre du Conseil municipal, administrateur actif et vigilant, esprit ouvert, et très curieux lui-même de toutes les questions de pédagogie qu'il a traitées d'une façon supérieure dans plusieurs de ses ouvrages.

Les rapports des quatre cent quatre-vingt-dix enquêteurs furent dépouillés au ministère de l'Instruction publique. Le ministre, qui lisait tout et se souvenait de tout[1], fut frappé de la sagesse et de la hauteur de vues, avec lesquelles était écrit le travail d'Ed. Person, et le 1er janvier de l'année suivante (1834), au moment où les fonctionnaires des collèges royaux de Paris et de Versailles défilaient devant lui, M. Guizot arrêta quelque temps au passage M. Théry, proviseur au Collège de Versailles, et se mit à lui parler plus bas. Tout le monde pensa qu'il s'agissait de quelque affaire importante concernant l'enseignement secondaire ou le Collège royal de Versailles en particulier. Les assistants s'écartèrent par déférence et attendirent que l'entretien du ministre et du proviseur fût terminé, pour venir saluer à leur tour le grand-maître de l'Université. Voici ce que M. Guizot avait à dire à M. Théry : il voulait lui demander tout simplement le nom de l'inspecteur qui avait envoyé, sur une partie des écoles de l'arrondissement de Versailles, des rapports si bien composés. Et comme le proviseur avait répondu que cet inspecteur était un jeune homme intelligent, ardent au bien, désireux de se distinguer en toutes choses et de payer de sa personne en toutes circonstances, le ministre qui déjà songeait à recruter le personnel de l'enseignement primaire, et qui, du reste,

---

[1] Cette prodigieuse mémoire de M. Guizot était peut-être plus extraordinaire encore que celle de Villemain. Elle ne s'éteignit en lui qu'à son lit de mort. J'ai entendu raconter, par des témoins de ses derniers moments, qu'au Val Richer, en 1874 (il avait 87 ans), quelques heures seulement avant de rendre le dernier soupir, il fit venir son fils et lui demanda de lui réciter la suite d'un passage de Corneille que ses facultés, défaillantes pour la première fois, se refusaient à lui rappeler en cet instant suprême. M. Guizot, avant de mourir, disant, ou se faisant dire des vers du grand Corneille, n'est-ce pas là un trait qui résume tout un caractère ? — Voir Mme de Witt, *M. Guizot dans sa famille et avec ses amis*, p. 362.

était assailli de demandes, avait prié M. Théry de lui envoyer Ed. Person, afin qu'il pût le voir et l'entretenir en particulier [1].

Mon père fut reçu par le ministre le 19 janvier 1834. L'entretien fut des plus satisfaisants. On se fera facilement l'idée de ce que dut être la conversation entre ces deux interlocuteurs, lorsqu'on relira le passage de cette circulaire que venait d'adresser, le 11 octobre 1833, à tous les directeurs d'Écoles normales, l'austère stoïcien qui gouvernait à cette époque l'Instruction publique :

---

[1] J'ai vainement cherché, aux Archives nationales, où sont déposés tous les documents de cette époque, les rapports de mon père sur le résultat de son inspection de 1833 en Seine-et-Oise. Les retrouverai-je jamais ? J'ose à peine l'espérer maintenant. Le ministre qui les avait remarqués les a-t-il, dès le début, extraits de la collection ? Un instant j'ai cru que j'allais m'engager sur une bonne piste, car je venais de découvrir, dans une liasse, les rapports très intéressants de M. Pourpe, principal du collège de Pontoise, lui aussi délégué en Seine-et-Oise. Je me décide à publier cette notice, sans attendre le succès, d'ailleurs très problématique, de mes investigations. Le Rapport de M. Guizot au Roi, en 1834, donne les noms des 490 inspecteurs envoyés par toute la France, avec le nombre des communes et des écoles qu'ils ont visitées. Mon père est porté sur ce tableau comme ayant inspecté, dans l'arrondissement de Versailles, 48 communes et 59 écoles. P. Lorain, qui a eu jadis tous ces documents entre les mains, pour composer le travail qu'il a publié en 1837, donne quelques rares extraits concernant l'inspection de Versailles, mais sans indiquer les noms des inspecteurs ; voici une citation qui pourrait bien être empruntée à mon père : « Il y a, particulièrement à Sèvres et à Buc, beaucoup d'indifférence de la part des familles : mais il est juste de dire que j'ai vu partout cette indifférence diminuer en raison de la capacité des instituteurs. » — Ce rapport de M. Guizot au Roi, en 1834, étant aujourd'hui un document assez rare, je transcris les noms des inspecteurs délégués dans les deux départements de Seine-et-Oise et d'Eure-et-Loir : — pour *Seine-et-Oise :* Corbeil : Bouchitté, professeur au collège ; Mantes : Huot, homme de lettres ; Pontoise : Pourpe, principal du collège ; Etampes : Michel, principal à Etampes et Vaissier, professeur au collège ; Rambouillet : Grenon et Blin ; Versailles : Théry, proviseur, de Montferrand, professeur de mathématiques spéciales au collège, Person, maître de pension ; — pour *Eure-et-Loir :* Chartres : Boutarie, principal du collège, Roux et Josse, régents ; Châteaudun : Jumentier, Côme, chef d'institution à Terminiers, Peigné, employé au ministère de l'Instruction publique ; Dreux : Bertrou, médecin à Dreux, Clémendot, ancien régent au collège, De Paris, ancien magistrat, Lacoste, membre de l'ancien comité cantonal ; Nogent-le-Rotrou : Delalande, principal, Leroy et Morel, régents.

Tous vos moments, disait M. Guizot, sont en quelque sorte remplis par un même devoir ; il n'y a pour ainsi dire point de vie privée pour vous ; l'Etat vous demande plus que le tribut de votre intelligence et de vos connaissances ; c'est l'homme, l'homme tout entier qu'il réclame, qu'il dévoue à une œuvre sévère de patience, de persévérance et de vertu.

M. Guizot vit tout de suite à quel homme plein d'ardeur, de bonne volonté et de légitime ambition il avait affaire. Il le désigna pour diriger l'École normale primaire d'Albi, où il arriva le 6 février 1834, en passant par Toulouse, résidence du recteur. Du reste, M. Guizot avait pris soin d'expliquer lui-même au nouveau fonctionnaire les difficultés de la situation. C'était, comme on va le voir, une complication étrange de rivalités et de conflits. Le principal embarras venait de la lutte ardente engagée entre les catholiques et les protestants. Ces derniers qui étaient bien enrégimentés, et qui avaient de puissants patrons, parmi lesquels on citait le président du consistoire de Toulouse, M. Chabran, homme des plus distingués, ne parlaient de rien moins que de faire de l'École normale d'Albi, qui déjà comptait une demi-douzaine d'élèves protestants, une école consacrée officiellement au culte réformé. Leurs instituteurs gagnaient du terrain dans les campagnes. Dans certains cantons et dans l'arrondissement de Castres [1] notamment, les écoles catholiques se dépeuplaient. M. Guizot, un protestant lui aussi, entendait bien, dans sa haute impar-

---

[1] Je n'ai trouvé de statistique que dans les rapports de l'inspection de 1835-1836 (Archives nationales, liasse 2079). Très faible dans les autres arrondissements, le nombre des enfants qui fréquentaient, à cette époque, les écoles protestantes de l'arrondissement de Castres est de 648, contre 3644 qui fréquentaient les écoles catholiques. De son côté, P. Lorain affirme, en thèse générale, que les partisans du culte réformé étaient plus avancés que les autres communions sous le rapport de l'instruction primaire.

tialité, que les catholiques reconquissent et gardassent, dans le Tarn, leur part légitime d'influence, et il chargea mon père d'aller recommencer, par des moyens pacifiques, la croisade des Albigeois.

Ce n'est pas pour le plaisir de faire un mot que j'écris cette expression de croisade des Albigeois. Il y avait, en effet, une croisade à faire, et des Albigeois à convertir. Un rapport de M. Ozaneaux, pour l'année 1833, prouve que tout n'était pas pour le mieux, dans la meilleure des académies, et précisément dans celle où étaient nés les Jeux floraux. Tandis que les inspecteurs signalent, dès 1822, dans l'Académie voisine de Montpellier « un grand nombre de très bonnes écoles »; que les recteurs de Besançon et de Limoges montrent dans leurs ressorts « le perfectionne- » ment graduel de l'instruction primaire, et les institutions » établies contenant déjà en germe toutes les améliorations » que l'on est en droit d'espérer », le recteur de Toulouse, ou moins optimiste, ou voyant plus nettement les difficultés de la situation, déclarait que la loi de 1833, pour pouvoir être appliquée dans son académie, supposait de la part des autorités, des communes, des hommes et des instituteurs eux-mêmes, une foule de convictions et de principes qui n'existaient pas; de sorte que toutes les réformes et les créations proposées faisaient ici l'effet « de la civilisation du nord » révélée au midi plutôt pour l'éblouir que pour l'éclairer ». Et s'élevant contre l'usage de la force et des moyens coercitifs, il déclarait qu'il fallait tout attendre de la persuasion, de l'exemple et du temps[1]. Le temps manqua à Ed. Person,

---

[1] Voici le texte exact de ce remarquable passage : « On a proposé d'atta-
» cher une sorte de peine à l'ignorance, de priver par exemple des droits
» civils ou politiques quiconque ne saurait pas lire après un délai donné par
» la loi. Je n'aime pas que le refus d'un bienfait entraîne un châtiment, que

qui resta cinq ans à peine dans le Tarn ; mais la persuasion et l'empressement à donner l'exemple ne lui firent pas défaut.

C'était même une double croisade qu'il fallait entreprendre. L'une, contre les protestants, dans une lutte d'influence et d'émulation pour le bien, dont le signal devait partir de l'École normale primaire ; car, comme le dit encore M. Ozaneaux, « une école normale porte dans son sein une vingtaine de bonnes écoles » ; l'autre, en face des protestants, contre le clergé catholique lui-même, qui s'opposait de toutes ses forces à la création des écoles et à l'action des instituteurs. Cette opposition du clergé devait persister longtemps après dans le Tarn, et M. Thuillier, qui succéda à M. Ozaneaux, comme recteur de l'Académie de Toulouse, la signalait encore en termes énergiques, en l'année 1838 (Archives nationales, liasse 1942) [1].

Comme si ce n'était pas assez de ces difficultés, le nouveau directeur, en arrivant à Albi, allait recevoir encore du préfet du Tarn et de ses collègues universitaires du Collège, un accueil fort décourageant. Le préfet du Tarn, M. de Villeneuve, avait proposé au ministre, pour le poste

---

« la science se présente la menace à la bouche, et la vérité le sabre à la main : il faut tout attendre de la persuasion, de l'exemple et du temps. » Archives nationales : rapport du 13 décembre 1833.

[1] L'opposition du clergé à la propagation de l'enseignement et des lumières, c'est encore une de ces idées générales, une de ces thèses qu'ont soutenues les historiens, sans prendre souci d'une foule de documents diamétralement opposés. Les rapports que j'ai dépouillés mentionnent, de 1831 à 1839, une foule de bons exemples donnés par le clergé. Si la situation était grave dans le Tarn, et ailleurs encore, elle était toute différente sur beaucoup d'autres points. Un des inspecteurs de 1833, qui constate dans tout son arrondissement, l'entente générale des instituteurs et des curés, exprime même assez naïvement l'étonnement que lui cause cette découverte. Son étonnement est un gage de sa sincérité. N'avait-il pas vu même un instituteur qui, toutes les fois qu'il s'absentait, se faisait bravement remplacer par son curé, lequel faisait l'école à sa place ? Il est vrai, ajoute-t-il, que c'était un jeune curé !

de directeur de l'École normale d'Albi, un professeur de rhétorique du Collège communal qui était en même temps, et depuis 1831, année de la fondation, professeur à l'École normale. Le Collège et l'Ecole étaient installés dans les mêmes bâtiments. Cette proposition n'avait pas été agréée par le recteur de Toulouse, qui y voyait des inconvénients. Un des plus grands, c'est que ce régent était un prêtre catholique, dont la nomination risquait d'indisposer les élèves protestants de l'Ecole. Or la loi, à cette époque, voulait que le préfet et le recteur s'entendissent pour proposer un candidat au ministre de l'Instruction publique. Mais M. de Villeneuve avait un tel désir de faire triompher l'abbé B... qu'il avait pris à lui seul un arrêté de présentation, et créé du même coup un conflit avec l'autorité académique de Toulouse. Le ministre donna tort au préfet du Tarn, et lorsque M. de Villeneuve vit arriver Ed. Person, il ne lui cacha pas son mécontentement. « Au surplus, ajou-
» ta-t-il, avec votre jeunesse et votre inexpérience, et igno-
» rant comme vous l'êtes de tout ce qui concerne le dépar-
» tement, vous ne tiendrez pas longtemps ici. » En arrivant de la Préfecture à l'Ecole normale, ce fut une autre antienne. Les élèves de l'Ecole regrettaient M. Augé, leur compatriote, médecin et directeur si considéré que le Conseil général venait de porter son traitement à la somme fabuleuse de 1,400 francs et que le ministre, qui connaissait son mérite, l'envoyait avec avancement à l'Ecole normale de Montauban. L'Ecole normale du Tarn n'en voyait pas moins avec déplaisir et défiance le nouveau directeur qui avait, à priori, le double tort de n'être point du cru, et de remplacer un méridional. J'avoue que si, cette fois, je raconte tous ces détails, ce n'est plus parce que j'y trouve l'attrait du passé. Les institutions et les temps ont beau

changer, l'humanité reste la même ; et la voilà bien, en 1834, telle que nous la voyons aujourd'hui, telle qu'elle se montrera toujours, avec ses jalousies de métier, ses rivalités de clocher, ses compétitions et ses intrigues. La seule différence, c'est qu'à Albi, en l'an de grâce 1834, les passions méridionales étaient encore plus vives qu'à aucune autre époque et qu'en aucun autre lieu.

Il y avait là vraiment de quoi effrayer les plus hardis : mais la jeunesse supplée à tout, et mon père est resté bien longtemps jeune. Or, à cet âge heureux, comme le disait un jour, devant moi, un maître éminent, « il n'y a rien de » si facile à supporter que les choses qui vous écrasent[1]. » Du reste, mon père était parti de Paris, bien pénétré des instructions du ministre ; et il avait quitté Versailles tout imprégné des affectueux conseils de son premier et efficace protecteur, M. Théry. — Que le nom de M. Théry reçoive ici le témoignage de mes reconnaissants souvenirs ! Lorsqu'en 1867, en sortant de l'Ecole normale supérieure, je fus envoyé au lycée de Caen, après une année de séjour à Chaumont[2], je trouvai dans le Calvados comme recteur de l'Académie, l'éminent M. Théry qui avait favorisé, à Versailles, en 1833, les débuts de mon père dans l'Université. Le nom que je portais me valut auprès de lui un accueil si sympathique que je n'oublierai jamais sous quels auspices j'ai fait, à mon tour, mes premiers pas dans la carrière, et que je veux associer ici, dans un même hommage, l'expression d'une double gratitude. Plus tard encore, et presque à la fin de sa vie, mon père eut l'occasion de rappeler lui-

---

[1] Gounod. Le maestro parlait de son premier opéra en 3 actes, et c'est à Rome, en 1868, que j'ai recueilli de sa bouche ce joli aphorisme.

[2] Où je me plais à rappeler que j'ai été le collègue de M. Desprez, professeur de rhétorique, aujourd'hui inspecteur de l'Académie de Paris, en résidence à Chartres.

même à M. de Pontavice, inspecteur d'Académie à Chartres, et gendre de M. Théry, les vieux souvenirs qui l'attachaient à l'ancien proviseur du Collège royal de Versailles, recteur de l'Académie de Caen [1].

Toutes les préventions qu'avait fait naître la nomination d'Edouard Person à Albi tombèrent rapidement ; le nouveau fonctionnaire eut bientôt gagné la confiance de son entourage et l'approbation de ses chefs : il justifia l'une et l'autre par son ardeur au bien, ses convictions sincères et son administration intelligente. A peine arrivé à Albi, il regarde, il voit, il étudie, il organise et il crée. Il apportait du nord de la France un peu de cette ardeur de recherches et de cet esprit d'investigations qui, à tous les degrés, animait et vivifiait l'enseignement public. Quelle belle époque en effet que cette année 1834, où Michelet, Rossi et le jeune Ampère professaient au Collège de France, Théodore Jouffroy à la Sorbonne, où Arago ouvrait à l'Observatoire son cours d'astronomie populaire !

Ce que l'on appelait l'Ecole normale d'Albi, c'était, de 1831 à 1837, deux salles séparées, l'une au Collège, l'autre à la Préfecture, où vingt élèves, divisés en deux années, se réunissaient dans la journée, pour leurs études et leurs cours. Ils habitaient en ville, chez des parents ou des tuteurs, et la surveillance de ces jeunes gens ainsi disséminés, n'était pas la partie la moins importante ni la moins délicate de la tâche du directeur. En 1836 seulement, le Conseil général du Tarn acquit un immeuble et vota des fonds pour l'appropriation des bâtiments, en chargeant le directeur d'étudier toutes les questions qui s'y rattachaient.

---

[1] M. Théry est mort en 1878. — Son gendre, M. de Pontavice, a été inspecteur d'Académie à Chartres, du 26 novembre 1869 au 18 septembre 1873. Il a été appelé ensuite à Nevers et à Alger.

Le nouvel établissement remplaçait un asile de sourdes-muettes, dépendant de la communauté des sœurs du Bon Sauveur. L'Ecole normale d'Albi s'y transporta en 1837, mais encore avec le régime de l'externat. L'internat fut appliqué en 1839. Edouard Person ne vit pas l'inauguration définitive du monument qu'il avait préparé.

Mais qu'importent l'exiguïté du local et les étroites proportions du milieu matériel où l'on travaille, lorsqu'on sait tout agrandir par sa propre pensée, et tout ennoblir par les idées généreuses que l'on se fait de ses devoirs? N'est-ce pas des plus humbles ateliers, des mansardes les plus obscures, des laboratoires les plus resserrés que sont parties souvent les grandes découvertes de la science, et les œuvres les plus distinguées de l'art ou de la littérature? Les salles spacieuses, les pierres de taille, les solides charpentes ne sont rien : les institutions elles-mêmes sont bien peu de chose : l'homme, l'homme seul est tout, avec son esprit et avec son cœur.

On trouvera, à la fin de ce volume, note III, d'importants extraits de rapports, de délibérations et de documents de diverse nature se rattachant à la direction de l'Ecole normale d'Albi, de 1834 à 1838. J'en suis redevable à M. Emile Jolibois, archiviste du département du Tarn. Je n'en citerai ici que quelques lignes, pour faire voir à ceux qui l'ont connu plus tard, à Chartres, à quelle hauteur de vues s'élevait, dès le début de sa carrière, ce jeune fonctionnaire de vingt-neuf ans :

> Nos élèves-maîtres devront avoir bientôt d'autant plus de relations avec la société, qu'ils sont appelés à exercer sur elle une influence que nous cherchons à rendre aussi grande, aussi puissante que possible. Il faut donc leur faire connaître le monde, le leur faire lire tel qu'il est, avec ses avantages et ses dangers, ses biens réels et la séduction de ses men-

songes, ce qu'il peut offrir de bonheur, ce qu'il peut renfermer d'infortune. Il faut leur fournir des armes contre l'ambition, contre l'oisiveté, contre l'imprévoyance, contre toutes les passions qui compromettent la tranquillité de l'existence, qui troublent la paix de la conscience. Et pour cela, il faut des livres et de bons livres. Il faut de ces ouvrages dont la lecture rend la vie douce et procure les jouissances pures et délicates de l'observation, de l'étude et de la réflexion.

Plus tard d'autres dépenses seront encore à faire : la mécanique réclamera l'emploi des outils du tourneur et du menuisier, la culture pratique exigera le maniement des instruments du jardinarge. Les rayons de notre bibliothèque, les casiers de nos collections d'histoire naturelle devront se former par les mains de nos élèves, les arbres des jardins s'aligner sous leurs ciseaux, le sol se fertiliser par leurs travaux. *L'instituteur doit avoir l'esprit éclairé et les bras robustes et adroits.* Nous devons faire naître chez lui cette industrie qui sait, en se suffisant à elle-même, se ménager toutes les commodités et toutes les ressources de son état.

(Rapport au Préfet, 31 décembre 1834.)

Avant de quitter Albi, en soumettant à la Commission de surveillance le budget de 1839, voici ce qu'il disait encore : qui de nous ne le reconnaîtra tout entier dans ces lignes ?

Si l'on veut que l'instituteur soit capable de gagner peu à peu la population à la bonne cause de l'instruction ; si l'on veut que le précepteur des campagnes puisse donner aux enfants une éducation qui élève un peu leur âme, qui développe un peu leurs forces morales ; si l'on veut qu'à ses enseignements ordinaires il puisse mêler certaines idées pratiques sur ce qu'il importe que chacun sache des sciences que j'appellerai volontiers populaires, agriculture, mécanique, connaissances des forces et des lois de la nature ; si l'on veut encore que l'instituteur sache se conduire, se diriger pour opérer le bien sans obstacles ; pour se concilier l'estime, la confiance de tous ; pour n'être plus un être passif, condamné dans son isolement à l'impuissance, mais pour devenir un agent actif et éclairé, — alors la nécessité des écoles normales en assure à toujours l'existence.

(Rapport écrit *manu propria* : Arch. de la préfect. d'Albi.)

Tel était, de 1834 à 1838, le directeur de l'Ecole normale d'Albi. En même temps il portait sur tous les points de la ville et du département son insatiable curiosité. Il accompagnait le préfet, les ingénieurs des ponts et chaussées, les inspecteurs des diverses administrations dans leurs tournées. Il étudiait le caractère des populations, leurs besoins et leurs mœurs, et jusqu'à leur idiome : car il lui arrivait souvent des élèves qui parlaient, de préférence au français, une sorte de patois languedocien dont j'ai trouvé quelques échantillons dans ses notes [1]. Toutes ses observations se traduisaient en leçons précises et claires, dans l'enseignement et dans les directions morales qu'il donnait aux élèves-maîtres. Il se transportait, à ses frais, bien entendu, dans les communes éloignées du département ; il présidait à l'installation de ses élèves dans la commune et dans l'école où ils étaient appelés ; de temps en temps il leur apportait ses conseils et les témoignages de son attachement ; il les entourait d'une surveillance attentive et qui ne pouvait être que toute paternelle, puisqu'elle était tout officieuse. Il présidait en même temps les conférences d'instituteurs et ces sortes de retraites pédagogiques, qui eurent lieu à partir de 1837, tombèrent vers 1848, et ont été reprises de nos jours (Circulaire du

---

[1] Voici le commencement d'une fable de La Fontaine qu'un de ses amis d'Albi avait traduite en patois :

LOU RAT QUÉ S'ES RÉTIRAT DÉL MOUNDÉ.

M'an aougut dits, én moun jouén adgé,
Qu'un certén Rat, las dés affas,
Dins uno formo de froumatgé
Sé rémousét, lén dél tracas.
Dins sa proufoundo soulitudo,
Nostré hermito noubéi mancabo pas dé rés ;
Fagnén tant pla dès pès et dé sa dén pounchudo
Qu'ambé la pervisiou abio lou coubert més.

26 octobre 1878). Il instituait à l'Ecole normale des cours d'adultes et des classes du soir, pour les ouvriers de la ville. Ces classes du soir eurent à Albi un immense succès.

Quelques-uns lui reprochaient bien, il est vrai, de se mêler de trop d'affaires, d'être en trop bons termes avec le préfet, de fréquenter trop assidûment les députés, le marquis de Dalmatie notamment, fils du maréchal Soult ; et l'opposition voyait, dans ces relations, d'affreux complots et de coupables manœuvres de propagande électorale. Mais le jeune directeur laissait dire, et continuait à faire partout le bien, à s'intéresser à tout ce qu'il voyait et à y intéresser les autres. Aussi que d'impressions variées et pittoresques il en rapporta ! Ses souvenirs et sa conversation, sur ce sujet, étaient intarissables. Il nous décrivait cette belle cascade du Tarn, appelée le saut de Sabo, où, à quelque distance en amont d'Albi, la rivière se précipite tout entière, en trois chutes successives, d'une hauteur de quarante mètres. Il nous emmenait à sa suite dans la belle cathédrale d'Albi, dont il nous faisait voir, pour ainsi dire, les fresques, le jubé, le beau portail et les sculptures du chœur. Il y avait fait, un jour, une singulière découverte. En visitant les tours et les clochers, il remarqua des pierres énormes rangées symétriquement, non loin des contreforts. Il questionne son guide qui ne répond rien de satisfaisant. Il insiste, il va trouver l'architecte ; on se rend à ses importunes instances, on regarde de plus près ces pierres, on les soulève : c'étaient les tombeaux des archevêques d'Albi, qu'on avait juchés là-haut, en 1793, pour les soustraire aux profanations du vandalisme révolutionnaire, et qu'on y avait oubliés, une fois la tourmente passée ! Cette petite découverte causa en ville et dans la cathédrale, un certain émoi : plusieurs personnes, celles surtout qui eussent dû la faire avant lui, en voulurent à mon père de sa curiosité intempestive. Il y a des cas, en effet, où il ne faut pas avoir la main trop heureuse, ni l'œil trop clairvoyant. Mon père a eu plusieurs fois dans sa vie des mauvaises fortunes de ce genre-là.

En lui envoyant, à la fin de l'année 1835, les palmes d'officier d'Académie, distinction beaucoup plus rare à cette époque que de nos jours, le ministre exprimait le regret qu'un règlement formel l'empêchât de lui conférer du premier coup les palmes d'officier de l'Instruction publique [1]. Mais il devait, dix jours plus tard, lui adresser au nom du Roi une distinction bien autrement enviée. Tout cela n'était point fait pour calmer une foule de petites inimitiés locales qui, loin de le décourager à cet âge, lui donnaient encore plus de ressort et d'ardeur au bien. « J'avais autour
» de moi, à Albi, écrivait-il de Chartres, en 1838, à un de
» ses bons amis du Tarn, tout ce qui attache puissamment,
» et des ennemis dont la petite haine vous fait vivre, et
» des amis dont le bon et loyal attachement rend coura-
» geux et fort. » Plus tard, sans doute, il n'eût pas trouvé que les inimitiés procurassent à l'existence un attrait aussi enviable, car l'opposition et la contradiction le décourageaient assez facilement. Mais dans ce temps-là, il avait la foi : il la garda, du reste assez longtemps encore.

Un des meilleurs souvenirs qu'il avait gardés du Tarn était celui du Dr Rigal, maire, et plus tard, en 1848, député de Gaillac, où il était né en 1797, où il mourut en 1865. Savant de premier ordre, opérateur et praticien consommé, Rigal s'était fait dans tout le midi une immense réputation par ses belles opérations de la lithotomie, par ses travaux

---

[1] Il ne fut nommé officier de l'Instruction publique qu'en 1851, à Chartres.

et ses expertises en médecine légale, et par les applications de l'appareil de Marsh. Il était fin lettré et poète aimable. Béranger lui a dédié une de ses chansons. Tête chaude, cœur excellent, mais d'opinions avancées, et homme d'opposition, il offrait sous ce rapport, un bien étrange contraste avec Édouard Person, qui, toute sa vie, et sous tous les régimes, a été un homme d'autorité et de gouvernement. Et voyez comme les extrêmes s'attirent et se touchent! Rigal a été l'ami de cœur de mon père. Dès qu'ils se sont connus, ils se sont aimés, comme Montaigne et La Boétie ; et leur intimité était si étroite qu'ils se tutoyaient, sans avoir jamais été camarades ni condisciples.

Je ne sais si c'est par le Dr Rigal que mon père fit la connaissance d'un éminent avocat de Limoges, Théodore Bac, député en 1848, et qui avait été jadis un des défenseurs de madame Lafarge. Toujours est-il que mon père voyait souvent, en 1848 et en 1849, Théodore Bac : il le rencontrait à Paris, et le montagnard de la Haut-Vienne lui témoignait une vive sympathie.

Parmi ses bons et loyaux amis de la première heure, je n'oublierai pas le concours dévoué que lui prêtèrent deux d'entre eux, dans une petite affaire qui montrera que cet homme d'une sagesse si précoce, que la plupart ont connu si conciliant, si pacifique, si empressé à apaiser et à calmer les courages émus, était à ses heures, et lorsqu'il s'agissait de sa dignité blessée, énergique et parfaitement résolu. C'était en 1836, au commencement de l'année ; Ed. Person, à trente et un ans, et après deux années seulement de services publics, venait d'être nommé chevalier de la Légion d'honneur. Certes, il fallait que ces services fussent d'une nature vraiment exceptionnelle, et grandement appréciés en haut lieu, pour que M. Guizot, désireux de favoriser les institutions consacrées par la loi de 1833, choisît Ed. Person entre beaucoup d'autres, et lui envoyât la croix d'honneur avec une lettre flatteuse, dans laquelle « il se » félicitait d'avoir à lui transmettre ce témoignage de la » haute bienveillance du Roi ». Quoi qu'il en soit, et en raison même de l'éclat de cette distinction, la nomination de mon père fut violemment attaquée dans les journaux de l'opposition locale. Ses services y étaient discutés et contestés. Jusque-là, rien que de légitime dans ces insinuations, quelque malveillantes qu'elles fussent ; et mon père était trop sincèrement libéral pour en dénier le droit. Un second journal, rédigé dans une grande ville voisine, le prit sur un autre ton, et cribla d'épigrammes et de railleries le nouveau légionnaire. Tantôt on l'avait vu attachant à sa boutonnière un ruban large d'une aune ; tantôt on l'avait suivi à travers les rues d'Albi, et l'on constatait qu'il faisait tous les détours possibles pour rencontrer des factionnaires et se faire présenter les armes (dans ce temps-là, on présentait les armes au ruban). La raillerie n'est pas toujours indigence d'esprit, quoi qu'ait dit La Bruyère. Je ne sais si les plaisanteries que je viens de rapporter paraîtront spirituelles. En tout cas, elles avaient atteint leur but, puisqu'elles ennuyaient et blessaient celui qu'elles visaient, c'est-à-dire l'homme le plus pacifique et le plus patient du monde. En effet, agacé par toutes ces bouffonneries, mon père écrivit au facétieux journaliste de bien vouloir ne plus s'occuper de lui. La réponse était facile à prévoir : le plaignant fut accablé d'une nouvelle bordée de sarcasmes. Alors, Ed. Person se résolut à finir par où il aurait dû commencer : il fit appel au concours de deux amis, et se rendit avec eux dans la ville voisine d'où partaient les coups qui lui faisaient perdre patience. L'arme choisie par l'offensé était le pistolet de combat. Le journaliste refusa carrément le mode de réparation qu'on venait lui demander, et l'affaire en resta là : mais à partir de ce moment, personne ne s'occupa plus à Albi, ni ailleurs, de mesurer la longueur du ruban rouge que portait mon père, ni de compter le nombre des guérites devant lesquelles il avait pu passer en traversant la ville.

A M. de Villeneuve succéda bientôt dans l'administration du département du Tarn, M. de Crèvecœur. M. de Villeneuve, nommé préfet d'Eure-et-Loir, le 24 juillet 1837, favorisa de toutes ses forces la nomination, à l'École normale de Chartres, du directeur de l'École du Tarn. Cette nomination eut lieu le 13 septembre 1838. Déjà M. Guizot n'était plus ministre[1] ; il avait été remplacé, dans la formation du cabinet Molé, par M. de Salvandy, député de Nogent-le-Rotrou, et Ed. Person ne devait plus revoir son

---

[1] Ministre de l'Instruction publique depuis le 11 octobre 1832, M. Guizot, après une interruption de huit jours (ministère de M. Teste), et d'un an (ministère Pelet de la Lozère), abandonne définitivement le 15 avril 1837 le portefeuille de l'Instruction publique qui passa successivement, jusqu'en 1848, aux mains de MM. de Salvandy, Parant, Villemain, Cousin, Villemain et de Salvandy. Le premier ministre de l'Instruction publique, à partir du 24 février 1848, fut M. Carnot. Quant à M. Guizot, il était devenu ministre des Affaires étrangères, de 1840 à 1848, et président du Conseil en 1847, au moment de la retraite du maréchal Soult. On a prétendu que son opposition à l'extension du droit de suffrage avait été une des principales causes de la Révolution du 24 février 1848. C'est au moment où l'on discutait le projet qui aboutit à la loi du 15 mars 1850 (voir plus loin, ch. VII) qu'Edouard Person revit, à Paris, M. Guizot. Les écoles normales étaient fort menacées. Quelles réflexions durent échanger sur ce sujet le ministre, auteur de la loi de 1833, et le fonctionnaire qu'il avait envoyé à cette époque dans le département du Tarn, pour y travailler au développement de l'instruction primaire et de l'Ecole normale ! En 1850, M. Guizot fut désigné par ses confrères de l'Institut pour siéger au Conseil supérieur de l'Instruction publique, en application de la nouvelle loi. Il refusa de se charger de cette mission, dans une lettre du 5 juillet 1850 qui fut publiée par l'*Espérance de Nancy*, et où il exprimait, sur l'œuvre législative qui venait de bouleverser la loi de 1833, un jugement sévère.

éminent protecteur qu'après la Révolution de 1848, dans une visite qu'il lui rendit ; car il avait cette bonne habitude d'aller rappeler à tous ceux qui lui avaient fait du bien, et en particulier lorsqu'ils étaient tombés dans la disgrâce, les souvenirs de sa gratitude. Mon père racontait qu'après la catastrophe de 1848, il avait retrouvé M. Guizot tel qu'il l'avait vu en 1834, gardant, malgré les événements, l'impassible sérénité de son esprit, la fierté et la hauteur de ses vues, et le calme imperturbable de toutes ses convictions. Je n'ai pas besoin de dire que les *Mémoires pour servir à l'histoire de mon temps* furent plus tard une des lectures favorites d'Édouard Person.

CHAPITRE V

1838-1848

L'âge héroïque. — Faveur dont jouissent les écoles normales primaires dans l'opinion publique et dans les conseils du gouvernement. — Sujet de concours proposé par l'Académie des sciences morales et politiques. — Programmes d'enseignement. — Première organisation de l'Ecole normale primaire de Chartres de 1831 à 1833 : l'Ecole d'enseignement mutuel ; le Cours normal ; le premier directeur, M. Dunand. — Seconde période de 1834 à 1838. — Les premiers élèves-maîtres et les premiers professeurs. — Installation définitive de l'Ecole normale au Grand Faubourg. — Appropriations et décorations intérieures. — Tableaux et collections. — Méthode des accolades. — Les premiers professeurs de l'Ecole normale primaire de Chartres : MM. Mahistre, Louvancour, Genreau, Dr Genet, Chabriel, Gilbert, Mouton, Brière. — Ed. Person, grammairien et pédagogue. — Sa méthode d'enseignement. — Ses idées sur la fin chrétienne et morale de l'éducation. — Les leçons de choses. — Ed. Person est présenté, en 1839, à Chartres, au duc d'Orléans. — M. de Villeneuve est remplacé à la préfecture d'Eure-et-Loir par M. le baron de Jessaint.

La période qui s'étend de 1838 à 1848 peut être appelée l'âge héroïque des écoles normales primaires. Elles se développaient sous l'œil vigilant du pouvoir, avec le concours bienveillant des autorités locales. Elles attiraient l'attention et gagnaient les sympathies. En 1837, un savant éminent, vice-président du Conseil de l'Instruction publique, le baron Thénard, avait rédigé pour elles un programme d'applications scientifiques qui faisait pénétrer dans ces écoles un enseignement et des notions qu'on croirait adoptées seulement d'hier [1]. En 1838, paraissait également un excellent programme d'histoire et de géographie [2]. La même année encore, un concours de dessin était ouvert dans toutes les écoles normales primaires, pour le levé du plan des bâtiments de l'école et du terrain y attenant. Enfin, l'Académie des sciences morales et politiques avait pour ainsi dire fait comparaître devant elle les écoles normales primaires, en mettant au concours la question suivante : « Quels perfectionnements pourrait recevoir l'institution des écoles normales primaires, considérée dans ses rapports avec l'éducation morale de la jeunesse ? » Engagé dans le labeur journalier de ses fonctions actives, déménageant d'Albi à Chartres, et trouvant dans sa nouvelle résidence mille affaires qui réclamaient son temps et ses soins, Ed. Person n'eut pas l'idée de concourir, pas plus qu'il n'aurait eu les moyens de donner à un écrit de longue haleine les heures de travail et de réflexion sans lesquelles il n'y a ni plan, ni composition, ni style. L'instruction primaire y perdit, sans aucun doute, un excellent mémoire : car j'ai peine à penser que l'auteur des rapports de 1833, distingués par M. Guizot, n'eût pas fait cette fois-ci encore une œuvre remarquable. Les bons travaux du reste ne manquèrent pas : dès la pre-

---

[1] *Bulletin universitaire*, tome VI, page 128 : Programme relatif à l'enseignement, dans les écoles normales, des notions élémentaires les plus usuelles sur la physique, la chimie et les machines (18 juillet 1837).
Voici quelques-uns des points les plus curieux de ce programme :
2ᵉ leçon. — Air atmosphérique. — Rouille. — Vert de gris. — Etamage.
3ᵉ leçon. — Construction des cheminées et des fours.
5ᵉ leçon. — Charbon. Emploi du charbon pour faire avec le miel un aussi bon sirop qu'avec le sucre.
7ᵉ leçon. — Acide carbonique. — Secours aux asphyxiés.
12ᵉ leçon. — Eau. — Eaux potables. — Eaux impropres à la cuisson des légumes.
13ᵉ leçon. — Citernes.
17ᵉ leçon. — Substances alimentaires. — Des diverses qualités de farine. — Fécule de pommes de terre. — Fabrication du pain, etc.

[2] *Bulletin universitaire* du 11 sept. 1838.

mière année, on en signala neuf des plus intéressants et des plus complets. Néanmoins le concours fut prorogé, et en 1840, Théodore Jouffroy en proclama les résultats. (Séance du 13 juin 1840). Le mémoire qui obtint le premier prix est devenu, depuis, un livre classique : c'est l'ouvrage de Théodore-Henri Barrau, intitulé : *De l'éducation de la jeunesse à l'aide des écoles normales primaires*. Barrau était, à cette époque, principal du collège de Chaumont en Bassigny. Un second mémoire fut jugé digne d'un prix extraordinaire : C'est le livre de Prosper Dumont, intitulé : *De l'éducation populaire et des écoles normales dans leurs rapports avec la philosophie du christianisme*.

Un peu plus tard, il est vrai, en 1847, certaines critiques se firent jour : à la séance du 4 juin, à la Chambre des pairs, M. Cousin décocha aux écoles normales et aux instituteurs quelques traits acérés. Il le fit du moins avec infiniment d'esprit. Il s'agissait des officiers de santé dont la suppression était proposée; Victor Cousin les défendit avec succès. On ne voulait plus partout en France que des docteurs. — Allez-vous alors, riposta Cousin, supprimer également les sages-femmes ?

Il nous faut, dans les villages, des médecins sans ambition. Les officiers de santé sont modestes. Ils en ont besoin, Que ferait un docteur dans un pauvre petit village ? Il sera dans une situation fausse ; or, dans ces situations-là, on est sublime ou détestable, et plus généralement l'un que l'autre. Je connais un pays (je ne dis pas que ce soit la France), où l'on a établi à grands frais de grandes écoles normales pour former des maîtres d'école. On a cru faire merveille d'y élever outre mesure l'instruction littéraire et scientifique. Il en sort des jeunes gens fort instruits sans doute; mais ces petits savants n'ont plus l'esprit de contentement, de paix et de pauvreté sans lequel il n'y a pas d'instituteurs du peuple [1].

---

[1] Plusieurs personnes ont trouvé que les reproches qu'adressait Victor.

Et le discours continuait longtemps encore sur ce ton, à la fois aimable et ironique, pour se terminer par une vigoureuse péroraison en faveur des officiers de santé : « Maintenez ces humbles officiers de santé ; la science la plus élevée vous absout et l'humanité vous le commande ! »

Je reviens maintenant à l'année 1838, où Ed. Person, remplaçant M. Dunand appelé à Mâcon, prit en mains, le 13 septembre, la direction de l'Ecole normale primaire de Chartres. Sans avoir jamais quitté un seul jour cet établissement, sans que sa pensée en ait été une seule minute éloignée ou distraite, il est resté dans ce poste, jusqu'au 6 septembre 1876. Trente-huit années de sa carrière ont donc été consacrées à l'Ecole normale de Chartres. Entré en fonctions à l'Ecole normale d'Albi, le 6 février 1834, il comptait, au moment de sa retraite, quarante-deux ans et sept mois de services effectifs dans l'enseignement public. Breveté pour l'enseignement primaire en 1825, et instituteur primaire en titre, à cette même date ; puis nommé, en 1876, directeur honoraire d'Ecole normale et délégué cantonal pour un des cantons de Chartres, il n'a cessé de s'occuper, jusqu'à sa mort, qui arriva le 11 mai 1877, de l'instruction primaire. C'est donc cinquante-deux années de sa vie, sur soixante-douze qu'elle a duré, que ce fidèle fonctionnaire mort au service et sur le coffre, a consacrées à la cause de l'enseignement ; et c'est pendant plus de quarante ans que le vieux légionnaire a porté sa croix d'honneur et ses palmes universitaires.

L'Ecole normale de Chartres date de l'année 1831. Voici

Cousin aux instituteurs primaires n'étaient pas toujours immérités. En tout cas, si Cousin a été, en 1847, un peu sévère pour les maîtres de l'enfance, il a amplement racheté ses torts envers eux en les défendant vigoureusement, en 1849 et en 1850, contre M. Thiers et ses nouveaux amis, qui les attaquaient avec tant d'acharnement. (Voir plus loin, chapitre VII.)

quelle a été, aussi exactement que je puis la retracer, l'histoire de ses débuts.

Il y avait à Chartres, dès 1828, une école d'enseignement mutuel très florissante (voir plus haut p. 52), fondée par des souscriptions particulières. Cette école mutuelle, dirigée par M. Dunand, était installée place du Marché à la Filasse, à l'endroit où se trouve actuellement la Chambre des notaires. Le 19 mai 1831, le Conseil général d'Eure-et-Loir vota une subvention de 3,000 francs pour « l'entretien d'élèves à cette école, qui deviendra normale pour tout le département ». Les élèves devaient donc, au sortir de l'Ecole mutuelle de Chartres, diriger à leur tour, dans le département, des écoles semblables : on les appela immédiatement *élèves-maîtres*. M. Dunand était à la fois le directeur de l'Ecole d'enseignement mutuel et du Cours normal y annexé. Le 6 décembre 1831, le préfet d'Eure-et-Loir, M. de Rigny, notifiait aux maires et aux membres des comités cantonaux d'instruction primaire du département, les décisions du Conseil général et le règlement du Cours normal.

Ce règlement nommait d'abord une commission de six membres [1] pour surveiller tous les détails de l'établissement ; il décidait en outre que les futurs maîtres pourraient être formés à la pratique de la méthode mutuelle ou de la méthode simultanée ; que le nombre des élèves-maîtres serait indéterminé ; que les bourses, à raison de 90 francs par trimestre, seraient accordées à ceux qui ne pourraient subvenir aux frais de séjour à Chartres ; que chaque élève-maître, après avoir rempli parmi les élèves de l'Ecole

---

[1] MM. Joliet, président ; Moline, ingénieur en chef des ponts-et-chaussées ; Meliot, secrétaire général de la Préfecture ; Calluet, principal du Collège communal de Chartres (auteur du *Tour de Ville*) ; Chasles aîné, c'est-à-dire M. Michel Chasles ; Aubin Jumentier.

mutuelle, les fonctions de moniteur particulier ou de moniteur général, serait appelé à suppléer, pendant quelques jours, et à titre d'essai, le directeur de l'Ecole, dans les fonctions d'instituteur, etc. Le programme de l'enseignement était ensuite réglé; j'y relève ce détail que, dans le cours d'histoire « entrerait nécessairement l'explication de la charte constitutionnelle ». Voilà quelque chose qui ressemble fort à nos manuels d'enseignement civique.

On voit, par ce qui précède, que les élèves-maîtres de ce Cours normal étaient externes, c'est-à-dire qu'ils demeuraient et se nourrissaient en ville comme ils l'entendaient. L'Ecole mutuelle, qui devint leur champ d'expériences, leur fut ouverte en décembre 1831. Ce fut donc le premier embryon de notre Ecole normale primaire de Chartres. Arrivons maintenant à la seconde période.

La loi de 1833 et les instructions qui suivirent mettaient les conseils généraux en demeure de procéder à l'établissement d'une Ecole normale primaire proprement dite, sous le régime de l'internat. Aussitôt, dans sa séance du 4 août 1833, le Conseil général d'Eure-et-Loir décide qu'un local spécial serait loué, que les élèves-maîtres passeraient deux années à l'Ecole, que le taux de la pension annuelle serait fixé à 400 francs, et qu'indépendamment des élèves libres, c'est-à-dire des élèves payants, il y aurait dix boursiers, six demi-boursiers, admis après un concours, et cela même avant l'âge de seize ans; de plus, pendant trois mois, du 1er juin au 1er septembre, quatorze instituteurs déjà en exercice, dont huit recevaient une indemnité de 1 franc et six une indemnité de 75 centimes par jour, étaient admis à l'Ecole normale. Boursiers, demi-boursiers et instituteurs devaient, en revanche, contracter l'engagement de se vouer pendant dix ans à l'enseignement public.

L'Ecole normale primaire d'Eure-et-Loir fut alors installée dans une maison de la rue du Grand-Cerf, sur l'emplacement qu'occupe aujourd'hui l'imprimerie Garnier; toutefois, l'immeuble de la rue du Grand-Cerf ne servait qu'à loger les élèves qui avaient leurs salles de travail dans la rue Courte-Soupe, où était installée, depuis 1834, l'Ecole d'enseignement mutuel : M. Dunand garda la double direction de l'Ecole mutuelle et de l'Ecole normale jusqu'en 1836, époque à laquelle il dut opter pour la direction exclusive de l'Ecole normale. Voilà la seconde période, qui s'étend, dans ma pensée, depuis l'année 1834 jusqu'en octobre 1838, au moment où Ed. Person arrive à Chartres.

Parmi les élèves-maîtres admis en 1834, il faut citer le vénérable M. Poulain d'Illiers, officier de l'Instruction publique et chevalier de la Légion d'honneur; parmi les élèves admis en 1835, feu Pillet, qui fut maître adjoint à l'Ecole normale, inspecteur primaire en Eure-et-Loir, directeur de l'Ecole normale d'Orléans, officier de l'Instruction publique et chevalier de la Légion d'honneur; en 1836, M. Marineau. Parmi les élèves admis en 1837, et d'après un vœu du Conseil général confirmé par le ministre de l'Instruction publique, fixant à trois ans la durée du cours, les six premiers élèves de la promotion accomplirent une troisième année d'études : je citerai, feu Eman Martin, chef d'institution à Paris, qui a fondé le très curieux journal de lexicologie et d'étymologie française intitulé : *le Courrier de Vaugelas ;* MM. Hervieux et Friteau, officier de l'Instruction publique. Enfin, parmi les élèves admis en 1838, mentionnons feu Croullebois, instituteur à Saint-Piat. Que ceux que j'oublie me le pardonnent : je n'étais pas encore né!

Je veux faire du moins amende honorable à la mémoire d'un élève de cette première génération, que j'avais oublié dans ma précédente édition, M. Victor Marc, qui fut instituteur au Puiset, près Janville. Il composa d'abord un petit traité destiné à propager les notions relatives à l'adoption du système métrique; mais il fit mieux encore. Il a publié en effet, en 1841, sous le titre d'*Histoire des guerres du Puiset*, une charmante étude sur le moyen-âge. Érudition très sûre et très variée, élégance et clarté de style, réflexions morales et idées patriotiques, rien ne manque à ce petit volume. On y suit avec intérêt et avec émotion les efforts de Suger, natif de Toury, qui bravement va se battre, en compagnie de son souverain Louis le Gros, et de Thibaut, comte de Blois et de Chartres, contre le redoutable châtelain du Puiset. L'auteur nous décrit ces formidables attaques; l'appareil des machines de guerre, balistes et dondaines, taudis et tortues, mantelets et taillevas; l'ardeur du curé de Guilleville, entraînant ses paroissiens et montant le premier à l'assaut; et mille autres détails encore, puisés aux meilleures sources. C'est avec un véritable plaisir et un égal profit que je viens de lire à la Bibliothèque nationale cet intéressant travail d'un des premiers élèves de l'Ecole normale primaire de Chartres.

Quant au nombre total des élèves, il était de dix-huit, suivant le rapport adressé au Roi par M. Guizot, en 1834; puis de vingt-neuf, suivant le rapport de M. Villemain, en 1840. Au mois d'août 1838, l'Ecole normale avait déjà fourni cinquante-quatre instituteurs munis du brevet de capacité du deuxième degré seulement. Les premiers brevets supérieurs ne furent décernés qu'en septembre 1840.

Les professeurs ne manquèrent pas à l'Ecole normale de Chartres, dans cette seconde et déjà si lointaine période : les mathématiques étaient enseignées par M. Lesage, professeur au Collège, auquel M. Mahistre succéda dès l'année

1837; le directeur, M. Dunand, faisait le cours de grammaire, d'histoire et de géographie; l'unique maître d'études, M. Legrais, qui fut plus tard instituteur à Epernon, était chargé de la lecture, de l'écriture et de la dictée; mais déjà MM. Genreau et Louvancour, dont je parlerai plus longuement tout à l'heure, donnaient aux élèves des notions de droit et d'administration communale; enfin, le maître de chant était M. Chabriel : « Le premier instrument qui soit entré à l'Ecole normale, m'écrit un des survivants de cette époque, c'est mon serpent, et je m'en sers encore aujourd'hui à l'église. » Heureux serpent d'avoir la vie si dure, et plus heureux encore le maître de ce serpent [1] !

J'arrive maintenant à la troisième période, de beaucoup la plus longue, et qui s'étend jusqu'en 1876, au moment où Ed. Person prit sa retraite. Je fais commencer ce troisième âge à la rentrée d'octobre 1838 : c'est à cette époque qu'Ed. Person est appelé d'Albi à Chartres, à la place de M. Dunand, nommé à Mâcon; et bientôt, l'Ecole normale de Chartres va être installée à l'extrémité du Grand-Faubourg, sur l'emplacement qu'elle occupe encore aujourd'hui. Mais cette installation elle-même a aussi son histoire, et cette histoire, comme personne ne l'écrira vraisemblablement, je vais la donner ici. Ce ne sera pas du reste une digression, et je crois être en plein dans mon sujet.

L'installation de la rue du Grand-Cerf n'était que provisoire : dès l'année 1837, le Département avait acheté, pour y construire l'Ecole normale, la maison du Vidame [2] :

---

[1] L'Almanach de l'Université royale mentionne, à l'Ecole normale de Chartres, pour l'année 1838, avec le titre de *maîtres-adjoints*, qui avait alors toute sa force significative, MM. Mahistre, Legrais, l'abbé Calluet, Chabriel et Louvancour.

[2] Les vidames étaient des officiers ou seigneurs qui tenaient des terres de l'évêché, à condition de répondre au ban du roi pour l'évêque, de mener

c'était un fort beau terrain, donnant sur la place Châtelet, et borné d'un côté par la rue qui s'appelle aujourd'hui la rue Jean-de-Beauce; plus tard, M. Trécul s'y fit bâtir une maison et dessiner un jardin dont il reste encore quelques arbres, un magnifique marronnier notamment, auquel je ne connais d'égal que le marronnier de la sous-préfecture de Loches. Cependant la maison du Vidame fut jugée insuffisante pour une Ecole normale qui devait contenir au moins trente élèves, posséder une école annexe d'application, et offrir un jardin assez vaste pour les cours pratiques et les essais d'horticulture et d'agriculture dont il était déjà fort question à cette époque. Le Département échangea alors, moyennant une soulte, la maison du Vidame contre une autre propriété de deux hectares vingt-huit ares et dix centiares, située au faubourg d'Illiers, au delà d'une petite mare, appelée la mare de Nicochet, et près d'une petite ruelle, la ruelle Hautes-Bornes, qui porte aujourd'hui le nom de Philippe Desportes. Les deux autres côtés de l'enclos donnaient en plein sur la campagne, et l'on appelait

---

ses troupes à la guerre, et de rendre la justice en son nom. Les plus importants vidamés en France étaient ceux de Laon, d'Amiens, du Mans et de Chartres. Plus tard, le vidamé devint un simple titre nobiliaire attaché à un domaine. Le duc de Saint-Simon, le fameux auteur des *Mémoires*, a porté dans sa jeunesse et transmis à ses enfants le titre de vidame de Chartres. Son père l'avait acheté en 1635 avec le fief auquel il était joint (la Ferté-Arnauld). « Le plus ancien des poètes dont le pays chartrain se puisse enorgueillir » est Guillaume de Ferrières, vidame de Chartres, l'un des chefs de la quatrième croisade. Ses poésies ont été publiées par Louis Lacour, en 1856 ; elles forment un petit recueil précédé d'une savante notice sur le vidame de Chartres, dans laquelle sont fréquemment cités les noms de M. de l'Epinois et de M. Lucien Merlet. A l'époque de Guillaume de Ferrières, dit encore L. Lacour dans sa notice, l'hôtel du vidame à Chartres « était situé rue Saint-Etienne, non loin de la chapelle de ce nom, qui depuis s'est appelée église Saint-Jean ; postérieurement, vers le milieu du XIIIe siècle, les vidames allèrent occuper le vieux palais des évêques nommé le Châtelet ». Ce petit recueil des poésies du vidame de Chartres, publié en 1856 par Louis Lacour, est dédié par le libraire Auguste Aubry (16, rue Dauphine) à M. Michel Chasles, de l'Institut, son compatriote.

cette propriété *le Grand Jardin*. C'était une brasserie, avec jeux et promenades publiques. Une partie des fondations put être utilisée : les nouveaux bâtiments reçurent leurs hôtes en octobre 1840.

Ceux qui ont habité l'École normale de Chartres, dans ces premiers temps, ne reconnaîtraient plus la modeste façade, le vaisseau simple en profondeur, et l'unique étage du plan primitif, dans l'agglomération de bâtiments et l'imposant ensemble qui font aujourd'hui, de l'École départementale d'Eure-et-Loir, un établissement plus en rapport avec les besoins et les progrès de notre époque. Telle qu'elle était en 1840, l'École normale d'Eure-et-Loir n'avait pas coûté la somme que l'on dépense aujourd'hui pour installer une simple école primaire dans un chef-lieu de canton. Et cependant, elle paraissait déjà spacieuse pour ce temps-là. La distribution intérieure était d'une extrême simplicité. Dans les mansardes et sous le toit en tuiles, on trouvait deux petites chambres pour les domestiques, une petite infirmerie et deux greniers pour étendre le linge, sécher les graines et abriter les malles des élèves. Le premier et unique étage comprenait, au milieu même du bâtiment, trois petites pièces où le directeur habitait avec ses parents et ses enfants. De chaque côté de son appartement, des portes ouvraient symétriquement sur les paliers de deux escaliers, et, ces deux paliers franchis, on entrait immédiatement et de plain-pied, à droite et à gauche, dans chacun des dortoirs, dont l'un, celui de droite, était resserré par une petite lingerie. Au rez-de-chaussée, et correspondant exactement à la distribution du premier étage, se trouvaient, au centre, le cabinet du directeur et un cabinet de physique, formant en même temps bibliothèque. De chaque côté, et sous les dortoirs du premier étage, le réfectoire et la cuisine d'une part, la salle d'études et l'amphithéâtre de musique et de mathématiques de l'autre. Deux petites ailes couvertes en ardoises, et qui ne comprenaient qu'un rez-de-chaussée, s'appuyaient à angle droit sur ce bâtiment central : dans l'une était une école annexe où étaient reçus gratuitement les enfants du quartier, élevés et instruits, sous la direction d'un maître-adjoint spécialement chargé de ce soin, par deux élèves de l'École qui prenaient chaque semaine le service à tour de rôle ; et dans l'autre aile, une salle de conférences où l'on faisait du dessin, où l'on préparait les collections et les leçons de choses. On appelait cette salle la salle des instituteurs, parce que c'était là que, dans les premiers temps, se réunissaient, pendant les vacances, les anciens élèves de l'École, désireux de venir, dans des entretiens pédagogiques et dans des conférences pratiques, échanger leurs idées et perfectionner leurs méthodes. J'allais oublier, au fond d'une cour étroite, derrière la cuisine, un petit bâtiment où se trouvaient le bûcher, la buanderie pour couler la lessive, et le fournil d'où sortait chaque semaine une abondante provision d'un pain de ménage compact et savoureux, fabriqué à l'école même, et qui rappelait aux élèves-maîtres l'aliment substantiel de leurs campagnes.

C'est là qu'ont vécu, dans une sorte d'intimité, pleine de confiance et d'abandon, respectueuse et affectueuse à la fois, le directeur, sa famille, et les quarante ou quarante-trois élèves-maîtres qui composaient le personnel de l'École, et suffisaient à cette époque aux besoins du service de l'instruction primaire dans le département [1].

---

[1] En 1845, le nombre moyen des élèves était de quarante-trois, et en 1846, le budget était arrêté à la somme de 28,580 francs. Cette intimité affectueuse que je rappelle m'a fait contracter envers quelques-uns des élèves-maîtres de

C'est à dessein que j'écris ce mot d'intimité. Aujourd'hui, dans nos grands établissements publics, on est plus isolé les uns des autres ; les chefs et les subordonnés vivent dans des rapports officiels plus froids et plus tendus. Je ne sais si c'est un bien ou un mal : mais voici en quels termes M. Beurier, commentant la circulaire ministérielle du 7 février 1884, sur le régime des écoles normales, indiquait quelle doit être la discipline intérieure de ces établissements :

Pour faire régner dans l'Ecole normale la vie de famille qui lui donnera sa physionomie propre et originale, il faut le concours et la bonne entente de tous ceux qui ont l'honneur de lui appartenir. Les normaliens ont de nombreux devoirs à remplir dans la maison hospitalière qui les abrite, et il est fort utile qu'ils s'associent de bonne heure à la gestion matérielle de l'École. Les normaliens doivent suffire à l'École pour ce qui ne concerne pas la direction morale et pédagogique de l'établissement et les charges les plus intimes de la domesticité. (*Revue pédagogique* du 15 février 1884.)

En lisant cet article de mon ancien camarade Beurier, je me demandais si je n'étais pas victime d'une hallucination, et si ce n'était pas un tableau tracé à Chartres, en 1840, que j'avais sous les yeux.

---

l'Ecole normale primaire de Chartres, une dette de gratitude que je ne veux pas laisser protester ici par mon silence. — Prosper Leduc, alors qu'il était maître-adjoint à l'Ecole normale de Chartres, m'a enseigné les premiers éléments du latin. Il l'avait appris lui-même, seul ou presque seul ; et il avait conquis rapidement ses deux diplômes de bachelier, en attendant le grade de licencié ès sciences physiques. — Plus tard, M. Guion a dirigé, pendant plusieurs années, mes études classiques. Il était très fort en latin, avant d'entrer à l'Ecole normale de Chartres. Plus tard encore, M. Prieur examinait et corrigeait les devoirs que nous faisions au collège. Il ne se doutait guère sans doute, à cette époque, qu'il deviendrait le principal vigilant de ce même collège de Chartres, d'où nous rapportions la tâche journalière qu'il nous aidait à préparer. Si j'écris ces trois noms, malgré la promesse que je me suis faite de ne citer aucun nom propre, parmi les anciens élèves de mon père, ou d'en citer le moins possible, c'est que j'ai, envers ceux-là, des obligations toutes personnelles que je tiens à leur rappeler.

Une fois en possession de ces bâtiments, de ces salles et de ces murailles, Ed. Person se mit à les décorer suivant un plan bien arrêté. Il les garnit de tableaux, de cartes et d'inscriptions. Avec un peu d'huile et de couleur, de la colle, du papier et de l'encre de Chine, il donnait aux corridors et aux pièces de l'établissement, des aspects variés qui saisissaient à la fois les yeux et la pensée. Il voulait que chaque instituteur décorât ainsi sa maison d'école, pour le plus grand plaisir et la plus grande instruction des enfants, des adultes, et des habitants de la commune. Ce n'était-là, disait-il, que des indications et des essais, et les moins disposés à le suivre ou à l'approuver ont pu remarquer, avec quelque apparence de vérité, que son œuvre n'a jamais eu l'achèvement et le couronnement qu'il avait annoncés, et qu'elle était trop souvent transformée, ou bien construite avec des matériaux trop fragiles, qui souvent ne résistaient pas à l'intempérie des saisons. Mais que de bons exemples étaient renfermés dans ces expériences et dans ces travaux ébauchés ! Ici de grandes cartes murales de la commune, du département, de la France, suivant l'orographie, les productions du sol ou les divisions administratives ; plus loin des tableaux du règne animal et du règne végétal ; là, des inscriptions et des dates qui rappelaient les noms et les œuvres des bienfaiteurs et des éducateurs de l'enfance, depuis Rollin et le vénérable La Salle, l'abbé Sicard, l'abbé de l'Epée et Valentin Haüy, jusqu'à Pestalozzi, Wilhem, ou l'abbé Gaultier ; aux plafonds de grands cercles concentriques où étaient figurées les planètes, dans les proportions de grosseur et de distance voulues ; ou bien encore la carte du ciel avec ses constellations. Dans la petite bibliothèque, qui était en même temps le cabinet de physique, une grande vitrine contenait des animaux et des oiseaux empaillés que les élèves avaient injectés et dressés de leurs mains ; dans les corridors, des boîtes renfermaient une belle collection de papillons et de coléoptères dont chaque individu était piqué à la place assignée par son nom et sa famille. Dans le cabinet même du directeur — car les collections envahissaient toutes les salles — des fragments de poteries romaines, des coquillages fossiles et jusqu'à de précieux ossements antédiluviens, rappelaient aux visiteurs que Chartres n'est pas loin des fameux terrains de Saint-Prest, et apprenaient aux élèves que l'on peut faire d'heureuses trouvailles, en visitant les travaux d'une carrière, les fouilles d'une citerne ou d'un puits, le chantier d'une route ou les ruines d'un vieux château. Dans une autre salle, une collection d'échantillons du sol, que chaque élève devait rapporter de sa commune au retour des vacances, et où le directeur avait la prétention que les cultivateurs pussent voir comment étaient composés le sol arable et le sous-sol de leurs champs, en même temps qu'ils recueilleraient les indications scientifiques, fournies par l'analyse chimique, des éléments qui constituaient la terre végétale. Ailleurs, une magnifique collection de blés, cultivés et récoltés à l'École, avec les graines qu'avait envoyées le savant industriel Vilmorin, et où l'on voyait ingénieusement disposés dans des boîtes vitrées, les épis et les graines des plus beaux spécimens de la culture, depuis l'orge et l'épeautre, jusqu'au blé de Pologne et de Russie, jusqu'au *renflé d'abondance* et à ce *blé de miracle* dont les premiers épis avaient nourri Joseph et le Pharaon, et dont les grains, enfermés avec les momies d'Égypte, avaient conservé, après six mille ans et plus de repos, leur vertu germinative. En 1848, cent-dix espèces de blé étaient ainsi récoltées et classées, et le directeur conviait tous les cultivateurs du département à venir à l'école apprécier et juger ces échantillons [1].

Bien des générations d'élèves ont reçu, pendant les vacances, des lettres et des circulaires d'Edouard Person. Que de recommandations et de conseils il donnait ! En voici une des plus intéressantes, en date du 22 septembre 1847 : tous le reconnaîtront bien là, les anciens comme les jeunes.

Mon cher ami,

Vous savez que toutes les collections de l'Ecole normale de Chartres doivent venir particulièrement des élèves et des instituteurs.

Vous savez que tout ce qui se crée et s'installe dans notre établissement doit encore sortir de nous, et être le résultat de nos recherches et de nos efforts.

Et aussi, que le temps des vacances doit être utilement employé par les élèves à rechercher, à collectionner, à se faire un riche butin pour le cabinet de l'Ecole et les jardins.

Vous ne pouvez donc rentrer cette année les mains vides ;

---

[1] Au moment où nous écrivions ces lignes (février 1884) la magnifique collection de blés de la maison Vilmorin, sans cesse entretenue et développée depuis cette époque, était exposée de nouveau, en gerbes splendides, en magnifiques bouquets d'épis, au Palais de l'Industrie, où avait lieu un immense concours général agricole. Le commissaire général de cette exhibition était M. Heuzé, inspecteur général de l'Agriculture, dont il sera parlé plus loin, car c'est lui qui a inauguré à l'Ecole normale de Chartres, en 1862, les cours d'agriculture. Il y avait en même temps, au Palais de l'Industrie, une exposition scolaire de collections, tableaux, cartes, petites boîtes et petits flacons, herbiers, cahiers d'élèves, mémoires d'instituteurs. La médaille d'honneur a été décernée à M. Meneglier, instituteur à Navenne (Haute-Saône). Vingt-deux écoles communales de France, si j'ai bien compté, avaient seulement répondu à l'appel. C'est peu, mais ce n'est qu'un début. En tout cas, Eure-et-Loir n'y était pas représenté. Me sera-t-il permis de dire que, si Edouard Person avait vécu, il n'aurait eu de cesse que des travaux importants n'eussent été préparés et envoyés par les instituteurs, ou par l'Ecole normale de Chartres elle-même, et que les élèves de M. Heuzé n'eussent montré à leur professeur, devenu commissaire général de cette exposition, que ses leçons d'autrefois avaient porté leurs fruits en Eure-et-Loir ?

je compte au contraire que vous allez nous revenir riche de bien des choix que vous aurez faits.

Je vous adresse une note des objets que la Direction de l'Ecole désire réunir en masse cette année.

Chaque élève ne pourra assurément pas se pourvoir de toutes les choses dont cette note renferme l'indication ; mais chacun fera pour le mieux, en profitant des ressources particulières du lieu qu'il habite, et des petits présents dont quelques personnes amies et bienveillantes voudront bien leur faire la générosité.

La saison n'est pas encore avancée. — Beaucoup de déplantations ne pourront peut-être encore avoir lieu. — Chaque élève s'assurera des objets qui pourront plus tard lui être adressés. — Il présentera la note de ses réserves à son retour : ce sera un appoint nécessaire aux choses avec lesquelles il entrera.

Je compte sur la bonne volonté, l'empressement et l'intelligence des élèves.

Des numéros seront d'ailleurs donnés à chaque collection qui aura son chiffre de valeur selon la nature et le nombre des échantillons apportés, selon le soin d'après lequel elle aura aussi été faite. Et ce chiffre d'appréciation sera la première note avec laquelle chaque élève commencera l'année classique 1847-1848, et vous savez combien il faut que cette année soit bonne en toutes choses.

A bientôt, mon cher ami, revenez-nous avec de beaux présents, mais surtout avec les dispositions de caractère et de cœur que nous aimerons tant à retrouver en vous.

Tout à vous,

Le Directeur de l'Ecole normale,
PERSON.

Cette lettre était accompagnée du tableau suivant, que je transcris textuellement d'après l'original écrit tout entier de la main de mon père :

NOTE DES OBJETS DEMANDÉS AUX ÉLÈVES DE L'ÉCOLE NORMALE

POUR LE CABINET.

GÉOLOGIE.

1° Échantillons du sol.
- 1° Sol de la surface.
- 2° Premier sous-sol ;
- 3° Second sous-sol ;
- 4° Banc sur lequel repose la terre végétale.

} Se pourvoir d'un décimètre cube environ de ces terrains ; noter sur l'enveloppe l'épaisseur de chaque couche, si c'est possible, et la puissance du banc inférieur. — S'il y a plusieurs sortes de gisements, variables et quant à la qualité de la terre, et quant à l'épaisseur des couches, — apporter plusieurs séries d'échantillons et indiquer le chantier où chaque échantillon a été pris.

2° Gisements plus profonds. Échantillons des substances que le sol peut renfermer.
- Des marnes,
- Des calcaires,
- Des sables,
- Des grès,
- De la tourbe,
- Du minerai,
- De l'argile,
- terre glaise,
- terre à poteries, etc.

} Indiquer sur les enveloppes le lieu d'extraction, la profondeur et la puissance des couches.

3° Substances diverses. Poudingues, silex, cailloux roulés.
4° Sables roulés par les ruisseaux et par les rivières.

BOTANIQUE.

1° De beaux épis de blé, orge, seigle, avoine, de la récolte de cette année.

2° Des échantillons de bois pour rondins et planchettes.
- Arbres verts,
- Buis,
- Houx,
- Rosier,
- Noyer,
- Cerisier,
- Poirier,
- Frêne.

} Je recommande aux élèves ces petits rondins ou morceaux pour planchettes. — A l'endroit des nœuds surtout il y a de belles veines à faire ressortir par le vernis. — Ils savent ce que nous possédons déjà. C'est vers ce qui nous manque que devront se tourner leurs recherches.

3° Des végétations ligneuses, greffes naturelles, enroulements et entrelas de bois, etc., etc.
4° Des pétrifications ligneuses ou herbacées.

} Il existe déjà à l'École quelques petits échantillons de ces accidents de physiologie végétale, sutures naturelles, etc. Il faut les augmenter.

ZOOLOGIE.

1° De petits mammifères.
2° Des oiseaux, des nids.
3° Des insectes.
4° Des reptiles et des lézards.
5° Des coquilles terrestres et fluviatiles.

} Ce n'est pas le temps pour les oiseaux, ni pour les petits animaux. Il faudrait alors que chacun fit ses réserves et ses recommandations pour l'hiver et pour le printemps.

POUR LE JARDIN.

Pour l'Ecole agricole.	Plant ou graines des plantes agricoles qui réussissent le mieux dans le pays.			Je voudrais avoir en quantité assez considérable des pépins de poires et de pommes, des noyaux, des semences d'arbres verts et d'arbres forestiers quels qu'ils soient. Je recommande ces semis aux élèves.
Pour l'Ecole de reproduction.	Pépins, — Noyaux, — semis divers		d'orme, de charme, de fresne, d'acacia, etc.	Une pépinière va être établie sur des terrains bien préparés. Il importe que les sujets soient nombreux dans chaque espèce et bien choisis.
	Pour greffe fruitière.	d'amandier, de pommier, de poirier,	de prunier, d'épines, de coignassier.	Les sujets de cette école doivent avoir déjà plusieurs années et se présenter bien francs et bien droits.
	Pour greffe forestière.	Fresnes, hêtres, charmes, chênes et érables.		
	Pour greffes florales.	Marronniers, acacias, épines, cytises, églantiers.		Je recommande aussi l'apport de beaucoup d'acacias, épines, etc. Ces sujets devront être apportés en grandes masses.
	Boutures diverses. Œillets, géraniums, etc.			Si c'étaient des œillets, géraniums, tout venus, ils seraient très bien reçus.
Pour l'Ecole d'arbrisseaux	Arbustes à fruits.	Groseilliers, Coignassiers, Cornouillers.	Epines-vinettes. Framboisiers. Cassis, noisetiers, etc.	Je recommande surtout ces arbustes aux élèves ; il faudrait surtout des groseilliers, des noisetiers (de belles espèces), des framboisiers en masse.
	Arbustes à fleurs.	Lilas de diverses espèces. Seringats. Boules de neige.	Grosseilliers, Cerisiers à fleurs, Sureaux,	Tout ce qui sera apporté dans cette section d'Ecole sera très bien reçu, ce que nous ne possédons pas surtout.
Pour l'Ecole de clôtures.	Clôtures défensives.	Thuyas pour brise-vents, Aubépine des haies, Bois de Sainte-Lucie,	Houx, Troëne, etc.	Je recommande particulièrement l'épine des haies, le houx. Le troëne devrait nous arriver en bottes considérables. Le bois de Sainte-Lucie nous serait aussi bien précieux.
	Clôtures fruitières.	Cornouillers, Coignassiers, Pommiers,	Ronce, Epine à prunelle.	Même recommandation que pour l'Eco'e précédente.

LES PLANTATIONS

Pour l'Ecole de plantes de palissage.	Vigne, — chèvre-feuille, — clématite, — jasmin, — rosiers, — plantes grimpantes diverses, — lilas.	Il nous faudrait de la vigne, environ 100 ceps de bonne et excellente espèce, et du chèvre-feuille, des jasmins grimpants, etc.. pour garnir 200 mètres de treillage. Des lilas aussi. Il n'est pas difficile de s'en procurer.
Pour l'Ecole de bordures.	Lavande, — hysope, — argentine, — violette de Parme, — marjolaine, — germandrée, — gazon d'Espagne, — mignonnette, etc.	J'ai besoin de ces bordures, mais en moins grande quantité, excepté du buis, dont il nous faudrait garnir en développement plus de 400 mètres de plates-bandes.
Pour l'Ecole maraîchère.	Graines des plus belles espèces légumières cultivées dans le pays ; oseilles, haricots, pois, choux, carottes, melons. Fraisiers pour bordures et pour planches.	J'insiste avant tout sur les fraisiers. — Il nous en faudrait la charge d'une voiture entière.
Pour l'Ecole du parterre.	Oignons de tulipes, de jacinthes, de lys, etc. Œillets, géraniums et plantes diverses vivaces de pleine terre ou de serre. — Graines diverses.	Chaque élève peut facilement garnir sa malle et sa poche de graines ; la provision de fleurs vivaces est aussi facile à faire.
Pour le jardin de botanique usuelle.	Plantes textiles, oléagineuses, tinctoriales, économiques quelconques, officinales.	Je recommande à l'intelligence des élèves ces plantes utiles : camomille-romaine, guimauve, etc.
Pour l'Ecole d'arbres fruitiers.	Cerisiers pour espaliers et pour plein-vent, — pruniers tout greffés, — noyers, — néfliers, — châtaigniers, — mûriers, — amandiers, etc.	Il nous faudrait 24 beaux cerisiers plein vent, et 24 jeunes merisiers à greffer. Nous avons besoin de quelques beaux pruniers tout greffés, — 4 beaux noyers, 2 ou 3 châtaigniers, quelques néfliers et quelques mûriers trouveraient aussi leur place.
forestiers.	Bouleaux, — hêtres, — fresnes, — cytises, — érables, — ormes.	Un ou deux sujets de chaque espèce nous suffiraient.
Pour l'Ecole d'arbres économiques de plantation.	Au bord des eaux. { peupliers, saules, fresnes, etc. } Espèces différentes de Tilleuls, — acacias, — ormes, — marronniers, — érables, — peupliers. { tilleuls, aulnes, etc. }	Un ou deux sujets de chaque espèce seraient seuls nécessaires, avec plusieurs branches de chaque espèce d'osiers.

Que chacun mette une industrie particulière dans le choix des espèces à apporter. |

Je demanderai encore trois choses aux élèves :

1° De petites curiosités ; de petites raretés du pays ; des médailles, monnaies, etc. ;

2° Des échantillons de l'industrie du pays, particulièrement poterie, briques, tuiles, etc., avec les prix.

3° Chaque élève devrait, en outre, rentrer avec une bonne botte de baguettes assez fortes en bois dur et très droites, longues de 1^{m}40, pour faire un beau treillage rustique.

Ed. Person dirigeait tous ces travaux et ces aménagements avec une ardeur, un amour passionné de faire le bien, qui souvent entraînèrent les plus récalcitrants ou désarmèrent les plus hostiles. Il avait l'amour de la symétrie et de la décoration : il n'y avait si petit coin d'une salle, si étroit corridor, si mince plate-bande, qu'il ne disposât, n'orientât, suivant un système ingénieux et un plan d'ensemble parfaitement combiné. La symétrie et la décoration, c'étaient, pour ainsi dire, la forme même et le pli de son esprit, de ses pensées, de ses discours et de ses leçons. Il avait adopté, pour l'enseignement de toutes les sciences et de tous les arts, un système de tableaux et d'accolades dont je donnerai plus loin quelques exemples frappants, et qui permettaient de saisir rapidement l'ensemble d'un sujet, d'embrasser tout de suite les prémisses et la conclusion, et de manœuvrer au milieu des détails, sans jamais s'y perdre. De là l'intérêt et la clarté de ses leçons. Ses élèves, — cet âge est sans pitié, — lui avaient donné le surnom très caractéristique de *Père l'Accolade*. Toutes les connaissances utiles étaient coulées dans ce moule. Avec lui, aucune science, aucun art n'y échappait. Chaque découverte et chaque application des sciences venaient prendre leur place dans ces tableaux méthodiques et harmonieux, où l'on embrassait d'un coup d'œil ce qui était bon d'apprendre à l'ouvrier ou à l'homme des champs, pour faciliter leur tâche journalière, développer leur intelligence, et rendre leur travail plus attrayant, plus fructueux et plus facile. C'était, au bout du compte, une application ingénieuse de la méthode baconienne.

En même temps, le nouveau directeur assurait à l'École, pour l'instruction des élèves-maîtres, le concours de toutes les intelligences dévouées à la cause de l'enseignement primaire [1]. Nous avons déjà nommé, pour les sciences proprement dites (géométrie, arithmétique, cosmographie, physique et chimie), M. Mahistre, professeur au Collège, cet éminent mathématicien qui quitta la ville de Chartres en 1851, après avoir conquis à Strasbourg, dans la brillante soutenance d'une thèse sur la mécanique céleste, le titre de docteur ès sciences, et qui fut nommé bientôt après à la Faculté de Lille, où il mourut dans toute la force de l'âge. Il a formé, à l'École normale de Chartres, des élèves fort distingués, qui conservent encore leurs cahiers et gardent, avec le souvenir de son enseignement, ses méthodes rigoureuses et précises. C'est pour eux et avec eux que M. Mahistre composa ce bel ouvrage qui a pour titre : *Les Analogies de la géométrie plane et de la Géométrie dans l'espace*. Le cours de législation et de rédaction des actes

---

[1] Les professeurs étrangers à l'Ecole, les professeurs de la ville, voilà une question sur laquelle on peut tout de suite juger la valeur des hommes et la différence de leurs idées. Je lis dans la biographie de Rapet, par M. Eug. Rendu, que le directeur de Périgueux ne voulait que des maîtres internes ; il ne voulait pas que les lumières vinssent à l'École, du dehors. Il ne me paraît pas difficile de voir qui de lui ou de mon père avait, sur ce point, les idées les plus larges et les plus fécondes. Quand les décrets de 1852 supprimèrent dans les Écoles normales les maîtres appelés du dehors, le niveau des études baissa sensiblement. Aujourd'hui, il est vrai, le personnel enseignant des Écoles normales est assuré de la façon la plus satisfaisante : mais le beau temps, je ne crains pas de le dire, c'était celui où les cours étaient faits par des ingénieurs, des médecins de la ville, des professeurs du collège ou du lycée voisins.

de l'état civil était fait par M. Louvancour, ancien notaire, et M. Genreau, président du Tribunal civil de Chartres, qui fut plus tard conseiller général en Eure-et-Loir, et conseiller à la Cour d'appel de Paris [1].

On sait qu'à cette époque, et de nos jours encore, l'instituteur communal était investi, dans les petites communes, des fonctions de secrétaire de mairie et de greffier. Il fallait donc qu'il sût rédiger des procès-verbaux et qu'il connût les lois et les règlements qui déterminent les attributions municipales ; qu'il sût, d'autre part, dresser les actes de l'état civil.

Ed. Person reconnaissait que ces fonctions avaient plusieurs avantages : outre l'utile appoint qu'elles apportaient à son traitement, elles donnaient à l'instituteur l'occasion de rendre aux habitants des services qui lui étaient payés « en estime, en bon vouloir, en considération ». Mais il signalait en même temps des dangers et cherchait à prémunir ses élèves contre les abus :

Il ne faut pas, leur disait-il, que l'instituteur aille se croire la cheville ouvrière de l'administration et qu'il ait l'orgueilleuse prétention de la vouloir diriger : il ne faut pas qu'il abandonne l'école pour les affaires du greffe. Beaucoup d'instituteurs, ajoutait-il, arpentent et lèvent des plans. Qu'ils y prennent garde : de retour à huit heures d'une longue opération d'arpentage, fatigué, préoccupé, comment l'instituteur va-t-il pouvoir faire convenablement sa classe? Puis, si un bornage allait donner lieu à un procès, l'instituteur serait res-

---

[1] En 1839, M. Louvancour avait commencé, à l'École normale de Chartres, « un exposé sommaire et pratique d'économie rurale, comprenant l'étude de la comptabilité agricole, le tableau raisonné de la valeur de chaque produit et la manière d'établir la balance annuelle des profits et pertes. » (Rapport du Préfet au Conseil général.) — Longtemps interrompu après le départ de M. Genreau, le cours de législation et de rédaction des actes de l'état civil fut repris, en 1867 et en 1868, par M. Albert Person, fils aîné d'Édouard Person.

ponsable de bien des choses : le mieux serait de s'abstenir. L'école, l'école, que l'instituteur ne la quitte pas ; c'est là seulement qu'il est bien, qu'il est dans sa force, dans son autorité, dans sa puissance, parce qu'il est dans sa place et dans son devoir.

(*Cours de Pédagogie*, 30ᵉ tableau.)

Le cours d'hygiène était confié au docteur Genet ; le cours de dessin à M. Gilbert, professeur au Collège. Un Polonais réfugié en France, M. Czervinski, ancien élève de l'École polytechnique de Vilna, agent-voyer en chef à la Préfecture, donnait aux élèves d'utiles leçons d'arpentage et de levé des plans, que continua, après lui, M. Mouton ingénieur du chemin de fer de l'Ouest. M. Brière, arboriculteur distingué, leur apprenait de son côté les principes de la taille et de la conduite des arbres fruitiers. Je parlerai, dans un autre chapitre et un peu plus tard, de MM. Heuzé et Jules Courtois, ainsi que du vénérable aumônier, l'abbé L'Anglois. Enfin, un artiste éminent, M. Miné, organiste de la Cathédrale, faisait parfois répéter des messes en musique où les voix des élèves de l'École normale fournissaient un précieux appoint aux grandes masses chorales qui retentissaient de temps à autre sous les voûtes de la vaste basilique chartraine [1]. Je reviendrai plus tard aussi sur ces solennités musicales.

---

[1] Le maître attitré de plain-chant et de solfège était M. Chabriel. Chabriel, élève de Méhul, était chef de musique à dix-sept ans, dans les pupilles de la garde. C'est en cette qualité qu'il fit la campagne de Russie et entra à Moscou. Lui aussi il était de la race des irritables. Il entrait dans des colères bleues. S'il avait eu quelque discussion avec son collègue Person-Collard, le professeur d'écriture, je ne sais ce qu'il serait advenu. Entre la règle en fer de Person-Collard et l'archet du père Chabriel, c'eût été un duel à mort. Malgré son irascibilité, M. Chabriel faisait comprendre et aimer la musique ; il était de première force en harmonie et en composition : il apportait à ses élèves des partitions d'opéras, la *Dame blanche*, la *Fée aux Roses*, la *Favorite*, et il leur apprenait à disséquer et à analyser ces

Devant tous ces maîtres, le directeur savait s'effacer, reconnaissant la supériorité de chacun d'eux en son art. Mais il était leur maître à tous, par la hauteur des vues et des idées générales, et par l'impulsion éclairée qu'il imprimait à tous ces travaux divers. En effet, il poursuivait invariablement et sans relâche, et quelquefois même en y faisant travailler à leur insu quelques-uns de ses subordonnés plus récalcitrants, la réalisation de son unique pensée, à savoir : l'instruction et l'éducation des futurs instituteurs, l'élévation du niveau intellectuel et moral des populations, et par là, l'accroissement de la richesse pu-

---

œuvres, comme on décompose un discours, comme on interprète un texte d'auteur classique.

Je crois intéressant de rappeler les noms des membres de la Commission de surveillance installée, en vertu de la loi, près de l'École normale, de 1838 à 1848. Ces membres étaient :

MM. Charles, conseiller de Préfecture,
  Chasles père, président du Tribunal de Commerce, membre du Conseil général,
  Michel Chasles, dit Chasles aîné, membre de l'Institut, professeur à l'École polytechnique et à la Sorbonne, et frère d'Adelphe Chasles, député,
  Genreau, procureur du Roi, plus tard, président du Tribunal civil,
  Louvancour, ancien notaire,
  Lefèvre, avocat,
  Aubin-Jumentier, frère du charitable abbé Jumentier,
  Molroguier, principal du Collège,
  Chevreau, inspecteur des écoles primaires du département,
  Silvy, sous-inspecteur.

De 1843 à 1850, on vit également figurer dans la Commission :

MM. de Boisvillette, ingénieur en chef des ponts et chaussées,
  Texier, conseiller général et député,
  Saillard, procureur du Roi,
  Perrin, procureur de la République,
  l'abbé Levassor, vicaire général,
  Busson, procureur du Roi,
  l'abbé Lesimple, chanoine honoraire,
  Dr Genet,
  Roullier, juge,
  Hermel, principal du Collège,
  Cretté et Pillet, inspecteurs des écoles primaires.

blique et du bien-être social. Je le dirai ici en toute sincérité, une fonction a manqué à Ed. Person, c'est celle d'inspecteur général de l'enseignement primaire. Que de services il eût rendus dans cet emploi! Il eût été bien véritablement, dans ce poste, ce que les Anglais appellent *the right man in the right place*. L'Université a beaucoup perdu, j'en suis sûr, à ne pas lui confier cette charge.

Dans l'enseignement de l'École, le directeur s'était réservé plus spécialement la grammaire, la langue française et les directions morales et pédagogiques. En grammaire bien entendu, il pratiquait sa méthode d'enseignement par des tableaux. Suivant leur nature, leur rôle et leurs fonctions, substantif, adjectif ou verbe étaient classés, distribués dans un cadre synoptique, avec des accolades et des sous-accolades, qui embrassaient tous les cas particuliers. On se fût cru dans une leçon d'histoire naturelle, en face d'un règne, d'un genre, d'une espèce animale ou d'une famille de plantes. Et en effet, qu'est-ce autre chose que l'histoire des fonctions du langage, qu'une histoire naturelle? J'ai pu vérifier l'excellence de cette méthode, lorsque je devins grammairien à mon tour, à l'École normale supérieure, où j'étais, en troisième année, l'élève de Thurot. Nous avions à apprendre, presque par cœur, un cours très chargé, composé en partie de feuilles autographiées, et en partie des notes de la conférence, que le professeur nous laissait le soin de rattacher et de relier au cours autographié. Ce cours embrassait les trois langues classiques, français, latin et grec. C'était une tâche formidable que de se mettre dans la tête, en une seule année, ce vaste ensemble, les théories, les règles et les exemples. Je n'y réussis que le jour où je m'avisai, suivant la méthode paternelle, de le disséquer et de le distribuer en tableaux.

Alors tout devint clair et précis à mes yeux et dans mon esprit. Grâce aux accolades, je m'assimilai et je retins facilement la science, parfois un peu hérissée et confuse, que nous distribuait notre maître de conférences. Et ce que j'ai ainsi appris en grammaire, grâce à Thurot d'une part, et à mon père de l'autre, c'est encore aujourd'hui, à vingt ans de là, le plus clair de mon affaire et le plus solide de mon bagage!

J'arrive maintenant à la pédagogie et aux directions morales proprement dites. Edouard Person a écrit et fait autographier, en 1844, un cours de pédagogie qui est encore le manuel le plus complet, le plus large dans son ensemble, le plus précis et le plus pratique dans ses détails, qu'on puisse voir. Pour lui, le but de l'éducation c'était la moralisation du peuple, et cette fin devait être chrétienne. Ç'a été la pensée constante et dominante de son enseignement. Le perfectionnement qu'il rêvait devait être à la fois religieux et moral. Il n'a jamais varié sur cette question. Toute sa pédagogie, l'enchaînement de ses prescriptions, son système d'enseignement, d'organisation, de discipline, ses idées sur la conduite publique et privée de l'instituteur aboutissent à cette double fin, ou plutôt à cette unique fin, chrétienne et moralisatrice. Le jour où ces idées n'ont plus été en faveur, son système s'est trouvé ébranlé, ses efforts sont devenus incertains et flottants.

En cela, il était d'accord avec les grands esprits de cette première époque : « Partout où l'enseignement primaire a » prospéré, écrivait M. Guizot, en 1833, dans sa circulaire » aux instituteurs, une pensée religieuse s'est unie, dans » ceux qui le répandent, au goût des lumières et de l'ins- » truction » ; et M. Guizot souhaitait aux maîtres de l'enfance « des croyances dignes d'un esprit sain et d'un cœur

» pur ». Il leur traçait ensuite la conduite à tenir dans leurs
rapports avec les ministres de la religion : « Rien n'est plus
» désirable que l'accord du prêtre et de l'instituteur ; un
» tel accord vaut bien qu'on fasse, pour l'obtenir, quelques
» sacrifices ; j'attends de vos lumières que rien d'honorable
» ne vous coûtera pour réaliser cette union, sans laquelle
» nos efforts pour l'instruction populaire seraient souvent
» infructueux. » Et Théodore Jouffroy lui-même, Jouffroy
qui, pendant une nuit de 1814, vit s'écrouler toutes ses
croyances religieuses, dans une crise poignante dont il a
raconté les péripéties [1], Jouffroy, rendant compte à l'Académie des sciences morales et politiques des résultats du
concours sur les écoles normales, dont j'ai parlé plus haut,
s'applaudit que tous les auteurs des mémoires déposés
soient unanimes pour proclamer « que sans la religion il
» il n'y a pas d'éducation morale possible, et que la reli-
» gion doit être l'âme des écoles normales ». Et il ajoute,
pour son propre compte, que la tâche des « instituteurs,
c'est de donner au pays des enfants moraux et religieux [2] ».

Edouard Person était plein de ces idées. Il ne lui déplaisait point de voir le curé dans l'école, non certes comme
un surveillant gênant ou un censeur sévère et pointilleux,
mais comme un collaborateur sincère, officieux et dévoué,
sans lequel, à ses yeux, la grande œuvre de moralisation,
enfermée dans l'œuvre de l'instruction et de l'éducation,
ne pouvait être complète. Toutefois il voulait que cette présence du prêtre dans l'école fût discrète et sans empiètement, et que la séparation des pouvoirs fût rigoureusement

---

[1] *Comment les dogmes finissent*, Mélanges philosophiques, 1833.
[2] *Académie des Sciences morales et politiques*, tome III.

maintenue. Que de fois nous l'avons entendu poser aux instituteurs qui venaient le voir, cette double question : « Etes-vous bien avec votre maire? Etes-vous bien avec votre curé? » Si la réponse était affirmative, la cause était jugée, et le maître qui répondait était selon ses idées et selon son cœur : « Le but social de la fonction d'institu-
» teur, disait-il, c'est de réaliser dans l'éducation des en-
» fants du peuple les plus hautes espérances de la religion
» et de la patrie ; c'est d'élever les enfants du peuple à la
» dignité d'hommes, de chrétiens et de citoyens. » (*Cours de Pédagogie*, 29e tableau.)

Dirai-je avec quel tact il enseignait, dans ce même cours, le respect des lois et des pouvoirs établis ?

Article 10.

On fera naître à l'école de ..... les glorieux sentiments qui viennent de l'amour du pays ; — ce sentiment se développera sous l'influence des plus chaleureuses leçons du maître. — On comprend de bonne heure certaines idées et certains mots ; — le maître fera voir qu'il est un des dignes instituteurs de la France. — Après avoir fait aimer le pays, il fera aimer le gouvernement, les lois et le Roi ; le Roi qui aime la paix pour toutes les améliorations, tout le bien-être, tous les progrès de civilisation qu'elle fait naître. — On appellera aussi souvent l'attention des enfants sur les lois du pays, — ces admirables lois devant lesquelles tous les Français sont égaux. — Le maître aimera à préparer ses élèves à les observer, à leur obéir, en leur faisant remarquer sans cesse combien elles sont justes, équitables et libérables ; combien elles se prêtent aux efforts de ceux qui veulent améliorer leur condition par l'ordre, l'économie et le travail [1].

Au lieu du mot *Roi*, mettez le mot *République*, et vous avez tous les manuels d'instruction civique que l'on répand

---

[1] *Cours de Pédagogie*, 21e tableau,

aujourd'hui à profusion dans nos écoles. Quant à la largeur d'idées et d'expressions avec laquelle il comprenait un pareil enseignement, et en traçait le programme, on peut en juger par ce rapport au Préfet, que j'extrais du compte rendu imprimé des délibérations du Conseil général d'Eure-et-Loir, pour l'année 1845 :

Pour faire du simple enseignement, nos jeunes gens seront toujours assez capables et assez habiles. Pour apprendre aux plus jeunes enfants à lire, à écrire, à compter, à parler sans trop de grossières incorrections notre langue ; pour apprendre aux enfants plus avancés comment, dans la vie économique, se tient un compte, se dresse un mémoire ; comment, dans la vie industrielle, s'effectue le jeu d'une machine, fonctionne un instrument, agit une force naturelle, il n'y a pas de difficulté : il ne faut, pour donner ces petites connaissances, que les posséder soi-même ; et les acquérir est la moindre affaire de nos jeunes gens.

Mais pour faire de l'éducation, à l'école primaire ; de cette bonne éducation qui introduit pieusement le jeune enfant dans la vie chrétienne, qui développe en lui le goût du travail, l'esprit d'obéissance et les sentiments d'union, de paix, de concorde et d'affection mutuelle ; pour préparer ainsi, à l'aide des influence de la classe, de jeunes générations capables de prendre part un jour au développement de la prospérité et de la gloire de la patrie, la capacité ordinaire ne suffit plus à l'instituteur. Il lui faut posséder une autre science plus difficile à acquérir, celle de l'éducation en général ; il lui faut savoir mettre en œuvre les moyens moraux de cette science : il lui faut être pédagogue par l'intelligence et par le cœur.

Et ce n'est pas tout encore. L'instituteur ne doit-il pas se montrer hors de son école ? N'est-il pas nécessaire que ces enfants, ravis sitôt à ses leçons, il les suive, devenus adolescents et jeunes hommes. N'est-il pas nécessaire qu'il sache prendre et qu'il conserve longtemps sur eux cette autorité, cet ascendant moral que donnent le savoir, la vertu, le caractère des fonctions ; qu'il sache enseigner encore par le conseil affectueux, l'avis salutaire, et surtout par l'exemple, le plus sûr et le meilleur des enseignements, qu'il sache enseigner, dis-je, les bonnes mœurs, la vie honnête et pure, le zèle pour le bien, l'amour pour le Roi et le dévouement au pays?

Il faut donc que l'instituteur se caractérise par ces trois choses : le savoir, pour ce qui est de l'instruction proprement dite ; l'aptitude pédagogique, pour ce qui est spécialement de l'éducation ; et l'ascendant moral, l'autorité de la vertu, pour ce qui est des influences à exercer au milieu de la population adulte des villages.

Or, Monsieur le Préfet, c'est cet instituteur que nous nous appliquons de toutes nos forces à former à l'Ecole normale.

Et ces fameuses leçons de choses que l'on croit avoir inventées de nos jours? Qui ne les a vues, pratiquées, professées et développées à l'École normale de Chartres? Ceux qui ont habité ou visité cet établissement n'ont certes pas besoin que je leur rappelle la prodigieuse quantité de petites boîtes, de bouteilles et de flacons dans lesquels étaient exposés les produits naturels et manufacturés de la région. Je ferai remarquer simplement une petite différence entre l'époque où vivait mon père et la nôtre : c'est que les collections de l'École normale de Chartres étaient composées par les élèves eux-mêmes, ce qui était bien autrement profitable et instructif que ces boîtes uniformes qu'on se fait expédier maintenant par les libraires de Paris ou par les fabricants de matériel scolaire.

Comme cela arrive à tous les précurseurs, mon père n'était pas universellement approuvé. A la fin de sa carrière notamment, en 1873, sa méthode, ses procédés d'enseignement, ses collections surtout, avaient été blâmés et dénigrés par certaines personnes influentes que je ne veux point désigner plus clairement. Un inspecteur général, qui était de passage à Chartres, et qui connaissait de longue date le directeur de l'École, M. E. R., lui tint, devant tous les élèves, ce langage significatif :

Mon cher directeur, je vous félicite de tout ce que vous avez fait pour donner aux instituteurs le goût des collections, pour développer chez eux l'esprit d'initiative et d'observation. Votre œuvre ne périra point, elle a porté et elle portera ses fruits. Je dirai en haut lieu ce que l'on trouve ici. Depuis plus de trente ans, vous avez marché dans une voie que nous ignorions, et où nous entrons à peine aujourd'hui. L'Administration supérieure, je l'espère, saura vous récompenser, en ajoutant un nouveau fleuron aux récompenses que vous avez déjà et depuis si longtemps obtenues.

L'Inspecteur général faisait sans doute allusion à la croix d'officier de la Légion d'honneur que mon père eût été très flatté de posséder. Mais il y avait surtout une observation bien juste dans ses paroles : car le principal service que le Directeur rendît à ses élèves, c'était de leur apprendre à travailler par eux-mêmes, à se complaire dans leurs écoles, à ne point s'ennuyer au village, à trouver dans leurs communes mille sujets d'observations et d'études. Et voilà comment il travaillait à faire des instituteurs modestes, quoi qu'en ait dit Victor Cousin, en 1847 ; des instituteurs d'autant plus modestes, j'insiste sur ce point, qu'il voulait les rendre plus intelligents, plus industrieux et plus instruits. Quelques-uns, en Eure-et-Loir, sont devenus en effet des botanistes et des entomologistes distingués, dont les herbiers et les collections ont été plusieurs fois remarqués. Développer son intelligence de manière à se rendre utile à ses semblables et à se complaire dans des sujets d'études qui fussent l'attrait et l'aliment de toute l'existence, voilà la seule ambition qu'Edouard Person inspirât à ses élèves. Il y a réussi : car bien peu de déclassés sont sortis de ses mains Ce passage d'une lettre que m'écrivait dernièrement un de ses anciens élèves me paraît topique : « Si ma vie a été simple, tranquille et heureuse,

» c'est parce que j'ai suivi les bons conseils qu'il m'a don-
» nés autrefois. »

Je ne terminerai pas ce chapitre sans mentionner encore ce passage d'une leçon qu'Edouard Person faisait, en l'année 1844 :

La tenue du matériel et la conservation des collections importent beaucoup à l'école. L'instituteur y donnera tous ses soins. Il obtiendra aussi que, chaque année, le Conseil municipal vote un fonds d'entretien qui recevra une très utile application. L'instituteur fera d'ailleurs beaucoup de choses par lui-même ; son industrie ne sera jamais en défaut. Il réparera, entretiendra, saura manier le marteau, le rabot, le pinceau du peintre. Il rendra l'intervention de l'entrepreneur ou de l'ouvrier bien rare. Il apprend à ses enfants la vie rustique, il faut qu'il la sache et qu'il l'exerce par lui-même.

L'école devra encore aux doigts habiles de l'instituteur des modèles des poids et mesures ; une collection de solides réguliers en plâtre, en pierre ou en bois ; des modèles en petit des machines simples ; le treuil, le plan incliné, la chèvre, etc.

Les enfants s'exerceront sur ce bon exemple que leur donnera le maître, et ce ne sera pas le moins utile.

Que dirait M. Legouvé, cet ingénieux éducateur, qui, en 1880, prononçait un si joli discours, à l'Ecole Monge, sur les travaux et les promenades d'utilité pratique ; que dirait-il de ce projet de règlement qu'Ed. Person, dès l'année 1844, dictait à ses élèves :

ART. 35.

Indépendamment des exercices déjà réglementés, sont encore institués à l'école divers enseignements dont l'énumération suit :

1° La classe supplémentaire du jeudi pour les enfants qui ont manqué aux classes, ont été absents, malades, et qu'il importe de mettre au courant de leurs études ;

2° La classe de retenue du jeudi et du dimanche pour les enfants qui ont encouru cette punition ;

3° La promenade de l'été consacrée à des opérations d'arpentage, à la visite des cultures expérimentales ; à la recherche des plantes utiles, à la chasse des insectes, etc. ;

4° La réunion de l'hiver pendant les jours fériés, occupée par des lectures utiles, par des délassements amusants en même temps qu'instructifs ;

5° Et d'autres utiles exercices que, dans son industrie pour bien faire, le maître instituera.

Que dirait-il encore de cet autre article :

Art. 24.

Les études d'utilité professionnelle se composent à l'école de... des notions pouvant profiter à l'agriculture et aux arts mécaniques qu'elle emploie immédiatement. Ces notions se classent alors : 1° en petites connaissances naturelles, météorologie, plantes utiles, terrains, engrais, cultures ; 2° en petites connaissances technologiques sur l'art du charron, du maréchal, du mécanicien pour les moulins. — Ces utiles enseignements se complètent par quelques idées sur l'économie de l'ouvrier de village, au point de vue des intérêts sur lesquels il importe qu'il assoie sa vie et ses travaux.

Le maître donne ces enseignements avec mesure, avec sagesse. — Il fait voir le prix du temps, le prix des idées, le prix des forces ; il montre ce qu'une bonne connaissance, une bonne habitude, une bonne intention peut rapporter. — Il fait voir qu'on vit non seulement d'argent, mais d'*honneur* ; et qu'il y a autant d'honneur à acquérir, dans les champs et dans l'atelier, que sur les champs de bataille.

C'est à dessein que j'ai omis de parler jusqu'ici du jardin de l'École normale de Chartres. J'y reviendrai dans un des chapitres qui vont suivre. Je dois rappeler cependant que c'est vers 1849 que fut créé le Jardin botanique. Un des maîtres de l'École, Ch. L... alla passer trois jours au Muséum de Paris, et en revint avec une organisation toute préparée. « Avec quel entrain, m'écrit-il, Alain et Coudray » m'ont prêté leur concours! » Pour en finir avec cette période que j'ai appelée l'*âge héroïque*, je rappellerai seulement quelques particularités de la vie publique de mon père qui feront mieux comprendre certains événements que je vais bientôt raconter.

A Chartres, comme à Versailles, comme à Albi, Ed. Person avait conquis, dans tous les rangs de la société, les plus honorables sympathies. Il était particulièrement lié avec le préfet d'Eure-et-Loir, son ancien préfet du Tarn, M. de Villeneuve, et de jour en jour il devenait plus dévoué au gouvernement de Juillet et plus empressé à servir l'ordre de choses établi.

Le 9 août 1839, le duc d'Orléans, revenu récemment de l'Algérie où il avait gagné de nouveaux lauriers, et se rendant à Bordeaux, s'arrêtait quelques instants à Chartres, au début de son voyage. Il était accompagné de la duchesse d'Orléans, qui, l'année précédente, avait donné le jour au comte de Paris. Les augustes visiteurs furent reçus à Chartres par le Préfet, par le maire M. Adelphe Chasles, par le colonel de la garde nationale M. Guillaume de Bassoncourt, un ancien et brillant officier du premier Empire [1]. Le prince adressa quelques mots bienveillants à mon père, qui lui avait été présenté en même temps que les principaux fonctionnaires de la ville. Le soir, à la Préfecture, ma mère eut un regard, et, elle aussi, une parole flatteuse de

---

[1] Nous avons tous connu, à Chartres, le loyal caractère et l'exquise urbanité de M. Guillaume de Bassoncourt. Officier de dragons à la bataille d'Iéna, aide de camp du général Curial, de la vieille garde, pendant la campagne de Russie, M. Guillaume de Bassoncourt était chef d'escadron au 8e cuirassiers. Ce régiment faisait partie de la brigade de Kellermann, duc de Valmy, aux Quatre-Bras et à Waterloo. A Waterloo, le 8e cuirassiers perdit son colonel, et fut commandé par Guillaume de Bassoncourt qui conduisit la charge contre l'infanterie du général Halkett, et enfonça le 69e régiment anglais. C'est ce même 8e cuirassiers qui devait charger à Reichshoffen, ayant à sa tête le colonel Guiot de la Rochère, et c'est alors que le général Lartigues s'écria : *Allez-y comme à Waterloo !*

la duchesse d'Orléans. Il n'en fallait pas davantage, pour attacher à une dynastie et à des princes, des âmes sincères et éprises de cet idéal de fidélité et de dévouement qui ne sont point rares encore de nos jours; et en entendant mes parents raconter cette journée, mémorable dans leur vie, je pensais, toute proportion gardée! à la joie de Mme de Sévigné, racontant naïvement, elle aussi, « toutes ses prospérités », et se défendant de se laisser aller à quelque « transport de bourgeoise » le jour où le roi Louis XIV, après la représentation d'*Esther*, était venu causer un instant avec elle, pendant que Mme de Maintenon, « un tourbillon, un éclair », lui disait de son côté un mot aimable.

Ma mère, qui n'était point dépourvue de vivacité dans l'esprit, ni de franchise dans ses paroles; qui avait ses petites idées à elle, en histoire et en littérature, et qui trouvait qu'une femme n'en sait pas toujours assez,

> Quand la capacité de son esprit se hausse
> A connaître un pourpoint d'avec un haut-de-chausses;

ma mère avait donc un faible pour la famille d'Orléans : elle aimait parler politique, ce qui ne sied pas toujours à une femme; et, en aucun temps, du reste, elle ne cacha ses sympathies.

Deux ans après la double présentation dont je viens de parler, le duc d'Orléans revenait dans le département d'Eure-et-Loir, enfermé dans son cercueil, et conduit par la famille royale à la chapelle mortuaire de Dreux. Sa perte consternait les amis de la monarchie, et mettait la postérité, qui l'avait vu à peine à l'œuvre, dans l'impossibilité de décider si, comme l'a dit le poète, cette mort devait laisser « une place vide dans l'histoire », et si, dans ce hardi jeune homme,

Dans cette aimable tête, et dans ce brave cœur,
Tout un siècle était là, tout un siècle de gloire [1] !

Son deuil fut porté par toute la France, et pendant trois mois les élèves de l'Ecole normale gardèrent le crêpe au bras, comme les militaires.

C'est en 1845 que mon père perdit son protecteur, M. de Villeneuve, appelé, je crois, à la préfecture d'Orléans. Le nouveau préfet d'Eure-et-Loir, M. de Jessaint administra le département du 6 janvier 1845 au 1er décembre 1847 [2]. Il eut pour successeur M. de Mentque, qui remit à son tour ses pouvoirs, le 29 février 1848, entre les mains de MM. Marescal et Barthélemy, commissaires du gouvernement de la République.

---

[1] Alfred de Musset : *Le Treize Juillet*.
[2] M. Thiers cite dans son *Histoire du Consulat*, livre II, un préfet nommé de Jessaint, qui était entré dans l'administration départementale, au moment où fut appliquée la fameuse loi du 28 pluviôse de l'an VIII. Je viens de lire dans les *Souvenirs* du comte de Puymaigre, tout récemment publiés, le récit de la visite que rendit l'auteur de ces mémoires, en 1824, à Châlons, « à M. de Jessaint, ce préfet monumental qui existe là depuis la loi de » pluviôse ». Le préfet d'Eure-et-Loir de 1845 était le fils du « préfet monumental » désigné par de Puymaigre.

CHAPITRE VI

Février et juin 1848

Rapports d'Edouard Person avec les autorités républicaines. — Obligations particulières qu'il contracte envers M. Marescal, commissaire de la République en Eure-et-Loir. — Les journées de Juin. — M. Sebire, préfet d'Eure-et-Loir. — Le directeur et les élèves de l'École normale primaire de Chartres font partie du détachement de la garde nationale qui se rend à Paris pour défendre le Gouvernement. — La gare Saint-Lazare. — La place de l'Hôtel-de-Ville. — Le général Négrier. — Le faubourg St-Antoine et la rue Castex. — Monseigneur Affre. — La prison de Sainte-Pélagie. — Lettre de Victor Hugo au directeur et aux élèves de l'Ecole normale de Chartres. — Directions morales et conseils, au point de vue politique, qu'Edouard Person donne à cette époque aux futurs instituteurs d'Eure-et-Loir. — La circulaire Carnot.

La journée du 23 février 1848, « cette funeste journée », comme l'appela un jour, à la tribune, dans une séance mémorable, M. Adolphe Thiers[1], venait de renverser le trône du roi Louis-Philippe. J'aurais mauvaise grâce à dissimuler, et on le sait de reste, qu'Edouard Person était orléaniste. Mais il était, avant tout, le serviteur respectueux de l'autorité établie et l'observateur fidèle de la

---

[1] Séance du 23 février 1850, dans laquelle M. Thiers combattit énergiquement l'amendement Savatier-Laroche, qui proposait d'interdire l'enseignement à toute congrégation religieuse non reconnue par l'Etat.

constitution et des lois de son pays. A ce point de vue, la forme du gouvernement n'était rien pour lui; le pays était tout. En tout cas si, le 23 février, c'était un crime d'avoir loyalement servi le gouvernement de Louis-Philippe, c'était encore un mérite le 22 au soir; et je serais tenté d'appliquer à bien des fonctionnaires qu'on range souvent, malgré eux, dans tel ou tel parti politique, la définition que M. Thiers faisait un jour, à la tribune, des fonctionnaires carlistes : « Savez-vous ce que c'est qu'un fonctionnaire » carliste? C'est un fonctionnaire dont on veut la place ! » En 1848, Edouard Person s'est trouvé quelquefois dans cette position fâcheuse et désagréable, quoiqu'elle fût très naturelle et tout indiquée par la situation.

Si maintenant quelques amis intimes ont pu surprendre, à certaines heures, le secret de ses sympathies et de ses souvenirs ; l'entendre s'indigner, par exemple, contre les décrets de spoliation qui confisquaient les biens de la famille d'Orléans ; lui voir lire les rares journaux dévoués à cette noble famille ; si, lorsqu'il apprenait les deuils nouveaux qui la frappaient sur la terre d'exil, la mort de la duchesse d'Orléans, en 1858 ; celle de la duchesse de Nemours, l'année précédente, et plus récemment encore, la mort de la duchesse d'Aumale, — douleurs certainement plus cruelles, pour ceux qu'elles atteignaient, que la perte d'une couronne ; — si, dans ces moments-là, nous lui avons vu bien souvent les larmes aux yeux, nous pouvons affirmer que ce culte était une sorte d'idéal tout platonique, et que sa conduite publique, comme ses discours, sont toujours demeurés, à toutes les époques, sous la République comme sous l'Empire, irréprochablement corrects.

Donc, en 1848, son respect pour l'autorité et la hiérarchie, joint à l'aménité de son caractère, et le désintéressement absolu avec lequel il faisait le bien, rendirent ses rapports très faciles avec les autorités républicaines. Il avait en effet sur ce qu'il appelait « l'esprit de docilité et d'obéissance » les principes les plus conciliants. Il était convaincu que les hommes, pris individuellement, sont encore meilleurs ou moins dangereux que les idées qu'ils défendent, et qu'on est bien près de s'entendre avec les idées quand déjà l'on s'entend avec les hommes :

> Le bien a son temps, ses occasions et ses hommes : savoir choisir ces trois circonstances de la réalisation du bien, c'est là une des choses à quoi l'instituteur doit le plus s'appliquer... Il faut que l'instituteur soit prudent et sage avec ceux qui ne voient pas comme lui, et qui ont sur les mêmes choses d'autres idées que lui. L'esprit d'obéissance se concilie parfaitement avec la dignité des fonctions. La fonction est tout : l'homme serait bien peu de chose si son action allait vouloir s'exercer toute seule, en dehors des secours d'autrui. Obéir à l'autorité, ce n'est pas faire acte d'humilité ni de faiblesse, c'est faire acte de respect pour ce qu'il y a de plus respectable au monde, l'ordre hiérarchique, sans lequel il n'y a pas de société[1].

Serrons d'un peu plus près toutes ces idées, et nous avons cette belle parole de M. Paul Janet, dans son livre de la *Famille* : « Savoir obéir, ce n'est pas une faiblesse, » c'est, au contraire, une grande force. »

Édouard Person obéissait donc, sans arrière-pensée et sans peine ; il en fut bien vite récompensé : car je l'ai entendu dire qu'après la Révolution de 1848, il n'avait jamais eu, à aucune époque de sa vie, au point de vue administratif, des rapports plus faciles et plus agréables qu'avec les fonctionnaires que la République avait appelés au pouvoir, à Chartres et en Eure-et-Loir. Était-ce l'effet de sa propre

---

[1] *Cours de pédagogie*, 1844, 29ᵉ tableau.

urbanité, de son judicieux esprit de conciliation, et de l'habileté avec laquelle il présentait les questions, traitait les affaires et maniait les hommes? Ou bien, était-ce qu'en Eure-et-Loir les républicains sont plus indulgents et plus aimables qu'en aucun autre lieu du monde ? Je laisse à ceux qui me liront le soin de faire à chacun sa part. Mais je ne veux ni ne dois passer sous silence le grand service qu'Édouard Person reçut, à cette époque, d'un des chefs les plus considérables du parti républicain à Chartres, M. Marescal.

Lorsqu'éclata la Révolution de 1848, mon père avait des raisons de penser qu'il était menacé d'une révocation. Ceux qui me liront, à quelque opinion qu'ils appartiennent, voudront bien croire que je me sens fort à l'aise pour traiter cette question. Car je dois dire que je n'ai jamais compris qu'on contestât à un gouvernement, quel qu'il fût, le droit de révoquer les fonctionnaires et les agents qui lui déplaisent, ni même qu'on songeât à lui en demander des comptes. Je trouve que le système américain, qui, à chaque changement de président, renvoie tous les fonctionnaires, depuis le plus élevé en grade jusqu'à l'humble cantonnier de village, je trouve que ce système est le seul logique, le seul pratique, le seul enfin qui puisse être accepté sans récrimination et sans contestation[1]. Or, en 1848, il était tout

---

[1] Je n'ignore pas, bien entendu, que l'opinion contraire de la stabilité et de l'inamovibilité des fonctionnaires peut se soutenir par de très forts arguments. Ce passage m'a valu, de la part d'un de mes bons amis, fonctionnaire comme moi, une éloquente protestation que je tiens à citer ici : « Avec votre système, me dit-il, vous détruisez et vous méconnaissez l'expérience des bureaux. Rien n'est possible dans l'administration, sans la connexité du passé avec le présent ; pour avoir de bonnes lois et de bons règlements, il faut pratiquer sans cesse ce travail de rattachement. Et puis ce sentiment d'honneur professionnel et de fidélité que donne le service, le trouverez-vous chez des fonctionnaires d'un jour? Avec votre théorie, l'Etat n'aurait que des parasites et jamais de serviteurs ».

naturel que mon père fût frappé ; homme du gouvernement de Juillet, intimement lié avec les deux préfets, MM. de Villeneuve et de Jessaint, il était allé plus loin encore : il s'était associé aux polémiques locales, et il avait combattu avec une certaine ardeur, dans les articles de journaux qu'il dictait ou du moins qu'il inspirait, les idées politiques que défendait M. Marescal. Je lui ai entendu dire bien des fois, il est vrai, qu'on lui avait attribué en ce temps-là plus d'articles qu'il n'en avait écrits, et qu'il avait recueilli, de ce chef, plus d'ennemis qu'il n'en méritait. Mais enfin, lorsque Louis-Philippe tomba, et lorsque M. Marescal eut été mis à la tête de l'administration d'Eure-et-Loir, comme commissaire du gouvernement, Edouard Person comprit qu'il était perdu. En effet, M. Marescal n'avait qu'un mot à écrire à Paris, pour obtenir sa révocation. Mais Edouard Person avait besoin de sa place, car il avait deux enfants en bas âge et son vieux père à soutenir. Il alla trouver M. Marescal et le pria de l'épargner...

D'autres n'eussent peut-être point fait cette démarche et auraient attendu sans bouger, ou qu'on les cassât aux gages, ou que la tourmente passât par-dessus leur tête. C'est affaire de sentiment et de caractère. Mais je me garderai bien de dire qu'Edouard Person, en cette circonstance, manqua de dignité ; car je ne sais rien de plus noble qu'un homme qui abaisse sa fierté, pour aller demander à un ennemi devenu puissant de lui conserver le pain dont il nourrit sa famille ; en tout cas, la démarche qu'il tentait eut le résultat qu'il cherchait. Mon père m'a raconté que, dans cette entrevue, M. Marescal jeta au feu, devant lui, un papier qui le concernait ; c'était sans doute une demande de révocation. Ce sacrifice manifeste, que le commissaire du gouvernement de la République en Eure-et-

Loir faisait à ses griefs passés, augmentait encore le prix de sa générosité. Mon père lui en garda toujours la plus vive gratitude, et, dans la suite, lorsque M. Marescal fut rentré dans la vie privée, il ne manqua pas une seule fois de lui rendre visite chaque année, quel que fût le régime politique du moment.

Peut-être trouvera-t-on, à la distance où nous sommes, et avec les faciles clartés que nous donnent les faits accomplis, que la conduite de mon père conjurant sa disgrâce manquait au moins d'habileté, et j'ai entendu, en effet, de plus adroits que lui faire cette remarque. Avoir souffert de la Révolution de 1848, n'était-ce pas pour ce fonctionnaire un titre plausible, qui l'eût désigné, quelques mois plus tard, comme tant d'autres, aux faveurs d'un régime nouveau? Le vent de réaction qui devait bientôt souffler l'aurait certainement porté à quelque emploi supérieur, et il eût été amplement dédommagé d'une disgrâce temporaire. Mais mon père n'était l'homme d'aucune réaction, et encore moins de la réaction cléricale qui allait menacer l'Université, et dont il a beaucoup souffert tout le premier. Je raconterai très nettement à ce sujet, dans le chapitre qui va suivre une des parties les plus honorables de sa vie publique et administrative. Voyons-le d'abord prendre son fusil et conduire ses élèves à Paris, au secours de la République.

C'est le samedi matin 24 juin, que le rappel fut battu dans la ville de Chartres, et que le Préfet, M. Sébire, demanda à la garde nationale des volontaires, pour aller à Paris combattre l'émeute. A deux heures, trois cents hommes prêts à partir étaient réunis dans la cour de la mairie. Les élèves de l'Ecole normale, qui, depuis quelques mois faisaient l'exercice, et figuraient à leur rang dans les revues de la garde nationale, avec un uniforme très simple, très léger et fort pittoresque — une blouse en toile bleue serrée au corps par le ceinturon, et un petit képi — briguèrent l'honneur et obtinrent la permission de partir. Le détachement de la garde nationale de Chartres était commandé par le lieutenant-colonel M. Damars, avec M. de Berly pour chef de bataillon [1]. M. Devaureix, avoué, était spécialement chargé de tout ce qui concernait l'armement et le service des étapes. L'École normale formait deux pelotons : mon père, en uniforme, avec le fusil sur l'épaule, et sans grade ni galon marchait en tête ; M. Bourdel, lieutenant, commandait la deuxième section [2].

M. Marescal, qui était à Chartres au moment où éclata l'émeute, accompagnait le bataillon [3]. Moitié à pied, moitié en voitures, en charrettes ou dans des fourgons de cava-

---
[1] Plus tard percepteur à Marboué, près Bonneval, où il est mort.

[2] A Chartres, dans les exercices et dans les revues, les mouvements, exécutés avec la plus grande précision par les jeunes normaliens, étaient commandés par M. Proust, adjudant.

[3] Voici pour plus de précision, les noms des représentants d'Eure-et-Loir, et des autorités constituées, sous la République de 1848.

1° Commissaires du gouvernement, immédiatement après la Révolution : MM. Marescal et Barthélemy. — Ensuite M. Sebire, préfet ; plus tard M. de Suleau, et enfin M. de Grouchy sous l'administration duquel eut lieu le coup d'Etat de Décembre 1851.

2° Assemblée constituante (réunie le 4 mai 1848). — Représentants : MM. Marescal, Raimbault, ancien notaire, général Subervic, Barthélemy, général Lebreton, docteur Trousseau, Isambert, conseiller à la Cour de cassation.

Ministres de l'instruction publique : MM. Carnot ; de Vaulabelle (5 juillet 1848) ; Freslon (13 octobre) ; puis MM. de Falloux, Lanjuinais, de Parieu, Ch. Giraud, de Crouseilhes et Ch. Giraud, auquel succède M. H. Fortoul, le lendemain du coup d'Etat.

Chef du pouvoir exécutif, le général Cavaignac.

Election de Louis Bonaparte, comme président de la République. — Scrutin du 10 décembre 1848.

Assemblée nationale législative, réunie le 28 mai 1849.

Représentants d'Eure-et-Loir : MM. le général Lebreton, Noël Parfait, Barthélemy, général Subervic, Desmousseaux de Givré, Briffault.

lerie, on arriva de Maintenon à Rambouillet, puis à Versailles. Là le chemin de fer conduisit le détachement à la gare Saint-Lazare où l'on débarqua le dimanche 25 juin, à six heures du matin. C'était le dimanche de la Fête-Dieu. Ce jour-là, la lutte dans Paris allait recommencer avec plus de violence que jamais. En effet, l'émeute était encore triomphante sur bien des points. Pour ne parler que de la rive droite, la gare Saint-Lazare était dégagée ; mais dans la journée du samedi 24, le général Lebreton, représentant d'Eure-et-Loir et plus tard questeur du Corps législatif, avait dû livrer, un peu au-dessus de la gare, et dans les parages qu'occupe actuellement l'hôpital Lariboisière, de très rudes combats, où s'étaient distinguées les gardes nationales de Rouen, d'Amiens et de Pontoise. Ces positions, qu'on appelait alors le clos Saint-Lazare, n'avaient pu être enlevées ce jour-là, et c'est le dimanche 25 au matin, à l'heure même où arrivait le détachement chartrain, que le général Lamoricière en commença l'attaque, qui fut décisive. L'Hôtel-de-Ville et les boulevards, jusqu'à la barricade du faubourg Poissonnière avaient été dégagés le samedi 24, mais on pouvait craindre un mouvement tournant et un retour offensif des insurgés sur la gare Saint-Lazare, par la Villette et les boulevards extérieurs. Ce n'est que le lundi 26, que le général Lebreton enleva l'immense barricade de la Villette, avec des détachements de la troisième légion parisienne et la garde nationale d'Amiens. Enfin, ce même dimanche 25, le faubourg Saint-Antoine et la Bastille étaient aux mains de l'ennemi. Là le général Duvivier, blessé à mort, venait d'être remplacé par le général Négrier.

L'émotion était donc poignante, le dimanche matin, quand on arriva en gare. Le bruit du canon dans le lointain, le silence sinistre des quartiers environnants, les fenêtres et les façades criblées par les balles qui étaient arrivées jusque-là, tout contribuait à augmenter la vivacité et la grandeur de ces premières impressions. Des officiers d'état-major firent prendre d'abord position au détachement, dans la plaine de Monceau, dont l'emplacement est marqué aujourd'hui par les premières maisons du quartier des Batignolles et des Ternes. Parmi ces officiers se trouvait le colonel Ambert, qui, devenu plus tard général, a écrit sur l'histoire de la guerre et sur la littérature militaire, des études si attachantes. C'est de cet officier supérieur que les normaliens reçurent l'ordre de charger immédiatement leurs fusils. Il s'agissait de surveiller les abords du chemin de fer de Saint-Lazare qui, d'après certaines rumeurs, allait être attaqué ; ensuite on les envoya à l'Assemblée nationale, et de là à l'Hôtel-de-Ville où Victor Hugo harangua les nouveaux arrivants, et où M. Barthélemy, un des représentants d'Eure-et-Loir, vint rejoindre la petite troupe [1]. La garde nationale était escortée par un détachement d'artilleurs de la garde nationale de Paris avec trois pièces de canon. Quand on fut arrivé sur la place de l'Hôtel-de-Ville, des coups de feu, tirés du côté de la cité, vinrent jeter le désordre dans les rangs et blessèrent quelques hommes. Impatienté, le commandant de l'artillerie prit la tête de la colonne et marcha vers la Bastille. On rencontra en route un triste convoi ; c'était le corps du général Négrier qui venait d'être tué en face de la Bastille : il était tombé dans les bras de M. de Falloux, député, que l'Assemblée avait envoyé en

---

[1] D'après une note que m'adresse un des acteurs du drame, c'est seulement le lendemain 26 que les normaliens auraient été harangués par Victor Hugo.

avant, pour essayer de fléchir les insurgés et que nous retrouverons, au chapitre suivant, comme ministre de l'Instruction publique ; quelques officiers escortaient leur général tué, et pleuraient à chaudes larmes. Ce douloureux spectacle put rappeler aux chartrains les funérailles de Marceau, avec cette différence que le général que l'on portait ainsi, venait d'être tué par des balles françaises !

Ed. Person, voyant nettement la responsabilité qui lui incombait, prit à part le plus sage et le plus énergique de ses trente-six élèves, et là, sans faiblesse comme sans forfanterie, il lui donna ses dernières instructions, et lui remit le soin de conduire l'école en lieu sûr, si elle venait à être privée de son chef. « Si quelqu'un de nous doit » mourir, lui dit-il tout bas, c'est moi : vous prendrez les » trois cents francs qui sont dans ma poche : l'École » pourra en avoir besoin. » Puis avec sa voix forte, son timbre sonore, et le ton des grandes circonstances, il adressa aux élèves quelques paroles bien senties, et leur déclara qu'il comptait bien que nul autour de lui ne faillirait à son devoir : bref, il leur dit suivant l'expression de Mme de Sévigné, « les meilleures choses du monde sur les » grosses cordes de l'honneur et de la réputation ».

Certes, ce dut être un spectacle curieux que celui de ces jeunes gens de dix-huit ans, qui n'avaient jamais entendu parler de Paris que comme du séjour des splendeurs, des élégances et des plaisirs, et qui, à peine sortis de leur village, étaient tout d'un coup jetés dans la grande cité en feu, et entendaient pour la première fois le bruit du canon. Nous avons tous connu, depuis les saines émotions de la guerre, — guerre étrangère ou guerre civile, — qui toutes les deux trempent l'homme, parce qu'elles le mettent en face des rigoureuses obligations du devoir et des salutaires perspectives de la mort. Lorsque l'on débouche sur le champ de bataille, et que l'on voit la plaine couverte de fumée ; lorsque l'on entend le roulement des mitrailleuses et le crépitement des feux de peloton ; qu'à mesure que l'on approche, on distingue plus nettement les lignes de tirailleurs ; que l'on voit arriver, spectacle navrant, les premiers blessés, ou bien les estafettes qui, au galop, emportent ou apportent des ordres ; lorsque les officiers supérieurs, passant devant le front des compagnies, donnent l'ordre de déchirer le premier paquet de cartouches, et recommandent à tous le calme et le sang-froid ; que les premières balles, parties on ne sait d'où, font entendre à vos oreilles un sifflement aigu ou sonore; enfin, lorsqu'à droite ou à gauche, l'artillerie prend position et ouvre le feu, pendant que les pièces de marine, d'une redoute ou d'un fort voisin, tirent derrière vous et par dessus vos têtes ; alors, que l'endroit s'appelle le faubourg Saint-Antoine ou la Bastille, Champigny, Buzenval ou le mont Valérien, il se produit au fond du cœur un indicible saisissement ; les figures pâlissent et prennent des tons étranges ; la gorge se serre ; on veut parler et la voix tremble ; mais l'on marche d'un pas ferme, parce que le devoir est devant vous, et qu'à côté le voisin vous regarde !

La garde nationale de Chartres se rapprochait rapidement du théâtre de la lutte. Elle prit position tout près de la Bastille, dans une petite rue qui donnait directement sur le faubourg Saint-Antoine, la rue Castex. Là, derrière une forte barricade, on attendit l'arme au pied. La position n'était pas sans danger. Un jeune soldat provincial, Lemaire, jardinier au Bourg-Neuf, près Chartres, tomba mortellement frappé, dans les bras du jeune Millet, élève de l'École normale.

En élevant la tête au-dessus de l'épaulement, on voyait ce qui se passait dans le faubourg Saint-Antoine. Mon père avait plusieurs fois satisfait de la sorte sa curiosité. Enfin, un garde national étranger, je crois, au département, était venu prendre sa place dans cette petite embrasure. A peine s'était-il hissé sur les pavés qu'il tombait à la renverse, la tête fracassée.

L'on n'avança pas plus loin : la place de la Bastille était enlevée par la première ligne des combattants : la milice chartraine, dont le commandant M. de Berly, était allé prendre les ordres des généraux engagés avec leurs troupes sur la place de la Bastille, reçut l'ordre de se replier sur l'Hôtel-de-Ville. En apprenant que l'émeute était réduite aux abois, la population parisienne reparaissait aux fenêtres et dans les rues : elle accueillit les jeunes normaliens d'Eure-et-Loir par des acclamations chaleureuses. C'est sur ce parcours qu'ils présentèrent les armes à l'archevêque de Paris, Mgr Affre, qui se rendait, vers cinq heures du soir, à la place de la Bastille, où il devait être, quelques instants après, atteint d'une balle. On coucha, cette nuit du dimanche 25 au lundi 26, dans des bâtiments inoccupés de l'Hôtel-de-Ville, pendant qu'une autre partie de la garde nationale de Chartres allait s'établir à la caserne de la rue de Tournon. M. Marescal, avec une sollicitude prévoyante, se chargea de procurer des vivres aux jeunes normaliens. Il avisa l'un d'eux, M. M. P. de qui je tiens ce détail, et l'emmena avec lui dans les sous-sols de l'Hôtel-de-Ville où étaient accumulés des vivres et des provisions. Il lui fit délivrer une large ration que celui-ci distribua à tous ses camarades. Tant d'événements et de si fortes émotions, se succédant en un seul jour, avaient développé chez les jeunes Beaucerons, un formidable appétit qui fit honneur au repas que leur avait ménagé le représentant d'Eure-et-Loir. Le lendemain, dès sept heures du matin, on reprit les armes : je laisse ici la parole à un autre normalien de 1848, témoin et acteur dans tous ces événements :

Il y avait à conduire, des caveaux de l'Hôtel-de-Ville à Sainte-Pélagie, trois cents prisonniers. Nous formons la haie. Le commandant introduit entre nos rangs ces malheureux, à la blouse blanche rejetée en arrière jusque vers le milieu du dos, exhalant une odeur fétide. — « Découvrez-vous ! » leur dit-il, lorsqu'ils furent deux à deux à nos côtés. — Ce furent ses premières paroles, et il ajouta : « Au moindre signe de » rébellion, soldats, faites justice ! » La colonne se met en marche. On nous avait donné l'ordre de prendre les rues les plus désertes ; mais, comme l'on craignait encore les balles des insurgés qui pouvaient être embusqués derrière les fenêtres, nous étions précédés d'un peloton qui faisait fermer toutes les fenêtres sur notre passage. Ce trajet dura au moins une heure. De temps en temps, on voyait arriver des gardes nationaux mobiles qui voulaient fusiller nos prisonniers. Nous avions peine à les défendre ; car ceux-ci, soit fatigue, soit à dessein, se laissaient tomber par terre. Il fallait alors les relever et les préserver contre la fureur des mobiles qui cherchaient à pénétrer dans nos rangs.

La prison de Sainte-Pélagie était située derrière le Panthéon, près de la rue Lacépède. La mission confiée au bataillon chartrain n'était pas sans péril : dans des circonstances analogues, une affreuse bagarre, qui coûta la vie à plus de cent hommes et en blessa soixante, s'était produite sur la place de l'Hôtel-de-Ville, parmi des prisonniers que les gardes nationaux d'Orléans, de Roubaix et de Lille conduisaient à la prison des Madelonnettes. En arrivant sur la place du Panthéon, mon père put craindre un instant une pareille aventure. Là, sur les marches du temple, dormaient des gardes nationaux mobiles, qui avaient chèrement et glorieusement acheté quelques instants de repos.

Le passage de ce convoi les réveille : « A mort les insurgés ! » Et les voilà qui sautent sur leurs armes et prétendent séance tenante fusiller ces malheureux. On sait avec quelle rapidité, dans la guerre civile, le sang enivre le soldat, et que là, on a plus de peine encore à pardonner qu'à vaincre. Les normaliens de Chartres, pressés par les gardes nationaux mobiles, ne pouvaient déjà plus protéger les insurgés. Mon père parvint à contenir les mobiles : « Ces hommes » que vous voulez fusiller, leur dit-il, mais ils vont l'être » dans quelques instants ! Nous ne les conduisons à Sainte-» Pélagie que pour cela ; le conseil de guerre va les juger » tout de suite, et soyez tranquilles, nous nous chargeons » du reste. Mais vous n'y toucherez pas, avant que la cour » martiale ait prononcé son arrêt. » Les assaillants furent sensibles à cet argument : le ton d'autorité avec lequel étaient prononcées ces paroles, la grande taille de celui qui les faisait entendre, et jusqu'à son uniforme de simple soldat sur lequel brillait la croix d'honneur, tout cela calma les mobiles de 48, qui retournèrent tranquillement sur les marches du Panthéon et inclinèrent de nouveau leurs têtes sur leurs sacs. L'habile discours de mon père n'avait trompé personne autour de lui, — que ceux-là mêmes auxquels il importait de donner le change, — et les insurgés peut-être, qui purent croire que leur mort n'était reculée que de quelques instants. On arriva sans encombre à Sainte-Pélagie. Les prisonniers ne furent point fusillés, et s'ils avaient dû l'être, ce ne sont pas, à coup sûr, les élèves de l'Ecole normale primaire de Chartres qui auraient été chargés de cette sinistre besogne ! Mais, horrible détail, on ne parvint pas à empêcher quelques mobiles, qui avaient suivi le convoi, de faire feu par les soupiraux des caves, dès que les insurgés y furent descendus !

Le retour de Sainte-Pélagie à l'Hôtel-de-Ville — continue notre narrateur — s'effectua sans incidents. L'insurrection touchait à sa fin. Pendant plusieurs heures nous vîmes les mobiles victorieux amener à l'Hôtel-de-Ville des femmes tout échevelées, accusées d'avoir empoisonné les boissons des gardes nationaux, et des insurgés porteurs de drapeaux rouges, noirs, décorés d'inscriptions révoltantes. Cependant la tranquillité revenait dans les esprits : les magasins se rouvraient peu à peu : la garde nationale de Chartres, après avoir reçu les remerciments du général Cavaignac, fut autorisée à regagner ses foyers. — Nous quittâmes Paris le lundi 26, dans la soirée..... Sur tout notre parcours, nous reçûmes un accueil enthousiaste ; car nous étions les premiers à rentrer en province, et notre arrivée montrait bien que tout danger avait disparu.

A leur retour, quatre caporaux de l'Ecole normale, les élèves Millet, Juteau, Bataille et Duval furent promus au grade de sergent, pour leur belle attitude et leur sang-froid sous les armes, et, dans un dîner, qui eut lieu à l'Ecole en leur honneur, M. Bourdel récita les vers suivants :

> Voyez-les, ces nobles enfants :
> De la règle ils sont les esclaves,
> Mais leurs cœurs sont indépendants ;
> Le tambourg bat... ce sont des braves !
> Heureux des modestes succès
> Toujours promis à leur mérite,
> Un but généreux les excite :
> C'est de former de bons Français.
> Mais si, dans un jour de détresse,
> Paris encor te réclamait,
> Lève-toi, bouillante jeunesse,
> Toi qui sais d'une égale adresse
> Manier la plume et le mousquet.

Comme épilogue à ce récit d'un épisode des journées de Juin 1848, je vais transcrire immédiatement une lettre que Victor Hugo écrivit à mon père, l'année suivante : cet autographe est entre mes mains ; c'était une réponse que le grand poète faisait au directeur de l'Ecole normale de Chartres. Je dirai plus loin dans quelles circonstances mon père lui avait écrit, et je donnerai alors la lettre qui motiva la réponse qu'on va lire :

Paris, 4 août 1849.

Vous me rappelez, Monsieur, un souvenir à la fois douloureux et cher. C'était dans les jours de la guerre civile, et quoique j'eusse le cœur plein de deuil, j'ai été assez heureux, au milieu de tant d'angoisses, pour rencontrer et pour glorifier le courage et le zèle des jeunes élèves-maîtres de l'École normale primaire de Chartres.

Vous voulez bien attacher quelque prix à mes paroles ; elles venaient de mon cœur, et elles sont restées gravées dans les vôtres. Vous étiez tous venus vous offrir à la patrie et à la civilisation menacées ; vous leur aviez déjà donné vos intelligences, vous veniez leur offrir vos bras. Je vous ai remerciés au nom du pays et félicités au nom des lettres. Moi, travailleur de la pensée comme vous, je me sentais fier d'être un des vôtres.

Cette fierté, Monsieur, je l'ai toujours, je la garderai toute ma vie ; je n'oublierai jamais notre rencontre sur la place de l'Hôtel-de-Ville, et je vous prie de le dire à vos jeunes et généreux élèves, en leur offrant ma plus vive et ma plus affectueuse cordialité.

VICTOR HUGO.

Rentrés à Chartres, les élèves-maîtres de l'Ecole normale primaire reprirent le cours paisible de leurs études. Les inspecteurs généraux, MM. Viguier et Despretz, qui les visitèrent à cette époque (juillet-août 1848), furent particulièrement satisfaits de l'ordre, de la bonne discipline, de l'excellent esprit qui régnaient à l'Ecole normale de Chartres ; et le Vice-recteur crut devoir adresser au directeur une lettre particulière de félicitations. Toutefois il fallait bien prêter encore une oreille attentive aux événements du dehors, car une nouvelle tempête se préparait, et qui menaçait cette fois-ci, non plus la société, mais l'Université. Avant d'aborder ce chapitre, je dirai avec quelle sagesse et quelle équité Ed. Person traçait leurs devoirs civiques et professionnels à ces jeunes gens, que l'institution du suffrage universel allait rendre électeurs. Quelques-uns ont noté ces entretiens ; en voici un extrait :

Si l'on vous faisait cette question : l'instituteur est-il citoyen ? — Assurément vous répondriez sur-le-champ : il est citoyen ; conséquemment il doit exercer ses droits de citoyen, voter suivant ses opinions, et nommer les députés qui répondent à ses convictions. Sil'on vous faisait cette seconde question : l'instituteur est-il un homme politique ? — Il est évident que vous devriez répondre sur-le-champ négativement. En effet, je suppose que M. X..., instituteur, aille prononcer un discours politique au pied de l'arbre de la liberté. Aux yeux de tout le monde, sera-ce M. X..., citoyen, ou M. l'instituteur qui aura prononcé le discours ? Evidemment, et pour tout le monde, ce sera l'instituteur.

Si M. le curé venait présider un club, est-ce que ce serait simplement M. un tel, citoyen, exerçant ses droits ? Non ; ce serait M. le curé servant un parti, au lieu de s'occuper de son ministère. Donc, si l'instituteur, ne se bornant pas à exercer ses droits d'électeur, se mêle de politique, favorise l'élection de tel député plutôt que de tel autre, s'il distribue tels bulletins, telles professions de foi, plutôt que telles autres, s'il prononce des discours, s'il fait de la propagande, il aura beau alléguer qu'il est citoyen, tout le monde verra en lui l'instituteur.

Examinons maintenant s'il est possible que l'instituteur soit un homme politique.

La loi de 1833 avait dit : l'instituteur s'entendra avec les parents sur l'éducation religieuse à donner aux enfants. Pourquoi la loi n'avait-elle pas imposé une doctrine, un enseignement religieux unique ? Parce que les croyances religieuses sont libres. Pourquoi exige-t-elle au contraire que l'instituteur enseigne la grammaire, l'histoire, l'arithmétique ? Parce que ces choses sont l'objet d'une théorie positive et uniformément établie. Dans soixante ans, comme aujourd'hui l'instituteur enseignera que les substantifs prennent une *s* au pluriel, que Charlemagne succéda à son père, que l'addition se fait en commençant par la droite. En est-il de même pour la politique ? Pas plus que pour la religion. Nous n'avons pas seulement trois doctrines politiques comme nous avons trois religions, le Catholicisme, le Protestantisme, le Judaïsme : nous en avons au moins une bonne douzaine. Or, si l'instituteur manifeste ses opinions personnelles au-dehors, par des discours, des conversations ou toute autre chose ayant rapport à la politique, il sera naturel de penser qu'il enseignera ses opinions aux enfants, dans sa classe. Cela est forcé ; il coupera ses leçons classiques par quelques réflexions que lui suggéreront ses sentiments. Mais quelle doctrine politique, quel système enseignera-t-il ? Sera-ce la République, avec ses variétés ? Sera-ce les idées monarchiques ? Mais moi, qui vous parle, je retirerais aussitôt mon enfant des mains d'un homme qui lui donnerait sur ces questions-là des idées contraires aux miennes. Voilà donc l'instituteur brouillé avec les habitants de la commune. Est-ce possible ?

Plût au ciel que tous les instituteurs, en tout temps et en tout lieu, eussent suivi ces recommandations ! On verra, tout à l'heure, que l'Université a payé cher l'imprudence de quelques-uns de ses membres. Je crois bien qu'en faisant à ses élèves ces sages leçons, Ed. Person avait été instruit lui-même par l'expérience ; du moins cette expérience, qui le rendait si sage, ne le rendit pas circonspect et pusillanime au point de lui faire donner à ses élèves, dans les circonstances où il fallait s'engager et payer de sa personne, je ne sais quels conseils de prudente et de lâche abstention. A cette époque fréquemment troublée, un instituteur d'Eure-et-Loir, qui est mort depuis peu, avait fait preuve de fermeté et d'énergie, en arrêtant une bande d'énergumènes qui voulait envahir le presbytère. Une lettre d'une personne, se disant inconnue d'Ed. Person, racontait la belle conduite de l'instituteur ; et le correspondant ajoutait : « Je viens vous prier, Monsieur, de vouloir » bien lui écrire quelques mots qui lui iront au cœur et lui

» feront du bien. » Ces quelques mots, Ed. Person s'empressa de les envoyer à son ancien élève, et je ne doute pas qu'ils ne soient allés droit au cœur de celui qui les reçut, car ils partaient bien, j'en réponds, du cœur de celui qui les écrivait.

C'est que, à l'Ecole même et en dehors de l'Ecole, les instituteurs connaissaient le prix des directions et des éloges de leur maître. Tous l'estimaient et le respectaient. Grâce aux sentiments élevés qu'il inspirait, non seulement il maintenait l'ordre dans son établissement « sans roideur » et sans tension [1] », mais son action bienfaisante s'exerçait et se prolongeait, longtemps et au loin, sur les élèves qu'il avait formés ; — or, plus que jamais, ses sages conseils étaient utiles. Cette leçon que je viens de transcrire, dans laquelle le directeur de l'Ecole normale de Chartres prescrivait aux instituteurs l'abstention dans les discussions politiques, ne se comprendrait pas, si elle n'était rapprochée de la fameuse circulaire n° 1005, dans laquelle le grand-maître de l'Université républicaine, **M. Carnot**, avait invité ces mêmes instituteurs à se lancer tête baissée dans la politique. Qu'on rapproche, en effet, des leçons d'Ed. Person les passages suivants de la circulaire Carnot, datée du 6 mars 1848 :

> La plus grande erreur contre laquelle il faille prémunir les populations de nos campagnes, c'est que, pour être représentant, il soit nécessaire d'avoir de l'éducation ou de la fortune. Quant à l'éducation, il est manifeste qu'un brave paysan, avec du bon sens et de l'expérience, représentera infiniment mieux à l'Assemblée les intérêts de sa condition qu'un citoyen riche et lettré étranger à la vie des champs ou aveuglé par des intérêts différents de ceux de la masse des paysans. Quant

---

[1] Mot d'un inspecteur, que j'ai lu dans le dossier de mon père, aux Archives nationales.

à la fortune, l'indemnité qui sera allouée à tous les membres de l'Assemblée suffira aux plus pauvres.

Que les 36,000 instituteurs primaires se lèvent donc à mon appel pour se faire immédiatement les réparateurs de l'instruction publique devant la population des campagnes ! Des hommes nouveaux, voilà ce que réclame la France... Mais pourquoi nos instituteurs primaires ne se présenteraient-ils pas, non-seulement pour enseigner ce principe, mais pour prendre place eux-mêmes parmi ces hommes nouveaux ? Il en est, je n'en doute pas, qui en sont dignes : qu'une ambition généreuse s'allume en eux ; qu'ils oublient l'obscurité de leur condition ; elle était des plus humbles sous la monarchie ; elle devient, sous la république, des plus honorables et des plus respectées. La libéralité des lois républicaines ouvre à ceux qui auront su agir assez puissamment sur l'esprit de leurs cantons la plus belle carrière à laquelle puissent aspirer les grands cœurs[1]...

Voit-on d'ici l'effet de cette circulaire d'un ministre invitant les 36,000 instituteurs de la France à se porter à la députation, et à « agir puissamment sur l'esprit de leurs » cantons » ? Les instituteurs primaires devaient expier cruellement, quelques mois plus tard, le crime d'avoir ajouté foi à ces recommandations du ministre de 48 ! On les invitait à faire de la politique, et quelques-uns en ont fait ; et c'est sur eux tous que sont retombées les colères : tant il est vrai que les petits et les humbles paieront éternellement ici-bas les folies des puissants et des grands :

Quidquid delirant reges, plectuntur Achivi !

---

[1] *Circulaires et instructions officielles*, t. III, p. 388. — *Bulletin universitaire*, t. XVII, p. 65.

CHAPITRE VII

1849-1850

La loi du 15 mars 1850. — L'Université et les écoles normales primaires menacées. — Commissions préparatoires. — Opinion des députés dans les bureaux. — Ed. Person s'efforce de conquérir à l'institution des écoles normales des défenseurs et des patrons. — Requête adressée à Victor Hugo. — Audience du ministre de l'Instruction publique, M. de Falloux. — M. de Suleau, préfet d'Eure-et-Loir. — Inauguration, à Chartres, du chemin de fer de Paris à Rennes (5 juillet 1849). Ed. Person est présenté au Prince Président. — Le baron Lacrosse, ministre de l'Agriculture et des Travaux publics, visite l'Ecole normale. — Le choléra. — Vote de la loi sur la liberté de l'enseignement. — L'inamovibilité des instituteurs supprimée. — Création de 86 recteurs départementaux et de 86 conseils académiques. — Mgr Clausel de Montals, évêque de Chartres. — Ed. Person fait partie du Conseil académique d'Eure-et-Loir. — Il refuse la direction de l'Ecole normale de Versailles qui lui est offerte. — Souvenir à mes professeurs du Collège de Chartres, MM. Fontaine, professeur de logique, Ouellard, professeur de rhétorique, Varnier, professeur de seconde.

La circulaire n° 1005 avait bientôt porté ses fruits ; quelques instituteurs avaient fait de la politique et l'Université était en disgrâce. De fâcheux entraînements, des imprudences de conduite et de paroles, bref, de mauvais exemples donnés par quelques membres du corps enseignant dans les discussions politiques et les luttes électorales, avaient rendu suspect le corps tout entier. On signalait avec passion, à la tribune et dans la presse, tous ces écarts : on y dévoilait les plaintes des préfets et des procureurs généraux. Et, comme cela arrive toujours en pareille circonstance, l'institution elle-même était rendue responsable de quelques méfaits isolés. Dans ces responsabilités et dans ces récriminations, les instituteurs primaires avaient leur part. La répression ne se fit pas attendre.

Dès le 3 janvier 1849, M. de Falloux, ministre de l'Instruction publique, avait nommé une commission extra-parlementaire chargée d'étudier un projet de loi sur l'enseignement primaire et sur la liberté de l'enseignement secondaire. Le ministre était le président de cette commission : M. Thiers en accepta la vice-présidence. On sut bien vite, par les journaux de l'époque, et surtout par les journaux hostiles à l'Université qui avaient de puissants amis au sein de cette grande commission extra-parlementaire [1], puis par une brochure célèbre attribuée à l'abbé Dupanloup, ce qui se passa dans ces réunions. M. Thiers attaqua vivement l'Université qui, d'après lui, avait failli à sa mission, l'Ecole normale supérieure d'abord et les écoles normales primaires, « qui ne soufflaient aux instituteurs que l'orgueil d'un vain savoir [2] ». Puis, sans se laisser ébranler par les violents reproches et les vives objurgations de Victor Cousin, il se tourna vers l'abbé Dupanloup (qui bientôt allait être désigné pour l'évêché d'Orléans), vers l'abbé Sibour et

---

[1] Les noms des membres des deux commissions extra-parlementaire et parlementaire, chargés d'étudier le projet de loi sur la liberté de l'enseignement se trouvent au t. II, pp. 292 et 302 de l'*Histoire de la République de 1848*, par M. Victor Pierre (Plon, éditeur). Voir aussi la biographie de Mgr Dupanloup, par l'abbé Lagrange, t. I, pp. 488, 493, l'ouvrage de M. Lacombe : *les Débats de la commission de 1849*, et un des articles que M. Paul Janet a consacrés dernièrement dans la *Revue des Deux-Mondes*, à Victor Cousin (15 février 1884).

[2] Toutes ces discussions sont clairement résumées au tome II de l'*Histoire de la République de 1848*, par M. Victor Pierre.

le R. P. Etienne, supérieur des lazaristes, et leur demanda s'ils étaient prêts à prendre la succession de l'Université. « Nul, écrit M. de Falloux dans le *Correspondant* du 25 dé-
» cembre 1878, nul ne surpassa M. Thiers dans l'ardeur à
» signaler le mal, et dans un énergique appel au sentiment
» religieux, capable seul de combattre et de vaincre une im-
» minente anarchie. Il ne nous est pas permis de sommeil-
» ler en des circonstances aussi graves, s'écriait-il ; Condé
» seul peut dormir la veille de Rocroi. » A l'égard des jé-
suites, M. Thiers conservait encore quelque ombrage. L'abbé Dupanloup dissipa bien vite tous ses doutes, et au sortir d'une séance où ce dernier avait pris la parole sur cette qustion des corporations religieuses, M. Thiers saisit devant M. de Montalembert et devant M. de Falloux le bras de M. Cousin, et lui dit : « Cousin ! Cousin ! avez-vous bien
» compris quelle leçon nous avons reçue là ? Il a raison
» l'abbé, oui ! nous avons combattu contre la justice,
» contre la vertu, et nous leur devons réparation. » Quelque temps après M. Thiers accepta la présidence de la commission parlementaire nommée par la Chambre pour examiner le projet de loi que M. de Falloux avait déposé le 18 juin 1849. Le rapporteur, M. le comte Beugnot, ancien pair de France, déposa son rapport le 6 octobre de la même année. Le projet de loi de M. de Falloux remplaçait le projet de loi de M. Carnot qui n'entra jamais en discussion, et qui valait mieux cependant que ses circulaires [1].

---

[1] Voici le relevé des discours que M. Thiers prononça en 1850, à l'Assemblée législative, comme député, et comme président de la commission parlementaire chargée de préparer le projet de loi sur l'Instruction publique. On les trouvera, dans le huitième volume de ses discours, recueillis et publiés par M. Calmon.

18 janvier 1850 : Discussion générale ; c'est dans ce discours que M. Thiers déclare qu'en présence des dangers qui menacent la société, il a tendu la

C'est dans les discussions préalables qui eurent lieu au sein de ces diverses commissions, dans les réunions des conseils généraux et dans les polémiques de la presse, que le sort des école normales avait été agité, et un moment même mis en péril. « On approuve généralement dans les » bureaux, écrivaient *les Débats* du 27 juin 1849, le sys- » tème de surveillance adopté à l'égard des instituteurs » primaires. Plusieurs idées plus ou moins heureuses ont » été émises pour *moraliser* ces instituteurs, les empêcher » de devenir les *séides* de la démagogie et de faire dans » l'avenir, comme lors des dernières élections, une propa- » gande funeste dans les campagnes. Deux généraux ont » pensé que les sous-officiers sortis des écoles régimentaires » feraient une excellente pépinière d'instituteurs... M. de » Montalembert a dénoncé la loi de 1833 ; cette loi en » créant des instituteurs *inamovibles*, dès l'âge de dix- » huit ans, en présence des curés et des maires amovibles, » a commis un véritable attentat contre l'ordre social et le » bon sens. Après avoir été salués comme les pontifes de la » civilisation et du rationalisme en 1833, ces jeunes gens se » sont érigés en apôtres du socialisme. » M. de Montalembert avouait cependant que « ces apôtres » formaient la minorité ; mais, ajoute-t-il, « cette minorité qui régente les » autres a été formée dans les écoles normales ». Plus tard (8 octobre 1849), le même journal, rendant compte des dé-

---

main aux partisans de l'Église et aux partisans de l'État, qu'il a mis sa main dans la main de M. de Montalembert, et qu'elle y restera.

13 février 1850 : Conseils académiques départementaux.

23 février 1850 : Réponse à M. de Lasteyrie qui voulait supprimer, dans les collèges, l'étude de la philosophie.

Même jour : congrégations religieuses non autorisées. M. Thiers déclare que les congrégations non reconnues ont le droit d'enseigner : la qualification de « funeste » donnée aux journées de février 1848 provoque sur les bancs de la Chambre un indescriptible tumulte.

libérations des conseils généraux, signalait ce fait, que
« presque tous les conseils généraux se sont occupés de la
» grande question de réclamer des garanties contre le mau-
» vais esprit qui anime un grand nombre d'instituteurs,
» contre le coupable et dangereux aveuglement qui les en-
» traîne à se faire les auxiliaires et les apôtres du socia-
» lisme. » Et le *Journal des Débats* ajoutait : « C'est au
» Gouvernement de chercher le remède ».

Pour bien comprendre ce mot d'*instituteurs inamovibles*, prononcé par M. de Montalembert, et les détails qui
vont suivre, qu'on se rappelle que sous l'empire de la loi
de 1833, les instituteurs n'étaient pas nommés par le Gouvernement (soit par un préfet, soit par un recteur), mais
par un comité d'arrondissement indépendant du Recteur
et du Préfet (voir la note I à la fin de ce volume). C'était
cette disposition qu'il s'agissait d'abroger avant de prendre
d'autres mesures. Les appréhensions des amis de l'enseignement primaire étaient donc très vives. Ce sera l'honneur de la vie publique d'Ed. Person d'avoir plaidé haut et
ferme, dans ces circonstances, et sans en avoir reçu de qui
que ce soit le mandat, la cause des écoles normale et des
instituteurs. Il le fit avec courage, et quelquefois avec
éclat. Il chercha pour les écoles normales primaires et
pour les instituteurs des appuis dans le département et au
dehors. Croyant les écoles normales à peu près perdues, il
voulait tomber du moins debout et dans son rang, comme
le gladiateur antique : *morituri te salutant!*

Ses appréhensions, en effet, n'étaient point chimériques,
La question de la suppression des écoles normales fut portée devant l'Assemblée législative. L'Assemblée n'avait
qu'un vote à donner : elle ne le donna pas. Mais elle plaça
les écoles normales dans une position pécaire et humiliante,

en laissant aux conseils généraux, qui tenaient les cordons de la bourse, le soin de les faire disparaître, chacun à sa convenance. C'est ainsi qu'il fut permis, comme le disait l'*Ami de la Religion*, « de frapper définitivement des ins-
» titutions dont la réforme ne paraît pas possible et dont
» l'inutilité et le péril sont manifestement démontrés [1] ».
La première école normale qui succomba fut celle du Jura ; l'*Ami de la Religion*, commentant le violent réquisitoire du conseiller général rapporteur, laissait pressentir que ce n'était là que le commencement des exécutions : « toutes
» ensemble, et chacune d'elles en particulier, elles sont
» justement suspectes ». Les écoles normales du Doubs et du Morbihan furent ensuite supprimées, celle de l'Eure mutilée [2].

Qu'on était loin du temps où la loi Guizot édictait que, si un conseil général se refusait à entretenir une école normale, la dépense serait inscrite d'office au budget départemental ! On avait reculé de vingt ans en arrière ; que dis-je ? bien au delà encore ; car nous avons vu que sous la Restauration la fondation des écoles normales était encouragée par le gouvernement et par l'opinion publique.

Dès l'année 1849, Ed. Person qui voyait venir l'orage, avait pris les devants. Il chercha d'abord à intéresser V. Hugo à la cause des écoles normales. — Il lui écrivit la lettre suivante : c'est cette lettre qui amena la réponse du 4 août que j'ai citée plus haut (p. 130).

---

[1] L'*Ami de la religion* ajoute (14 sept. 1850) : « Les écoles normales sont
» presque partout signalées comme les séminaires de la propagande révo-
» lutionnaire, et comme les foyers des doctrines les plus destructives de la
» société. »

[2] Le total des suppressions a été de cinq : j'ignore quelles furent les deux autres écoles normales atteintes.

A Monsieur Victor Hugo, membre de l'Assemblée législative.

Monsieur,

Le 25 juin 1848, à midi, vous vous présentiez devant la place de l'Hôtel-de-Ville, à Paris.

Vous trouviez là la garde nationale de Chartres venue au secours de la capitale menacée, et dans les rangs de cette garde nationale, l'École normale primaire d'Eure-et-Loir.

Vous êtes venu à ces quarante jeunes gens, vous leur avez parlé, ils ont recueilli vos paroles, peut-être ne les avez-vous pas oubliées vous-même.

Vous les avez remerciés au nom de l'Assemblée nationale et au nom du pays. Vous leur avez dit qu'en venant spontanément et courageusement combattre pour la société en péril, ils montraient ce qu'on pouvait attendre d'eux, dans les campagnes, comme instituteurs primaires.

Aujourd'hui, Monsieur, que les écoles normales ne sont plus jugées utiles au pays, nous rassemblons, avant de nous séparer, nos titres de gloire (si la gloire n'était pas avant tout de faire le bien, je n'oserais me servir de ce mot), et le plus beau de ces titres c'est d'avoir mérité d'être harangués et félicités par vous.

Je viens donc vous demander, Monsieur, un mot de réponse à cette lettre. Ce mot confirmatif nous restera à tous, il sera un autre motif pour nous de persévérer dans les voies, où nous, au moins, n'avons jamais encouru de reproches.

Le directeur de l'École normale de Chartres et les élèves maîtres osent espérer que vous ne repousserez pas leur prière ; les quelques mots que vous leur ferez l'honneur de leur adresser ne sont d'ailleurs destinés à aucune espèce de publicité ; ce sera pour nous un titre de famille conservé dans le silence de nos religieux et secrets souvenirs.

Je suis, etc.

On a vu plus haut la réponse de V. Hugo ; elle était sans doute fort sympathique, mais elle ne contenait aucune promesse au point de vue législatif. V. Hugo, en effet, ne repoussa pas tout d'abord le projet de loi dirigé contre l'Université ; dans les bureaux, il avait dit : « j'approuve

» la loi en ce qu'elle contient un progrès, je la surveille en
» ce qu'elle peut contenir un péril. » Sous cette condition,
et sous cette réserve, assez vague, il faut l'avouer, il était
prêt à la voter. Il ne la vota pas cependant; à la fin, un
revirement se fit dans son esprit, et, dans la séance du
15 janvier 1850, il proposa que l'État créât partout des
écoles primaires et des collèges secondaires gratuits à tous
les degrés, et accordât, à côté de ces établissements, la
liberté d'enseignement à tout individu, à toute association,
sous la seule surveillance des tribunaux. Le violent discours
qu'il prononça à cette occasion, rendait ce projet encore
plus inacceptable.

Ed. Person ne se découragea pas ; recommandé par le
préfet d'Eure-et-Loir, M. de Suleau, il demanda et obtint,
dans le mois d'août 1849, une audience du ministre, M. de
Falloux. M. de Falloux, qui était une âme droite et un
esprit libéral, et qui, lui du moins, comme M. de Montalembert, est toujours resté dans sa ligne, écouta avec
intérêt et bienveillance le directeur de l'École normale de
Chartres, et écrivit le lendemain au préfet d'Eure-et-Loir
une lettre dont j'ai vu dernièrement la minute, dans laquelle
il faisait le plus grand éloge du mérite et des idées d'Ed. Person [1]. Je n'aurai certes pas la vanité de croire que, si les
écoles normales étaient déjà condamnées dans la pensée du
ministre ou de ses conseillers, les arguments et les paroles

---

[1] A M. Sebire, nommé préfet d'Eure-et-Loir, le 2 juin 1848, en remplacement de MM. Marescal et Barthélemy, commissaires du Gouvernement, avait succédé, le 24 janvier 1849, M. le comte de Suleau, ancien officier du premier Empire, qui avait eu les pieds gelés pendant la retraite de Russie. — M. de Suleau eut pour successeur, à la préfecture d'Eure-et-Loir, M. le vicomte de Grouchy qui administra le département jusqu'en 1855. — Le 6 janvier 1855, M. Montois fut nommé préfet, et il céda la place le 6 janvier 1856 à M. Jaubert, qui la garda jusqu'au 5 octobre 1861, pour la transmettre à M. le vicomte de Charnailles.

du directeur de Chartres eurent le pouvoir de modifier une pareille décision. Mais je puis bien affirmer que cette entrevue dissipa des préventions, éclaira le ministre, et ne put que l'affermir encore dans une pensée d'indulgence pour ces établissements. Leur suppression du moins, comme on l'a vu, ne fut pas inscrite dans la loi. M. de Falloux ne vit même pas la suite des discussions engagées au sujet de son projet. Il fut remplacé, le 31 octobre 1849, au ministère de l'Instruction publique, par M. de Parieu. Mon père fut reçu également en audience par M. de Parieu, et c'est à la même époque qu'il visita V. Cousin et revit M. Guizot. Je ne dois pas cependant oublier de mentionner que, sous le ministère de M. de Falloux, l'Assemblée législative vota, les 5 et 9 avril 1849, un crédit de trois millions pour parfaire les traitements inférieurs des instituteurs.

Quelques jours avant d'être admis auprès de M. de Falloux, Ed. Person avait pu mesurer l'imminence du danger, et les dispositions peu bienveillantes du Gouvernement à l'égard des instituteurs. Le 5 juillet 1849, avait lieu, à Chartres, l'inauguration du chemin de fer de Paris à Rennes. Le Prince Président et M. Boulay de la Meurthe, vice-président de la République, arrivèrent dans notre ville accompagnés par un brillant cortège en tête duquel figuraient MM. Odilon Barrot, président du Conseil ; le général Rulhières, ministre de la Guerre ; le baron Lacrosse, ministre de l'Agriculture et des Travaux publics ; M. Dupin, président de l'Assemblée ; Horace Vernet, en uniforme de colonel de la garde nationale de Versailles. Le Prince fut harangué, dans la gare, par Mgr Pie, évêque désigné de Poitiers, qui bénit ensuite les locomotives ; par le préfet d'Eure-et-Loir, et par M. Rémond, maire de Chartres, auquel fut décernée, ce jour là, la croix d'honneur. Il fut reçu, par l'évêque de Chartres, dans la cathédrale ou fut chanté le *Te Deum*. Dans tous les discours, on faisait allusion aux succès décisifs que l'armée française venait de remporter au siège de Rome. Le Prince monta ensuite à cheval et passa en revue la troupe et les gardes nationales Le petit bataillon de l'École normale fit bonne figure dans les rangs. Non loin de là, un vieux soldat de la République, Delisle, originaire de Brou, blessé au siège de Saint-Jean-d'Acre, fut décoré par la main du Président. Avant le départ eurent lieu, à la Préfecture, les présentations officielles. Lorsque le tour de mon père fut arrivé, le Prince s'éleva, avec une certaine vivacité, contre les mauvais exemples qu'avaient donnés récemment les instituteurs primaires, en se faisant « les apôtres des idées démagogiques ». Ed. Person se sentit atteint par ces paroles : il s'agissait de ses élèves ! Il répondit avec fermeté au Président que sa religion avait été surprise, que l'immense majorité des instituteurs, en France comme en Eure-et-Loir, n'avait cessé en aucun temps d'être attachée à ses devoirs, de remplir dignement sa mission, et qu'il s'en portait garant. Ces paroles firent sur l'assistance une vive impression. « C'est bien, Monsieur », répondit le Président ; et le défilé des fonctionnaires continua...

Vingt ans plus tard, le 9 mai 1869, l'empereur Napoléon III venait visiter, à Chartres, le Concours régional. Ed. Person lui adressa quelques paroles, dans le jardin qu'avait fait tracer, pour son exposition, la Société d'horticulture, dont il était un des vice-présidents. Il tint au souverain, et sans y être provoqué cette fois-ci, sur le bon esprit des instituteurs d'Eure-et-Loir, c'est-à-dire sur leur attachement aux grands principes d'ordre et de conservation sociale, le même langage qu'il lui avait fait entendre, en 1848... « C'est bien, Monsieur », lui répondit l'Empereur [1].

Dans la même journée du 5 juillet 1849, le baron Lacrosse, ministre de l'Agriculture et des Travaux publics, se détachant pour quelques instants du cortège, vint visiter l'École normale primaire de Chartres, le jardin, les cultures et les collections. Il tint aux élèves-maîtres un sage et affectueux langage. Le directeur ne manqua pas de plaider encore devant lui la cause des écoles normales. Cette preuve d'intérêt et de bienveillance, qu'un ministre donnait à l'École, rendit un peu de courage et d'espoir à ceux qu'il était venu visiter.

Mais, avant de continuer ce récit des tribulations de l'Université en 1849 et en 1850, je dois rappeler qu'un autre sujet d'inquiétudes et de préoccupations assaillit, à cette époque, l'Ecole normale de Chartres. Ce sujet emprunte aux circonstances présentes un grave caractère d'actualité : c'était le choléra, le choléra nostras ou asiatique, avec ou sans *bacillus virgulus*, comme on voudra, mais fort dangereux et très meurtrier en tout cas. Plusieurs élèves en furent atteints, et le directeur lui-même dut s'aliter. La circulaire suivante, qu'il adressa le 29 août 1849 à ses élèves, mérite d'être citée :

Mon cher ami,

Je n'ai pu, malade que j'étais, présider au départ des élèves de l'Ecole.

Ce départ s'est d'ailleurs fait avec une précipitation qui ne

---

[1] L'Empereur Napoléon III était mieux disposé du reste, pour les instituteurs, que ne l'était le Prince Président, vingt ans auparavant. C'est le 9 mai 1869 que fut décoré de ses mains M. Poulain, instituteur à Illiers, entré à l'Ecole normale primaire de Chartres en 1835.

m'aurait peut-être pas permis de vous faire mes recommandations ordinaires.

Mais ces recommandations sont trop nécessaires pour que je ne profite pas du premier moment d'amélioration survenu dans ma santé pour vous les adresser.

Il faut que les examens de passage d'une année dans l'autre aient lieu immédiatement à la rentrée ; en conséquence, il est nécessaire de ne pas oublier, de repasser ce que vous savez, et d'apprendre tout ce qui, dans chacun de vos cours, aurait pu se trouver pour vous en arrière.

Je vous fais un *devoir formel* de m'écrire toutes les semaines et de manière à ce que chaque lundi matin, je reçoive les lettres des trente-deux élèves.

Vous me marquerez dans votre lettre :

Ce que vous aurez repassé de toutes vos études : — Instruction religieuse, d'après le cahier du professeur. — Catéchisme et Evangile. — Grammaire, d'après Poitevin, pour tout ce qui serait de détails ; d'après les cahiers de l'Ecole, pour ce qui serait des leçons d'ensemble. — Histoire et Géographie. — Mathématiques.

Je vous adresse des programmes numérotés. Vous n'aurez qu'à m'indiquer les numéros vus par vous à la fin de chaque semaine.

Je vous dirigerai d'ailleurs dans ce travail. Songez combien il serait malheureux que de bons élèves fussent éliminés de l'Ecole normale pour n'avoir pas profité des études de l'année !

Vous m'adresserez, en même temps que votre correspondance hebdomadaire, deux petites rédactions : l'une, dont je vous donnerai la matière, l'autre, dont je laisserai le sujet à votre choix.

Je vous écrirai à mon tour toutes les semaines. Vous m'adresserez votre paquet par M. l'Inspecteur. L'instituteur de votre commune voudra bien contresigner les bandes ; et afin que ces paquets puissent m'arriver directement, vous écrirez sur un coin de la bande : Instruction primaire. — Ecole normale.

J'attends votre première lettre pour lundi prochain ; vous la mettrez donc à la poste dimanche au plus tard.

Vos camarades, laissés malades à l'Ecole, se sont rétablis

promptement. M... qui a été longtemps en grand danger, nous donne actuellement les meilleures espérances.

Je compte vous envoyer demain de nouvelles instructions. D'ailleurs, comme toujours, vous vous mettrez en rapport avec M. le Maire, M. le curé et les personnes recommandables de votre commune, et vous me reviendrez avec les témoignages écrits les plus satisfaisants. *Rendez-vous utile partout. C'est au dehors surtout qu'il faut être bon élève de l'Ecole normale.*

A bientôt.

Le directeur de l'Ecole,
Person.

Revenons maintenant à la loi de 1850. On sait aujourd'hui ce qu'a été et ce que vaut cette loi, dont les principaux auteurs invoquaient le respectable prétexte de consacrer la liberté, et dont la préparation avait rangé un instant, sous le même drapeau, des hommes et des législateurs d'opinions si diverses, obéissant à des instincts différents, mais unis, dans cette circonstance, par une haine tierce, la haine de l'Université [1] ! Cette loi, il faut le reconnaître, des esprits libéraux et sincères l'ont toujours défendue : aujourd'hui même, dans le corps enseignant, il se fait une certaine réaction en sa faveur; (voir dans le journal l'*Université* du 25 janvier 1884, un article de M. Emile Boutroux, maître de conférences à l'École normale supérieure, rendant compte du livre de M. E. Beaussire, *La liberté d'enseignement et l'Université*). Les uns, adoptant la pensée que M. Thiers exprimait dans son discours du 18 janvier 1850, déclarent que ç'a été une « œuvre de transaction et de conciliation »; les autres, que cette loi

---

[1] Dans la séance du 17 janvier, M. de Montalembert comparait le rôle qu'avaient joué jusqu'ici les professeurs de l'enseignement secondaire armés du monopole, à la conduite du maître d'école de Faléries conduisant à l'ennemi les enfants que les familles de Rome lui avaient confiés.

« aérait » l'Université; ceux-ci enfin, qu'elle avait été le salut même de l'Université, mise en demeure d'opter entre sa propre abolition d'une part, et la liberté de l'enseignement secondaire, jointe à la mutilation et à l'abaissement de tous les programmes d'études, d'autre part. Soit. Le dilemme était redoutable en effet : la loi l'a résolu, et c'est le prix qu'a coûté la solution du problème qui faisait dire à Edouard Person : « cette fatale loi de 1850 !... »

J'ai montré plus haut, en rappelant la suppression des écoles normales primaires du Jura, du Doubs et du Morbihan, que les craintes du directeur de l'Ecole normale de Chartres n'étaient point chimériques. Si cependant l'Ecole normale de Chartres n'a jamais été menacée, ni même suspectée, c'est à son chef qu'il faut en faire remonter l'honneur. En cette circonstance, comme en beaucoup d'autres, le pavillon couvrit la marchandise. Les élèves-maîtres de ce temps-là ont été témoins des inquiétudes de leur directeur; car avec sa nature expansive, Ed. Person ne gardait rien pour lui, et tous ceux qui l'entouraient étaient bien vite dans le secret de ses joies ou de ses espérances, de ses craintes ou de ses chagrins. Voici ce que m'écrit, du fond d'une modeste commune d'Eure-et-Loir, un des anciens élèves de l'Ecole normale de Chartres :

> J'ai entendu, à cette époque, plusieurs personnes s'impatienter de ne pas voir désignées, dans Eure-et-Loir, d'écoles stagiaires ; avec ces écoles, le recrutement de l'École normale primaire devenait presque impossible : de là à la suppression il n'y avait qu'un pas. J'attribue à la réputation de son directeur, à ses démarches persévérantes, aux services qu'il rendait à Chartres, que l'existence de l'École normale n'ait pas même été discutée.

De son côté, un membre du Conseil général d'Eure-et-Loir m'envoie ce témoignage :

« Lorsque l'existence de cette belle École a été mise en
» question, quel zèle, quelle sollicitude son directeur a dé-
» ployés pour le maintien de cette institution ! Je l'ai vu à
» l'épreuve ; car, rapporteur de la commission de l'instruction
» publique à cette époque, j'ai eu le bonheur de le seconder
» dans toutes ses démarches. Le Conseil général, à l'unani-
» mité, le Préfet, tous, nous avons voté la conservation de
» cette belle école dont on ne pouvait qu'acclamer l'existence
» sous un chef si méritant et si dévoué. »

Telle était du reste l'impatience des législateurs de 1850, que dès le 11 janvier, une loi transitoire, détachée du grand projet, privait les instituteurs des précieuses prérogatives et de la sécurité que leur assurait la loi de 1833, pour donner aux préfets le droit de les réprimander, de les suspendre et de les révoquer. La loi d'ensemble fut votée le 15 mars 1850, et sa mise à exécution fixée au 15 septembre. Je n'en dirai que ce qui est nécessaire pour expliquer le rôle qu'Edouard Person fut appelé à jouer dans la suite. En ce qui concerne les instituteurs, la loi du 15 mars 1850 donnait d'abord aux conseils municipaux le droit de choisir les candidats aux fonctions d'instituteur communal, et de nommer ces instituteurs ; et aux recteurs le droit de les suspendre et de les révoquer [1] ; en ce qui concerne les écoles normales, elle les soumettait à un régime de discipline intellectuelle et morale étroit et rigoureux, qui devait avoir pour conséquence d'abaisser à bref délai le niveau des études. J'ai dit précédemment qu'elle les mettait à la merci des conseils généraux.

---

[1] Il faut reconnaître cependant, en toute justice, que cette loi améliorait les traitements, propageait l'enseignement gratuit, et favorisait la fondation des écoles de filles. Elle augmentait aussi le nombre des inspecteurs primaires. C'est elle enfin qui a créé les délégués cantonaux, remplacés, au moment où j'écris ces lignes, par les comités cantonaux, une vieille institution, qui date de 1816, et que les législateurs de 1884 viennent de rétablir.

En ce qui concerne l'administration, elle instituait un recteur dans chaque département, et créait par conséquent quatre-vingt-six académies départementales et quatre-vingt-six recteurs, au lieu des vingt-sept recteurs et des vingt-sept grandes académies primitives, qui embrassaient plusieurs départements, et que M. de Vaulabelle, ministre de l'instruction publique, en 1848, après M. Carnot, avait même réduites à vingt.

Je suis encore obligé d'ouvrir ici une parenthèse; car ces temps sont déjà bien éloignés de nous, et il importe de préciser les faits.

Avant la loi de 1850, il n'y avait, au chef-lieu de chaque département, aucune autorité qui concentrât et réunît entre ses mains les différents services de l'instruction publique. Les établissements d'instruction secondaire et primaire, collèges et écoles normales, correspondaient directement avec le recteur de l'académie dans le ressort de laquelle était placé le département. Sous la Restauration et sous le gouvernement de Juillet, il y avait vingt-sept académies, comprenant un nombre inégal de départements. Le 7 septembre 1848, un arrêté du général E. Cavaignac, président du Conseil des ministres, chargé du pouvoir exécutif, arrêté visé par le ministre de l'Instruction publique et des Cultes, M. de Vaulabelle, réduisit de vingt-sept à vingt le nombre des académies. Cet arrêté déterminait un classement beaucoup plus rationnel. Il ne changeait rien d'ailleurs à l'organisation et au fonctionnement des rouages. Le recteur de l'académie surveillait tous les départements de son ressort, soit par lui-même, soit par des inspecteurs résidant au chef-lieu de l'académie, Aix, Angers, Besançon, Bordeaux, Bourges, Caen, Dijon, etc., lesquels se transportaient, suivant les nécessités du service, sur tous les points du ressort. En 1848, après l'arrêté du général E. Cavaignac, dont je viens de parler, il y avait en France, y compris l'Algérie, vingt académies et vingt recteurs, et quarante-six inspecteurs d'académie (sept inspecteurs étaient attachés à l'académie de Paris, deux à chacune des autres académies).

Quant aux instituteurs primaires, comme ils étaient nommés, suspendus ou révoqués, en vertu de la loi Guizot, par les comités d'arrondissement, il n'était besoin, pour ce service, d'aucune autorité, au chef-lieu du département, que cette autorité s'appelât, comme elle s'est appelée de nos jours, M. le Recteur départemental, M. l'Inspecteur d'Académie, M. le Préfet, ou, comme on proposait de l'appeler tout récemment, M. le Directeur départemental.

Enfin, la loi de 1850 créait, dans chaque département, auprès du recteur, pour l'assister dans toutes les affaires, et notamment dans les affaires de discipline, un conseil académique, image et diminutif du grand conseil de l'Instruction publique qui siégeait à Paris sous la présidence du ministre [1]. De même que le grand conseil recevait dans son sein, à côté des sommités de l'enseignement, des archevêques et des évêques, des ministres des cultes et des magistrats, élus par leurs pairs; de même le petit conseil académique, dans chaque département, était formé d'ecclésiastiques, de magistrats et de différents membres de l'administration. Voici du reste quelle était, d'après la loi, la composition exacte de cet aréopage départemental : le recteur, président; un inspecteur d'académie, s'il y en a un dans le département; un fonctionnaire de l'enseigne-

---

[1] On trouvera un résumé concis et très net de l'histoire et des vicissitudes du Conseil supérieur de l'Instruction publique, dans les n°ˢ 2 et 3 d'un journal récent, l'*Université*.

ment primaire désigné par le ministre, ou un inspecteur des écoles primaires; le préfet, ou son délégué; l'évêque, ou son délégué; un ecclésiastique désigné par l'évêque; un des ministres des cultes reconnus par l'Etat; le procureur général ou le procureur de la République; un membre de la cour d'appel, ou du tribunal civil, élu par le tribunal; quatre conseillers généraux, élus par leurs pairs.

En Eure-et-Loir, l'évêque, Mgr Clausel de Montals, ne parut jamais aux séances du conseil académique. Mieux que cela, Mgr Clausel de Montals, partageant les défiances d'une partie de l'épiscopat français envers la loi du 15 mars 1850, et se mettant d'ailleurs en opposition évidente avec les instructions venues de Rome, déclara qu'il ne prendrait aucune part au vote pour l'élection des quatre prélats français destinés à siéger, à Paris, au Conseil supérieur de l'Instruction publique. Il expliqua les motifs de son refus dans une lettre à ses fidèles diocésains. Cette lettre pastorale, qui n'était pas destinée à être lue en chaire, mais qui fut imprimée et répandue à cette époque, et qui fit grand bruit dans la presse, était une réponse, en date du 10 juin 1850, à la lettre du ministre des Cultes qui, le 28 mai, avait invité tous les évêques de France à procéder à l'élection des quatre prélats pour le Conseil supérieur de l'Instruction publique.

Mgr Clausels de Montals, quoiqu'il eût été jadis fonctionnaire de l'Université, n'était pas tendre, comme on va le voir, pour l'*alma mater*[1]. Après avoir déclaré que les instructions parties de Rome n'engageaient en aucune façon sa liberté, il avançait et soutenait, pour justifier son

---

[1] L'abbé Clausel de Montals avait été, en 1809, inspecteur de l'Académie d'Amiens.

abstention et l'inutilité du vote des évêques, que l'Université était incurable et incorrigible :

1° L'Université est anti-chrétienne. Le corps universitaire « presque tout entier » a abjuré Jésus-Christ. L'Ecole normale supérieure enseigne le rationalisme le plus hardi;

2° L'Université est incorrigible. Ici une violente attaque contre Victor Cousin, qui avait défendu l'Université contre M. Thiers;

3° L'incorporation des évêques et des prêtres avec l'Université est impraticable, et, si elle pouvait avoir lieu, la religion serait anéantie par cet amalgame;

4° La loi de l'enseignement, votée en 1850, ne peut que continuer à aggraver les maux de la France et qu'amener sa ruine.

Enfin, l'évêque de Chartres déclarait, en terminant sa lettre, que la liberté de l'enseignement, établie par la loi de 1850, n'était qu'un leurre, attendu que les conditions et les privilèges accordés aux instituteurs officiels rendaient la lutte impossible aux instituteurs libres.

Maintenant, pour rendre sensible la composition du Conseil académique en Eure-et-Loir, j'ai relevé les noms de ses membres, nécessaires, choisis ou élus, qui étaient :

Le recteur, M. Bouchitté, président; le préfet, M. de Grouchy; l'évêque de Chartres, Mgr Clausel de Montals; le curé de la Cathédrale, M. l'abbé Brière; M. Née, pasteur évangélique, à Marsauceux; M. Perrin, procureur de la République; M. Genreau, président du tribunal civil; MM. le colonel Normand, marquis de Pontois, Grandet, Chasles, ancien député, conseillers généraux; Ed. Person, directeur de l'École normale, désigné par le ministre de l'Instruction publique.

L'importante fonction dont mon père venait d'être investi comme membre du Conseil académique d'Eure-et-Loir (un peu plus tard il en devint le secrétaire), l'engagea à refuser la direction de l'École normale primaire de Versailles, dans les seules circonstances peut-être où il eût eu quelque chance d'être appelé à ce poste, qu'il a vainement ambitionné et sollicité depuis. En effet, de grandes difficultés survenues à cette époque, en Seine-et-Oise, firent désirer au directeur de Versailles un changement de résidence ; ce directeur vint à Chartres, le 27 septembre 1850, offrir à brûle-pourpoint une permutation à son collègue. Le ministre l'avait autorisé à offrir cette permutation : mais on exigeait une réponse dans les quarante-huit heures. Mon père n'eut pas le courage de quitter Chartres, soit que les difficultés devant lesquelles le directeur de Versailles s'était brisé, l'effrayassent à son tour, soit que son cœur l'attachât à sa chère École normale, dont il aurait eu, je crois, en tout temps, bien de la peine à se séparer. Il écrivit dès le lendemain (28 septembre) au ministre, qu'il désirait rester à Chartres, dans cette école « doublement forte et de » sa belle installation matérielle, et du crédit moral dont » elle était environnée ». Jusqu'à quel point, au fond de son âme, mon père regretta-t-il, et le refus qu'il venait de faire, et ceux qu'à son tour il essuya plus tard ? Je ne saurais le dire, car les cœurs les plus sincères ont leurs replis cachés et leurs contradictions. Le 28 septembre, il refusait l'École normale de Versailles, et le 24 août de cette même année, il l'avait demandée, par lettre, au ministre ! Le 11 octobre 1855, le 14 octobre 1862, il sollicitait encore ce poste ; et cette fois-ci, ce fut à lui qu'on le refusa. Le motif de ces tiraillements, infiniment honorables, du reste, c'était l'idée qu'il trouverait à Versailles, pour l'éducation de ses enfants, plus de ressources que ne lui en offrait la ville de

Chartres. A Dieu ne plaise qu'en rapportant ici bien sincèrement le motif qu'invoquait mon père, à Dieu ne plaise que je laisse croire, un seul instant, que je partage une pareille pensée ! C'est une opinion générale, bien exagérée de nos jours, et une erreur accréditée et souvent funeste, que l'idée où sont tant de familles de la province qu'on fait de meilleures études à Paris, et que l'on trouve dans les collèges de moins bons professeurs que dans les lycées. J'envoie ici un souvenir reconnaissant à mes anciens maîtres du Collège de Chartres, auprès desquels l'impuissance de mon père à se faire nommer à Versailles m'a permis de terminer mes études classiques. Je ne parlerai que de ceux qui sont morts. Où trouver un philosophe plus sûr de sa parole et de sa pensée, un logicien plus profond, que ne l'était de notre temps, M. Fontaine ; un esprit plus fin, et qui sût mieux, sans se donner aucun mal, faire aimer les lettres et inspirer le goût des saines doctrines, que M. Ouellard ; un humaniste plus consommé, un grammairien plus expert que M. Varnier, dont j'ai été plus tard le collègue au lycée de Caen, après avoir été son élève au collège de Chartres ?.... Si quelques parents d'élèves, empressés à quitter la province, pour venir noyer leurs enfants à Paris, lisent ces lignes, qu'ils écoutent cette protestation d'un homme qui a quelques raisons aujourd'hui pour savoir ce qu'il dit, et qu'ils pratiquent sans crainte le salutaire principe de la décentralisation universitaire ! Tout le monde s'en trouvera bien, les lycées de Paris, comme les lycées et collèges de province.

CHAPITRE VIII

1850-1856

L'application de la loi de 1850. — M. H. Fortoul, ministre de l'Instruction publique. — Décrets du 24 mars 1851 et du 9 mars 1852. — M. Bouchitté, recteur du département d'Eure-et-Loir. — Ed. Person, secrétaire du Conseil académique. — Sa parole y est souvent écoutée : ses réelles qualités d'orateur. — Loi du 14 juin 1854 plaçant l'enseignement primaire sous l'autorité immédiate des préfets. — La réaction cléricale. — Ed. Person prend la défense de plusieurs de ses anciens élèves calomniés. — L'abbé L'Anglois, aumônier de l'Ecole normale de Chartres.

Voilà donc l'Université et l'enseignement primaire soumis à un régime nouveau. C'était le commencement de l'épreuve. L'épreuve fut longue et douloureuse. Cette triste période s'étend, depuis le moment où fut appliquée la loi du 15 mars 1850, « cette fatale loi », comme mon père ne cessa jamais de l'appeler, jusqu'à l'arrivée de M. Rouland, qui remplaça, en 1856, au département de l'Instruction publique M. H. Fortoul, ministre depuis le 3 décembre 1851[1]. En 1851, un règlement étrange soumettait

---

[1] A M. de Falloux avait succédé M. de Parieu. A M. de Parieu succéda le 24 janvier 1851, M. Giraud ; à M. Giraud, le 10 avril 1851, M. de Crouseilhes ; à M. de Crouseilhes, le 26 octobre 1851, M. Giraud, ministre pour la seconde fois ; à M. Giraud, le 3 décembre 1851, le lendemain du coup

les fonctionnaires à une nouvelle investiture (art. 6 du règlement du 24 mars 1851). C'est ainsi que sur l'avis émis par le Conseil académique du département d'Eure-et-Loir (14 mai 1851), Ed. Person, « ancien directeur de » l'École normale primaire de Chartres » fut nommé directeur de cet établissement. La lettre de nomination (30 mai 1851), ajoutait que cette mesure était pour le fonctionnaire qu'elle concernait, « à la fois une récompense et un encouragement » ? Une récompense de quoi ? et un encouragement pour quoi ? Peut-être les auteurs de cette lettre eussent-ils été fort embarrassés de le dire.

Après le coup d'Etat du 2 Décembre — qu'Ed. Person, dans l'indépendance de ses sentiments et de son caractère, n'avait pas ratifié par son vote, — le décret du 9 mars 1852 avait réservé au Gouvernement le droit de désigner lui-même tous les membres des différents conseils de l'Instruction publique. Le directeur de l'École normale de Chartres fut maintenu au Conseil académique d'Eure-et-Loir. Ce même décret donnait encore au Gouvernement le droit de prononcer directement et sans recours, contre les fonctionnaires, la suspension, la révocation et la privation des droits à la retraite. — Ed. Person ne fut point révoqué.

Le mal que la loi du 15 mars 1850 n'avait pas encore fait, le décret du 9 mars 1852 l'accomplit [1]. A la même époque,

---

d'État, M. H. Fortoul ; à M. H. Fortoul, le 13 août 1856, M. Rouland; à M. Rouland, le 23 juin 1863, M. Victor Duruy.

[1] L'impartialité me fait un devoir de mentionner encore ici un mouvement de réaction qui se fait, dans l'Université, en faveur de M. H. Fortoul, ministre de l'Instruction publique de 1851 à 1856. — Ses défenseurs disent que ses rigueurs sauvèrent l'Université, parce qu'elles désarmèrent les ennemis acharnés à sa perte. — C'était sans doute un sort peu enviable, pour les universitaires, que d'être sauvés de cette façon-là : mais enfin il faut tenir compte des faits et des nécessités des temps. A ce point de vue, l'article

les écoles normales étaient plus directement atteintes : 1º par l'élévation à dix-huit ans de l'âge d'admission, qui, jointe à la fixation définitive à trois années, du cours d'études, décourageait, dans certains cas, les vocations [1] ; 2º par de nouvelles restrictions apportées aux programmes d'enseignement, et par l'interdiction formelle de faire appel au concours et aux lumières des professeurs pris au dehors. Le chant seul pouvait avoir, en cas de nécessité, un maître externe.

Toutefois, dans cette difficile période, l'Université en Eure-et-Loir fut particulièrement favorisée. Le recteur départemental, nommé par le décret du 9 août 1850, était M. Bouchitté, homme infiniment distingué, esprit libéral et sage. Comme Ed. Person, M. Bouchitté voyait de loin et jugeait de haut ; mais il avait de plus que son subordonné une culture intellectuelle bien plus étendue, et des connaissances littéraires très développées. Sur ce point, aucune comparaison n'est possible entre ces deux hommes.

En sortant de l'Ecole normale supérieure, à la fin de 1815, au contraire de son camarade Jouffroy, mais comme son autre camarade Bautain, Bouchitté avait senti se prononcer et s'affirmer en lui-même une vocation religieuse qui le porta vers 1820, alors qu'il était professeur au Collège royal de Versailles, à recevoir la tonsure. Il devint sous-diacre, et diacre en 1824. C'est ainsi qu'il figure sur la liste des professeurs à l'École des pages (voir plus haut, p. 42) avec le titre d'abbé. Ces exemples d'anciens normaliens,

---

Fortoul, dans le *Dictionnaire de pédagogie* de M. F. Buisson, est particulièrement instructif : j'y renvoie mes lecteurs.

[1] Il y avait encore beaucoup d'écoles normales primaires où la durée du cours d'études n'était que de deux années. A Chartres, depuis 1840, le cours d'études durait trois ans. Cette dernière mesure n'atteignait donc pas l'Ecole de Chartres.

jetant le froc pour en prendre un autre, ne sont pas rares, comme l'on sait ; et pour ne citer que les plus brillants, je nommerai l'abbé Bautain, l'éminent prédicateur, docteur dans tous les ordres, et théologien consommé ; l'abbé Tenon, ancien directeur de l'école Bossuet ; l'abbé Deroulède-Dupré, aumônier du lycée d'Angoulême ; le père Joubert, l'illustre professeur de mathématiques de la rue des Postes ; le père Olivain, jésuite, fusillé par les communards en 1871, et Mgr Perraud, de l'Académie française. Bouchitté n'alla pas si loin. Au moment de contracter l'engagement suprême, retenu par d'honorables scrupules, il s'arrêta. Il fut alors chargé, au Collège royal de Versailles, d'un cours d'histoire. Il s'était fait connaître déjà par des travaux distingués sur plusieurs points de philosophie et de morale, et par des publications historiques de haute valeur. Plus tard il produisit de fines études d'esthétique, qu'il adressa à ses amis de Chartres, sur Poussin et Philippe de Champaigne. Enfin, il s'intéressait aux choses de l'enseignement primaire ; car, dès 1833, il avait fait partie, en Seine-et-Oise, avec mon père, de ce corps d'inspecteurs dont j'ai parlé précédemment (page 62). Quand M. Bouchitté arriva à Chartres, le 9 août 1850, la sympathie s'établit vite entre le recteur départemental et le directeur de l'École normale [1]. Ils se comprenaient et s'entendaient, même à demi-mot : il y a de ces affinités qui rapprochent ainsi spontanément les hommes. Ils traversèrent les mêmes épreuves et affrontèrent les mêmes périls. Dans la dix-septième réunion générale de l'Association des anciens élèves de l'Ecole normale supérieure, M. Dubois, en lisant une

---

[1] La lettre de Mgr Clausel de Montals, citée plus haut, était datée du 10 juin de la même année.

notice nécrologique sur Bouchitté, rappelait cette triste époque, et s'exprimait en ces termes : « Les temps étaient » durs, la situation équivoque ; il fallait être et savoir res- » ter recteur, courir bien des bordées au milieu de tant » d'écueils. L'honnêteté et la droiture s'en tirèrent, à » Chartres comme à Versailles, à Chartres surtout, où les » épines n'étaient pas douces. »

C'est surtout au Conseil académique que le recteur, M. Bouchitté, appréciait Ed. Person, et c'est ici le lieu de rappeler et de mettre en lumière un don que mon père possédait à un haut degré, et que nul ne lui a contesté, la facilité d'élocution, la distinction du langage et un talent d'improvisation qui faisait de lui, à certains moments, une manière d'homme éloquent. Tous ses auditeurs lui ont reconnu cette faculté.

« C'était, me dit l'un deux, l'homme le plus disert que » j'aie vu. Jamais il ne se trouvait à court, lors même que la » question ne lui était pas familière. Mais dans une question » qu'il avait étudiée, sa parole était d'une éloquence et » d'une abondance d'idées et de mots remarquables. Nous » étions suspendus à ses lèvres, lorsqu'il nous faisait une » leçon. »

Quelques-uns ont pu trouver sans doute que son langage était parfois trop solennel, qu'il y avait bien, par ci par là, dans ses expressions et dans la construction de ses phrases, quelques formules ambitieuses. Mais cela revient à dire qu'il n'était pas parfait : la belle affaire ! Ce qui est incontestable, c'est que dans les commissions, dans les discussions pédagogiques et techniques, aussi bien que dans les séances d'apparat, la longue pratique qu'il avait de toutes les parties du service, le mouvement et la régularité méthodiques de son esprit, la fécondité de ses ressources, et quelquefois même l'originalité de ses idées, donnaient à ses discours beaucoup d'intérêt et une grande élévation. Nul ne savait mieux que lui indiquer le point précis sur lequel devait rouler une délibération ; nul ne s'entendait mieux à résumer et à éclairer une discussion, à entraîner enfin les adhésions par la chaleur communicative de sa parole. Ajoutez à cela qu'il avait une aménité parfaite et des expressions toujours parlementaires. En face de ses contradicteurs, il aimait à se placer sur le terrain des principes, et goûtait peu les personnalités et les attaques ironiques. Il est vrai qu'en se servant contre lui de cette dernière arme, l'ironie, on le démontait assez facilement, car il ne savait pas répondre sur le même ton : à ce point de vue, il n'avait pas le don des répliques faciles, rapides et mordantes. Il ne savait pas faire ce que l'on appelle, à la salle d'armes, *la riposte du tac au tac*. Quand il avait eu le dessous dans une discussion de ce genre, il l'avouait ingénûment, et se servait, pour le dire, d'une expression familière : « On m'a joliment rivé mon clou ! » Je crois bien qu'il a rencontré, au cours de sa carrière, quelques clous qu'il eût été heureux de pouvoir river à son tour. Mais ce talent lui manquait. Et de même que, dans le domaine des faits, il était assez sensible à la critique, et qu'il avait un extrême besoin d'approbation ; de même, dans les discussions, les attaques directes, les coups droits le paralysaient assez facilement ; et dans les réunions où l'on s'échauffait, il avait parfois besoin de réflexion pour trouver et renvoyer à ses adversaires des arguments décisifs et des raisons péremptoires. En tout cas, s'il a pu recevoir de ce côté quelques petites blessures, il les supportait sans la moindre amertume et sans la moindre rancune pour ceux qui avaient su les lui faire. Il était même le premier à les féliciter de leur talent, et je lui ai souvent entendu dire de telle ou telle personne « qu'elle avait de l'esprit jusqu'au bout des ongles », alors même qu'il en avait senti plus ou moins désagréablement la pointe.

Il maniait aussi fort habilement la plume. Ces deux facultés, le style et l'élocution, ne sont pas toujours réunies chez le même homme. Le grand Berryer commençait son discours de réception à l'Académie française par ce piquant aveu : « Excusez-moi, Messieurs, je ne sais ni lire ni écrire ! » Moins favorisé que Berryer, Ed. Person n'avait pas le droit d'ignorer l'art de l'écriture et de la lecture. Il lisait bien et apprenait à lire à ses élèves ; il leur donnait ensuite de bons exemples du beau style ; il rédigeait avec infiniment de goût une lettre officielle et composait un rapport avec une rare élégance. Sa phrase était du reste assez solennelle et périodique, comme sa parole ; mais en même temps vive, bien tranchée, coulée dans un bon moule, de noble allure et d'agréable cadence. Parfois aussi elle avait de la grâce et de l'onction. Voici un petit tableau de genre que je détache d'un article de lui, écrit en 1846 dans le *Supplément au Manuel général de l'Instruction primaire*. Il s'agit de l'intervention et de l'assistance de la femme de l'instituteur dans les écoles, idée que vient de réaliser en partie une disposition spéciale du projet de loi présenté par M. Paul Bert :

Aux petits enfants, écrivait Ed. Person en 1846, la femme de l'instituteur apprendrait les prières : elle ferait ensuite lire, écrire et compter les jeunes élèves ; elle prendrait ensuite soin d'eux pour leurs sorties, leurs récréations, leurs repas, la tenue de leurs vêtements, la propreté de leurs mains et de leurs visages.

Combien cette intervention serait précieuse pour les sollicitudes que réclame l'éducation des enfants du jeune âge ! Et combien les mères seraient reconnaissantes en voyant l'institutrice si bonne et si attentive pour de pauvres petits dont elle ferait sécher les habits mouillés, dont elle réchaufferait les mains glacées, les pieds souffreteux, dont elle soignerait toutes les petites misères, dont elle consolerait toutes les petites infortunes!

M. Bouchitté fut nommé, le 30 avril 1853, recteur en Seine-et-Oise [1] : il fut remplacé en Eure-et-Loir par M. H. Denain, recteur de l'Académie départementale de la Haute-Marne. La loi du 14 juin 1854 maintint M. Denain à Chartres avec le titre d'inspecteur d'Académie ; il est mort, en 1867, dans l'exercice de ses fonctions [2]. La loi du 14 juin 1854 qui supprimait les recteurs départementaux et les petits conseils académiques, divisait la France en seize grandes académies avec seize conseils académiques; établissait au chef-lieu de chaque département, un inspecteur d'Académie chargé des intérêts et de la surveillance de l'enseignement; remettait aux préfets et à un conseil départemental le gouvernement supérieur de l'instruction primaire, et replaçait par conséquent les instituteurs sous l'autorité directe du préfet, puisqu'elle donnait à ce magistrat le droit de nommer et de révoquer les instituteurs, sur la proposition de l'inspecteur d'Académie. Cette loi qui a consacré le régime sous lequel nous vivons aujourd'hui, et qui vient d'être confirmée par la loi votée le 18 mars 1884, eut pour

---

[1] Il est mort à Versailles en 1861.
[2] Les inspecteurs qui se sont succédé depuis cette époque en Eure-et-Loir sont : MM. Hautôme (15 octobre 1867), de Pontavice (26 novembre 1869), Patry (18 septembre 1873), Bos (4 novembre 1876), Desprez (7 novembre 1877). Les préfets d'Eure-et-Loir, après M. Jaubert ont été : MM. de Charnailles (5 octobre 1861), Brassier (29 mars 1869), Emile Labiche (5 septembre 1870), de Praneuf, conseiller de Préfecture, chargé par intérim des fonctions de préfet (23 février 1871), Albert Le Guay (20 mars 1871), de Perthuis (9 août 1872), de Tourville (11 novembre 1874), de Nervo (13 avril 1876), de Riancourt de Longpré (17 juin 1876), etc.

effet d'enlever au directeur de l'Ecole normale de Chartres, la position prépondérante qu'il occupait dans la hiérarchie universitaire, comme chef de service, auprès du recteur départemental, et l'influence qu'il exerçait comme membre du conseil académique [1]. Il rentrait dans le rang, et devenait le subordonné de l'inspecteur d'Académie qui devait prendre en main la direction des différents services de l'enseignement, et devenait l'intermédiaire officiel des chefs des établissements d'enseignement, soit auprès de l'autorité préfectorale, soit auprès du recteur de l'Académie et du Conseil départemental.

Je dois rappeler à ce propos que j'ai bien souvent entendu mon père soutenir et défendre le principe législatif en vertu duquel les instituteurs étaient placés sous la dépendance du préfet du département. Il disait que, par ses moyens d'information et d'action, par la connaissance qu'il possédait des besoins et de l'esprit de chaque commune, par ses rapports constants avec les maires, le préfet était le chef naturel et le plus efficace du service de l'enseignement primaire. Le préfet, disait-il encore, c'est l'*autorité prochaine*, qui vaut mieux que l'autorité éloignée.

C'est aux environs de l'année 1854 que mon père eut le plus à souffrir de la réaction cléricale. Ses amis l'ont vu, à cette époque, dévorer bien des humiliations, des déboires et des chagrins. C'était le moment où cet homme, qui n'a jamais cessé de prêcher à ses élèves le respect et la déférence pour le clergé, et que j'ai vu mourir dans les sentiments et

---

[1] Ed. Person n'était pas membre de droit du conseil académique. Mais en revanche, il ne pouvait, même par le choix, faire partie du conseil départemental. Le conseil départemental était composé de la même façon que le conseil académique, sauf que le préfet se substituant au recteur, en était le président et que l'inspecteur d'Académie en était membre nécessaire, ainsi qu'un inspecteur primaire désigné par le ministre.

dans les pratiques de la piété la plus sincère, fut accusé de ne point donner assez de gages, et de ne point se soumettre avec assez de docilité aux exigences du parti clérical. Voilà bien encore l'histoire de l'humanité ! Il y a des temps comme cela. Il y a des moments où le Roi ne passe pas pour être assez royaliste ; où certains laïques sont plus cléricaux que le clergé lui-même ; où, comme dans la satire Ménippée, on voit les ligueurs félicités chaudement par le légat du pape d'être plus catholiques que les Romains eux-mêmes, *piu catholici che medesimi romani;* où, enfin, les hommes sans passion, ceux du moins qui n'ont que la passion du bien, sont cruellement châtiés de leur modération. C'est de sa modération, de sa parfaite possession de soi-même, de sa judicieuse équité, du sage équilibre de ses idées qu'Ed. Person, à cette époque, a porté la peine. Dans un moment d'humeur, un spirituel écrivain, Doudan, a imaginé pour les modérés un supplice raffiné digne de l'Enfer du Dante : « Ils seront, dit-il, dans un bain tiède » durant l'éternité, et à la longue vous ne savez pas comme » un bain tiède est débilitant [1]. » S'il avait connu Ed. Person, Doudan, j'en suis sûr, aurait été moins sévère pour les partisans de la théorie du juste milieu ; il est vrai qu'il avait en vue surtout les faux modérés, — espèce assez différente des vrais modérés, et qui, je crois, n'a pas encore disparu de nos jours.

En même temps, l'expansion de ses idées et l'activité de son esprit, qu'il avait parfois de la peine à contenir et à réprimer, étaient amèrement reprochées au directeur de l'Ecole normale de Chartres. On trouvait qu'il voulait faire de ses élèves des hommes trop éclairés et trop curieux ;

---

[1] Lettre à Madame la comtesse d'Haussonville, 10 août 1847.

que les modestes fonctions d'instituteur primaire ne demandaient pas des études aussi raffinées ; et lorsqu'il voulait travailler à préparer des candidats au brevet supérieur, on le rappelait vigoureusement à l'ordre, en le blâmant de rechercher ce luxe inutile, et en lui reprochant de ne pas borner ses ambitions et celles de ses élèves, à la poursuite et à l'obtention du simple brevet élémentaire.

Je ne m'arrêterai pas plus longtemps sur cette triste époque. Je ne raconterai pas non plus, quoique ces faits soient très présents à mon esprit, avec quelle énergie et avec quelle persévérance Ed. Person a défendu plusieurs de ses anciens élèves, très honorables instituteurs, indignement poursuivis et calomniés. Mais je n'oublierai pas de rappeler, en terminant ce chapitre, qu'à l'intérieur même de l'Ecole et au dehors, sa tâche de directeur libéral, ennemi de la défiance, du soupçon et des tracasseries mesquines, lui fut rendue facile par le concours sympathique de l'excellent aumônier de l'Ecole normale, M. l'abbé L'Anglois. C'était un bon et digne prêtre, d'humeur agréable et avenante, aimé et estimé de tous, et qui rachetait, aux yeux même des plus difficiles, par sa loyauté, sa générosité, sa tolérance, son bon sens et sa droiture, ce qui lui manquait peut-être de qualités brillantes dans la prédication, ou de profondeur érudite en exégèse ou en théologie. Mon père lui était sincèrement et profondément attaché. Quand on a affronté ensemble certaines tempêtes et doublé certains promontoires dangereux, on aime à se rappeler ceux qui étaient à vos côtés, et qui vous assistaient, lorsque vous teniez la barre.

A l'abbé L'Anglois succéda comme aumônier de l'Ecole normale, dans les dernières années de l'administration d'Edouard Person, un jeune vicaire de la Cathédrale, auquel ses succès dans la prédication, à Chartres et au dehors, avaient acquis de bonne heure une grande notoriété. Il avait, comme son vénérable prédécesseur, cette largeur dans les idées et cette générosité dans les sentiments qui font les bons directeurs de consciences; mais il possédait, de plus, une haute culture intellectuelle qui reposait à la fois sur l'étude approfondie des textes sacrés, et sur la connaissance des littératures classiques et des œuvres de la philosophie profane. Ses discours et ses sermons étaient nourris de ces lectures judicieuses et variées. Les instituteurs d'Eure-et-Loir ont entendu, plus d'une fois, cette parole élégante et sympathique, dans leurs assemblées annuelles. Le 9 juin 1877, M. l'abbé R..., du haut de la chaire de Notre-Dame, rendit un pieux et discret hommage à la mémoire d'Edouard Person; mais ce qu'il n'a pas raconté, c'est l'entrevue touchante et vraiment solennelle, dans laquelle nous vîmes ce jeune prêtre assister le noble vieillard, au moment où il se préparait à entrer dans l'éternité.

CHAPITRE IX

1854-1870

Les ministres de l'Instruction publique, MM. Rouland et V. Duruy. — Développement des idées d'Ed. Person. — Ses œuvres à l'extérieur. — La colonie agricole de Bonneval. — La Société d'horticulture. — Les Expositions. — Le jardin de l'Ecole normale primaire. — Essais et champs d'expériences. — Société archéologique d'Eure-et-Loir. — Exposition d'Archéologie et des Beaux-Arts à Chartres, en 1858. — Succès obtenus par l'Ecole normale de Chartres dans les différents concours. La grande médaille d'or au concours régional de 1863. — Observations astronomiques et météorologiques. — Le cours d'agriculture de M. Heuzé. — Curiosité universelle et désir de s'instruire persistant, chez Ed. Person, jusqu'à la dernière heure. — Sa sincérité et sa modestie. — Souvenir à deux jeunes amis, A. P. et Emmanuel Voyet. — Cours publics et conférences chartraines. — Visiteurs attirés à l'Ecole normale primaire de Chartres. — Les Inspecteurs généraux de l'Université, de l'Agriculture, du Chant, etc. — MM. Lepère et Jamin, J.-B. Dumas, Le Verrier, Renou, Dr Lescarbault, Dr Trousseau, Dr Blanchet, le Pasteur Montandon ; M. Riocreux, Mme Marie Cavé, M. Ziégler, le général Gréard, M. Poulain de Bossay. — Visite de l'Ecole normale de Versailles à l'Ecole normale de Chartres. — La Société chorale. — L'Album. — Audience de M. Rouland. — Comment l'Ecole normale de Chartres se ressentait heureusement de toutes les relations et de toutes les influences de son directeur.

Quel que fût le vent qui soufflât, vent de réaction ou de progrès, quelle que fût l'impulsion diverse donnée à l'administration de l'Instruction publique par des ministres de tempéraments si différents, M. Fortoul (1851-1856),

M. Rouland (1856-1863), M. V. Duruy (1863-1869)[1]. Ed. Person marchait son train et continuait, en y mettant simplement, suivant les temps, plus de vigueur ou plus de circonspection, à suivre ses idées. Rien surtout ne pouvait l'empêcher de se répandre au dehors. Il était même d'autant plus disposé à le faire, dans les temps difficiles, qu'il voulait intéresser davantage l'opinion publique à l'Ecole et à son chef, conserver à l'une et à l'autre une place importante dans les bonnes œuvres et dans les travaux de l'esprit, et continuer en tout temps, suivant une de ses expressions, à « développer dans les âmes l'inspiration et » l'ardeur du bien[2] ». On a souvent adressé à mon père le reproche de se mêler de trop d'entreprises étrangères à la direction scolaire et aux intérêts immédiats de l'École normale. Mais comme il n'a jamais été prouvé que les intérêts de l'École aient souffert de cette diffusion de ses idées et de son activité, nous continuerons à lui faire un mérite d'avoir cherché à associer, en sa personne, l'École normale primaire de Chartres à une foule d'œuvres instructives et moralisatrices.

La plus ancienne de ces œuvres (et celle-là se rapportait directement, du reste, à l'enseignement primaire), ce fut l'institution des cours de perfectionnement et des conférences cantonales du jeudi, où étaient conviés les instituteurs ; puis, pendant les vacances, une sorte de retraite que les instituteurs en fonctions venaient accomplir à l'École normale, et où l'on agitait toutes les questions pédago-

---

[1] Les ministres, qui ont succédé à M. V. Duruy, jusqu'en 1877, sont MM. Bourbeau, Segris, Mège, Jules Brame, Jules Simon, Waddington, Batbie, de Fourtou, de Cumont, Wallon, Waddington, Brunet, Faye et Bardoux.

[2] Rapport du directeur de l'Ecole normale, inséré dans le compte rendu du Conseil général, année 1845.

giques. Ces deux entreprises ne furent pas très longtemps en faveur ; elles furent même totalement négligées à partir de 1848. J'ai entendu dire que, dans ces dernières années, elles avaient été reprises avec succès, dans les départements.

Une autre œuvre, éminemment philanthropique, à laquelle Ed. Person s'accocia dès le début, c'est-à-dire dès 1842, ce fut la colonie agricole de Bonneval. Fondée par MM. Adelphe Chasles, député, et Louvancour, au moyen de dons particuliers et de souscriptions ; encouragée par les subventions du Conseil général, et organisée d'après le système paternel des établissements de Petit-Bourg et de Mettray, qu'Ed. Person s'était empressé d'aller visiter, la colonie de Bonneval, à l'époque où il était encore facile de déposer les enfants dans les tours, voulait recueillir ces déshérités, y adjoindre des orphelins, compléter l'éducation nourricière, et former, en leur donnant l'instruction pratique, une pépinière d'ouvriers et de bons serviteurs de l'agriculture. En 1845, soixante, et bientôt après quatre-vingts enfants, étaient élevés dans le beau domaine de la colonie, à Bonneval, sur les bords du Loir. Une assemblée générale des souscripteurs eut lieu à Chartres, le 28 août, sous la présidence du préfet, M. de Jessaint. Le président appela au bureau M. l'abbé Pie, vicaire général, M. de Metz, l'éminent directeur de Mettray, et Ed. Person, qui fut chargé des fonctions de secrétaire. Un peu plus tard, l'École normale de Chartres fournit à la colonie deux maîtres dévoués et expérimentés, chargés de distribuer à ces jeunes enfants l'instruction primaire. Le dernier de ces maîtres a été investi depuis, dans ce même établissement, devenu un asile départemental d'aliénés, des importantes fonctions de receveur-économe.

C'était, dans la vie de mon père, un beau souvenir que celui des dix journées qu'il passa à Mettray, en 1844, dans l'intimité de M. de Metz. Quels rêves de bienfaisance et de philanthropie ces deux hommes durent former ! Que de plans ils durent élaborer ! Que de conceptions variées ils cherchèrent à mettre en pratique ! Moi aussi, j'ai visité la colonie de Mettray : mais le charme était rompu : pour comprendre et pour sentir, il me manquait M. de Metz, et il me manquait mon père ! L'un et l'autre étaient disparus de ce monde. Mais des souvenirs de Mettray en 1844, j'ai retenu ce détail assez piquant, c'est que M. de Metz faillit convertir mon père aux idées phalanstériennes pour lesquelles il avait lui-même un grand penchant. Edouard Person connaissait déjà deux ardents apôtres de ce nouvel évangile, le docteur Rigal et Théodore Bac dont j'ai parlé plus haut. L'autorité de M. de Metz eût été plus décisive peut-être : mais il ne resta que dix jours à Mettray, et il échappa au danger. Il y échappa si bien qu'il riait de bon cœur, plus tard, aussi bien des utopies des fouriéristes que des expériences des saints simoniens.

Mais à côté de l'œuvre qui s'exerçait à l'intérieur de la colonie agricole de Bonneval, par les soins de la société paternelle, dans le but d'introduire et de former aux travaux manuels les jeunes colons, une autre mission, celle de placer les pupilles au sortir de la colonie, et de les surveiller de compte-à-demi avec leurs patrons, fut confiée à un comité de patronage qui avait au début pour président M. Genreau, et dont Ed. Person resta fort longtemps le secrétaire.

Les événements de 1848, qui rendirent plus aigus quelques tiraillements intérieurs ; l'immense difficulté d'une tâche aussi délicate que celle de l'amélioration et du perfectionnement de natures souvent rebelles ; enfin, la suppression des tours, et la préférence donnée à l'élevage et à la surveillance des enfants assistés au domicile même des tuteurs, des nourrices ou des filles-mères ; — toutes ces causes réunies amenèrent, vers 1860, la dissolution de la société paternelle de la colonie de Bonneval. Jusqu'à la dernière heure, Ed. Person ne faillit pas à la mission qu'il avait acceptée ; et aujourd'hui qu'un certain nombre de philanthropes ont entrepris une campagne, fort vigoureusement menée, en faveur du rétablissement des tours, ces lointains souvenirs m'ont paru avoir comme un regain d'actualité.

La troisième œuvre dont Ed. Person, avec son ardeur accoutumée, devint le collaborateur, fut le développement de l'horticulture à l'École normale et dans le département. Le moment est venu de parler de ce beau jardin, qui était sa joie, et son orgueil. Bien qu'il embellît encore la réalité, de ses plans et de ses projets d'avenir, et qu'il eût l'illusion de voir sur le terrain même, et l'habileté d'y faire voir aux visiteurs, par le prestige de ses explications, une foule de choses qui ne s'y trouvaient pas encore, mais qu'il se proposait bien d'y mettre, et dont il indiquait la place, l'ensemble était déjà fort satisfaisant, eu égard aux faibles ressources budgétaires dont il disposait. Parterres de fleurs ; jardin botanique, fort complet à certaines époques, et garni d'étiquettes portant tous les noms scientifiques ; jardin maraîcher et engrais chimiques, envoyés par M. Georges Ville, du Muséum ; école d'arboriculture fruitière ; aquarium et pisciculture sur les bords de la pièce d'eau ; école de sylviculture dans les massifs du petit bois ; au fond du jardin, école d'apiculture, que n'a-t-il tenté, essayé et rêvé ? Que n'a-t-il pas fait pour inculquer aux instituteurs le goût du jardinage? Ce goût il l'avait contracté de bonne heure lui-même, soit à Grignon, où l'avait conduit M. Polonceau, soit à Montreuil, où il se rendait fréquemment dans ses excursions à travers le département de Seine-et-Oise [1]. Il avait introduit le pêcher dans le jardin de l'École normale, et M. Grin vint plusieurs fois y pratiquer sa méthode du pincement. Mais cette essence fruitière dégénéra rapidement dans le terrain argileux de l'École. Le poirier s'y plaisait davantage. Espaliers et palmettes, quenouilles et vases, étoiles et clochetons, ces arbres prenaient des formes élégantes que quelques-uns, je dois le dire, trouvaient parfois un peu tourmentées. MM. Jules Courtois et Duperche apprenaient aux élèves-maîtres à les diriger, et à couper la branche pour ménager le fruit, « à l'épaisseur d'un écu ». La vigne réussissait également dans le jardin de l'École normale, et on pratiquait, sur les treilles et les cordons, les trois coups de serpette « du présent, du passé, et de l'avenir », suivant les prescriptions du docteur Guiot.

La présence d'Ed. Person à la Société d'horticulture, depuis l'époque de sa fondation, en 1853, et, quelque temps après, sa vice-présidence, étaient donc tout indiquées. Bien souvent il dressa les plans des parterres où se faisaient les expositions de printemps et d'automne, et il s'occupa activement de l'installation du beau jardin que la Société d'horticulture entretient à la Barre-des-Prés, et qui est devenu une des plus agréables promenades de la ville de Chartres. Les efforts d'Ed. Person pour propager en Eure-

---

[1] On trouvera, à l'Appendice, sur l'origine de la culture des pêchers à Montreuil-sous-Bois, une note curieuse dont mon honorable et vénérable ami M. Michel de Rotrou, ancien maire de Montreuil, m'a fourni les éléments. Ces détails m'ont paru assez intéressants pour que je les rapporte ici.

et-Loir, le goût de l'horticulture lui valurent de faire la connaissance et de gagner l'amitié d'un des hommes les plus considérales du pays chartrain : j'ai nommé M. Alexandre de Saint-Laumer. Qu'il me pardonne cette violence que je fais à sa modestie, en souvenir de mon père !

De l'horticulture, maintenant, passons à l'archéologie. C'est en 1856 que fut fondée la Société archéologique d'Eure-et-Loir. Ed. Person s'était trouvé en rapports avec M. de Caumont, le véritable fondateur de cette société : il avait assisté à plusieurs réunions préalables ; il fut donc au nombre des premiers membres de la Société archéologique d'Eure-et-Loir, et il devint l'un des délégués de cette compagnie au congrès des Sociétés savantes dont la première réunion avait eu lieu, à la Sorbonne, dès l'année 1860. Certes, il n'avait à aucun titre ni à aucun degré la haute compétence qu'apportaient, chacun dans le domaine de leur choix, des érudits patients, ingénieux ou brillants, comme MM. de Boisvillette, Lecoq, Jules Greslou, Paul Durand, de l'Espinois et Lucien Merlet ; et son assiduité aux séances de la Société archéologique ou aux congrès de Paris faisait voir un homme qui cherche plutôt à s'instruire qu'à instruire les autres ; mais il prenait une part active et utile à toutes les questions d'organisation et de règlement ; et alors, son intervention dans les discussions était toujours pleine d'à-propos. Sa compétence dans toutes ces matières était faite surtout de son ardente curiosité, de sa déférence pour ceux qui étaient plus forts que lui, de l'intérêt qu'il portait à toutes les branches du savoir humain, et de la pensée toujours présente à son esprit, de découvrir partout, pour le futur instituteur, des sujets d'études, des motifs d'action, des recherches et des travaux à diriger qui rendissent utiles, dans sa commune, sa présence et son intervention.

Il y a toutefois deux œuvres de la Société archéologique auxquelles Ed. Person a puissamment contribué : 1º la confection d'un questionnaire qui fut envoyé à tous les instituteurs, maires et curés du département. C'était un inventaire qu'on leur demandait de faire de toutes les richesses archéologiques et artistiques de leur commune. Je vois encore d'ici les élèves de l'École mis à contribution, pour écrire les adresses et classer les envois ; 2º l'Exposition d'archéologie et d'objets d'art qui eut lieu à Chartres en 1858.

Cette idée d'une exposition d'objets d'art et de bibelots, que l'on voit aujourd'hui et de tous côtés si fréquemment réalisée, lui appartient tout entière. Il en fit la proposition à la Société archéologique, qui l'accepta et lui en confia l'exécution. Il avait fallu se rendre sur tous les points du département, visiter les collections privées ou publiques, obtenir des propriétaires l'envoi à Chartres de ces précieux objets ; prendre pour leur emballage et leur renvoi toutes sortes de garanties ; aménager un local (l'école Saint-Ferdinand qui venait d'être construite); classer, distribuer, pendre, accrocher, décorer, cataloguer ; instituer un service de surveillance et de recette, etc... Ed. Person présidait à tout avec une prodigieuse activité. L'exposition fut ouverte le 18 avril 1858. La commission d'organisation était ainsi composée :

MM. Person, président; L. Merlet, secrétaire; Lecoq, trésorier; Roussel, architecte; Anctin, Baudoin, Ludovic de Boisvillette, Bourdel, Paul Durand, Édouard Garnier, l'abbé Germond, Jules Greslou, Joliet, l'abbé Le Simple, Albert Marchand, Camille Marcille, Isidore Prévosteau, Renou, Sainte-Beuve, membres.

Dans les différentes salles de l'école Saint-Ferdinand, on

put admirer, pendant un mois, la riche collection de tableaux de M. Camille Marcille, aujourd'hui dispersée, et qui était, à cette époque, installée dans son joli manoir de Oisème. A côté des primitifs de toutes les écoles, M. C. Marcille avait présenté des tableaux de Rubens, du Tintoret, de Velasquez, de Chardin, de Marilhat, de Géricault; des esquisses de Van Dyck; des dessins de Pérugin, de Boucher, de Greuze; une magnifique collection de dessins de Prud'hon, et cette admirable *Psyché en levée par Zéphyre* que nous revîmes plus tard au palais des Beaux-Arts, à Paris, lorsqu'eut lieu l'exposition complète des œuvres de ce maître, en 1874[1]. On voyait encore, dans les salles Saint-Ferdinand, les portraits des Condés, envoyés de Courtalain par M. le duc de Montmorency; le portrait de Mme de Maintenon par Mignard, envoyé de Maintenon par M. le duc de Noailles; les fameux émaux de Léonard de Limoges, qui sont aujourd'hui à l'église Saint-Pierre; des ivoires, montres, bagues, reliquaires et mille menus objets de formes délicates, provenant du cabinet du major Filz; les faïences, les porcelaines et les majoliques de Mlle Duchon et de M. Greslou; les armures de M. Layé, déposées aujourd'hui au musée de Chartres, et celles de M. le comte

---

[1] Le Dr Eudamidas Prud'hon, le troisième des cinq enfants du peintre (né à Paris, en 1793, ancien élève de l'Ecole polytechnique, puis médecin à Toul et aux Ternes, à Paris), a longtemps exercé la médecine à Fontaine-la-Guyon, près Courville (Eure-et-Loir). Voir le savant ouvrage de M. Charles Clément : *Prud'hon : sa vie, ses œuvres et sa correspondance*. Ce livre est dédié à M. Eudoxe Marcille, frère de M. Camille Marcille. — A la mort de M. C. Marcille, la belle collection de Oisème dont on avait admiré les plus belles pièces à l'Exposition d'archéologie de Chartres, a été vendue et dispersée, et la *Psyché* de Prud'hon, qui était la perle de cette exposition, a été achetée par M. le duc d'Aumale. — Un autre dessin de cette *Psyché*, fort semblable au chef-d'œuvre que possédait M. Camille Marcille, se trouvait dernièrement à l'Exposition des dessins de l'Ecole moderne, aux Beaux-Arts, en février et en mars derniers. Cette *réplique* provenait de la collection de M. Marcellot, nous dit le Catalogue.

de Marbot; les bahuts, coffres et cabinets de MM. C. Marcille, O. Des Murs, Lamésange, etc. ; puis des médailles, des sceaux, des manuscrits, des lettres autographes, et quelques bons tableaux et dessins d'artistes vivants.

L'exposition chartraine de 1856 eut sa petite célébrité; des critiques d'art de la presse parisienne vinrent la visiter; je crois qu'on y aperçut un jour Paul de Saint-Victor. M. Arsène Houssaye, inspecteur des Beaux-Arts, y passa tout un après-midi, et Ed. Person lui offrit un grand dîner auquel furent conviés l'inspecteur d'Académie et les principaux membres de la commission d'organisation.

C'est grâce à cet esprit d'initiative, à cette activité prévoyante, à cette curiosité toujours éveillée, à cet amour du progrès, qui a fait, au milieu de mille occupations diverses, le caractère propre et l'unité de sa vie, que le directeur de l'Ecole normale de Chartres donna à cet établissement une sorte de notoriété incontestée, qui lui permit de remporter quelques succès importants.

Déjà en 1853, l'Ecole normale de Chartres avait obtenu le troisième rang dans le concours de dessin ouvert entre toutes les écoles normales primaires de France. Le sujet du concours était, comme en 1838, sous M. de Salvandy (voir page 79), la confection des plans, coupes, élévations et distributions intérieures de l'Etablissement lui-même. Le 12 décembre 1860, un autre programme fut soumis aux instituteurs de France : on demandait aux concurrents de présenter un mémoire « sur les besoins de l'instruction » primaire dans une commune rurale, au triple point de » vue de l'école, des élèves et du maître ». 5,940 mémoires furent produits. Un premier classement en réserva 1,207. Un second en mit à part 172. Les instituteurs d'Eure-et-Loir n'arrivèrent pas, il est vrai, en première ligne, c'est-à-dire sur la liste des deux prix et des huit mentions honorables; ils ne figurèrent pas non plus dans la liste des dix autres qui ont touché de plus près aux récompenses sans y atteindre. Mais, à la suite de ces vingt premiers, et parmi les auteurs des 152 mémoires qui complètent le chiffre de 172, on compte quatorze instituteurs d'Eure-et-Loir, c'est-à-dire le dixième de ces 152 concurrents; sur ces quatorze instituteurs d'Eure-et-Loir, treize étaient anciens élèves de l'Ecole normale de Chartres [1].

Une distinction plus haute encore attendait l'Ecole normale primaire de Chartres au concours régional de 1863. Je transcrirai simplement cet extrait du rapport présenté, en cette même année, au Conseil général, par le préfet, M. le comte de Charnailles :

L'École normale primaire de Chartres a exposé au concours régional une carte géologique du département et une collection d'échantillons de la couche arable et du sous-sol, rapportés aux gisements qui leur servent de base. Cette étude agronomique des terrains d'Eure-et-Loir a été l'objet de l'attention particulière du jury, qui a décerné une *médaille d'or* spéciale à M. le directeur de l'École.

J'ai pensé que les travaux entrepris avec tant d'intelligence

---

[1] La liste a paru au *Bulletin administratif* d'août 1861, à la suite du rapport de M. de Royer, vice-président du Sénat. Voici les noms des quatorze instituteurs d'Eure-et-Loir :

MM. Beljambe, à Guillonville,	MM. Friteau, à Saint-Prest,
Bourgeois, à Gallardon,	Gaut, à Sours,
Coyau, à Coltainville,	Isambert, à Fontenay-sur-Eure,
Dablin, à Chaudon,	Jeudain, à Ecrosnes,
Delaval, à Nogent-le-Roi,	Pichois, au Tremblay-le-Vicomte,
Durand, à Courville,	Poteau, à Villiers-le-Morhiers,
Frelot, à Denonville,	Vassort, à Pierres.

M. Vassort, instituteur à Pierres, a composé depuis, en 1878, un nouvel opuscule, sur la question de l'enseignement gratuit et obligatoire. Il y proposait, pour arriver au but, l'établissement d'une cotisation annuelle obligatoire, dite taxe scolaire, qui serait pour les parents, désireux de ne point faire de dépense improductive, une sorte de contrainte morale.

par M. Person étaient susceptibles de recevoir des développements d'une grande utilité pratique ; il m'a remis à ce sujet une note pleine d'intérêt, et qui vous fera partager mes appréciations. L'École normale serait bientôt en mesure d'exécuter, pour être livrée à l'impression, s'il y avait lieu, non la carte géologique et agronomique, dont l'étude a été entreprise par MM. les ingénieurs des mines, mais une carte non moins utile, celle de la topographie agricole du département. Il ne reste plus à faire, pour la compléter, que des vérifications de détail qui exigeront quelques déplacements ; un crédit de trois cents francs suffira pour en couvrir les frais [1].

En même temps, le directeur recevait une lettre d'approbation du Vice-Recteur. Il avait été déjà chaudement félicité sur place, par un certain nombre de savants éminents venus de Paris, au nombre desquels se trouvait le grand chimiste, M. J.-B. Dumas.

Aussi, lorsque, sous le ministère réparateur de M. Rouland, et sous le ministère d'expansion et de progrès de M. Victor Duruy, furent décrétées une foule de mesures utiles et intelligentes, non seulement l'Ecole de Chartres n'était jamais prise au dépourvu, quand il fallait exécuter ces instructions, mais déjà bien des idées se trouvaient réalisées quand arrivaient les prescriptions officielles. Tels furent, sans reparler de l'horticulture proprement dite, les circulaires, arrêtés ou décrets relatifs à la météorologie et aux petites observations astronomiques (13 août 1864); à l'enseignement du chant (30 janvier 1864); à l'institution, dans les écoles normales primaires, d'un cours d'agriculture (31 juillet 1851, 22 décembre 1864 et 2 juillet 1866, voir le *Bulletin de l'Instruction publique*, 1867, 1er semestre, p. 402); à l'exercice de la gymnastique ; à l'établis-

---

[1] La carte a été achevée, mais elle n'a pas été livrée à l'impression.

sement de petits ateliers de reliure pour apprendre aux instituteurs à conserver et à réparer les livres de l'école et de la bibliothèque scolaire [1], etc.

En ce qui concerne la météorologie, Ed. Person s'empressa d'installer, dans les meilleures conditions, un petit observatoire (baromètre, pluviomètre, anémomètre, thermomètre à maxima et à minima, que vinrent visiter à diverses reprises MM. Le Verrier et Rendu. Dès 1856, c'est-à-dire près de dix ans avant la circulaire ministérielle, des observations thermométriques et barométriques étaient faites à l'Ecole normale par l'un des professeurs, M. E. N., lequel rédigeait un bulletin hebdomadaire qui était adressé à la Société archéologique, et publié par le *Journal de Chartres*. Membre de la commission scientifique d'Eure-et-Loir, Ed. Person s'occupa avec ses élèves des observations ozonométriques; de la vérification des expériences du docteur Harreaux de Béville sur des points curieux de climatologie; de l'étude de la direction et de la confection de la carte des orages; enfin, de l'observation des étoiles filantes. A de certaines époques, munis de chronomètres de la marine, que M. Le Verrier envoyait directement, ou de l'Observatoire, quand il en était le chef, ou de la rue des Saints-Pères, qu'il habitait au moment de sa disgrâce,

---

[1] D'autres actes encore, tels que les décrets du 20 juillet 1858, du 29 décembre 1860, du 19 avril 1862, améliorant les traitements des instituteurs (ministère de M. Rouland); les bénéfices de la gratuité considérablement étendus; la vigoureuse impulsion donnée aux cours publics et aux cours d'adultes; la fondation de l'Ecole normale d'enseignement spécial de Cluny; l'abaissement à seize ans de la limite d'âge pour l'admission dans les écoles normales primaires (ministère de M. Victor Duruy), font que la mémoire de ces deux ministres sera toujours honorée par les amis de l'enseignement primaire. — En ce qui concerne l'Ecole normale de Cluny, cette création chère à M. Duruy, je rappelle que l'Ecole normale primaire de Chartres n'a cessé de fournir à cet établissement et, par conséquent, à l'enseignement spécial dans nos lycées, des professeurs distingués (Voir plus loin, chapitre XI).

le directeur, les maîtres et les élèves de l'Ecole normale de Chartres s'en allaient au delà du pavé de Bonneval, en pleins champs, et passaient, c'est le cas de le dire, même sans jeu de mots, la plus grande partie de la nuit à la belle étoile, occupés à noter le passage des météores, à faire le point et à déterminer les éléments nécessaires pour le calcul de la déclinaison et l'ascension droite. Les observations, scrupuleusement vérifiées, étaient envoyées à l'Observatoire de Paris, et ces travaux ont contribué à fonder et à affermir la grande théorie, d'après laquelle les étoiles filantes forment des essaims qui reviennent périodiquement traverser notre atmosphère [1].

---

[1] Suum cuique : le grand mouvement des études météorologiques, à l'Ecole normale de Chartres, date véritablement de 1861, et l'initiative en est due à M. le Dr Mannoury père, qui, en communiquant à la Société archéologique d'Eure-et-Loir, le 7 mai 1861, un recueil d'observations de M. le Dr Auguste Durand, exprima et fit adopter le vœu qu'un observatoire météorologique fût installé à l'Ecole normale et fonctionnât sous la surveillance du directeur et de deux élèves chargés de faire le relevé de toutes les observations. Un programme fut immédiatement rédigé, et les premiers instruments furent achetés. M. Renou, en 1861, M. Le Verrier, en 1862 visitèrent l'installation, et d'après leurs instructions, les observations relatives à la température, l'hygrométrie, la pression de l'air, la direction du vent, l'ozone, et les différents météores, furent consignées sans interruption à l'Ecole normale et communiquées à la Société archéologique par les soins de M. E. N., maître-adjoint. En 1865 on étudia à l'Ecole normale la marche des orages. Une Commission avait été instituée à Chartres, à cet effet, par arrêté préfectoral. En 1872, une nouvelle impulsion fut donnée aux études météorologiques par la formation, à Chartres, d'une Commission scientifique, divisée en quatre sections, agriculture, botanique, chimie et météorologie. La section de météorologie avait pour président M. Francfort, ingénieur en chef des ponts et chaussées ; pour secrétaire M. Bartet, ingénieur ordinaire ; pour membres : MM. Barois, Dr Salmon, Dr Emmanuel Voyet, Jouanneau, Ed. Person. La Commission scientifique d'Eure-et-Loir vota, sur la proposition du directeur de l'Ecole normale, l'achat d'un nouveau baromètre, d'un thermomètre à maxima de Zambra et Negretté, d'un thermomètre à minima de Rutherford, d'un psychromètre et d'un pluviomètre, ainsi que de l'évaporomètre Piche ; et les observations furent continuées avec un redoublement de précision et d'activité. De grands tableaux furent dressés, qui indiquaient, au moyen de lignes parallèles et de lignes ascendantes, la marche des phénomènes. Après cela vinrent les observations des étoiles filantes. Enfin, la section de chimie de la Commission scientifique d'Eure-et-

Quant à l'étude de la musique, elle se développa de bonne heure à l'Ecole normale de Chartres. Sans être, en quoi que ce soit, spécialiste ou exécutant, Ed. Person était fort amateur de musique. Il en comprenait l'importance au point de vue pédagogique et au point de vue social. Dans sa jeunesse, il avait été l'adepte de la méthode Wilhem et il recommandait l'usage du *méloplaste* [1]. Le plain-chant fut toujours très régulièrement et très ponctuellement enseigné. Pendant plus de vingt ans, conduits par le plus fort d'entre eux, qui tenait le bâton, et accompagnés par le petit orgue, par les ophicléides et les contre-basses aux mains de quelques camarades, les élèves de l'Ecole chantèrent tous les dimanches la messe paroissiale à la cathédrale de Chartres. La musique instrumentale fut en honneur jusqu'en 1856. Tous les ans, la fanfare de l'Ecole normale se faisait entendre aux processions de la Fête-Dieu. Elle fut organisée et maintenue par l'active impulsion de MM. Ch. Leroy, Prosper Leduc, Ledru, maîtres-adjoints. Les chefs de musique du régiment venaient souvent donner de profitables conseils aux jeunes instrumentistes. L'un des plus distingués et des plus obligeants était M. Bric, qui plus tard passa dans la Garde impériale. L'exemple de l'Ecole normale de Versailles fit changer la

---

Loir, reprenant les idées qu'Ed. Person avait appliquées en 1863, provoque l'établissement, à l'Ecole normale de Chartres, d'un véritable laboratoire pour l'analyse des terrains et des engrais.

[1] Le mécanisme qui marque le point de départ de la méthode Wilhem est une portée vide figurée sur une planche, avec des trous dans lesquels on place des fiches mobiles qui représentent les notes. Les exercices qui résultaient de cette méthode se prêtaient admirablement à l'enseignement mutuel. Un autre mécanisme, qui touche de près au précédent, c'est le méloplaste. Le méloplaste est une portée vide ; seulement les notes sont indiquées successivement par le professeur armé d'une baguette terminée par une boule. Cette boule, placée de temps en temps sur la portée, désigne nettement les notes que les élèves doivent faire entendre en solfiant.

fanfare de l'Ecole normale de Chartres en une chorale. En même temps, de petits harmoniums furent installés dans quelques salles. Le rêve du directeur, c'était que chaque instituteur jouât lui-même, à la messe et aux vêpres, dans l'église de son village, de ce petit instrument, et qu'il y accompagnât les voix des enfants de son école. La véritable place de l'instituteur, disait-il bien souvent, ce n'est ni au pied de l'autel, ni dans la sacristie, ni même au lutrin ; la place de l'instituteur à l'église, c'est devant le petit orgue que chaque commune devra se procurer tôt ou tard. Il écrivait déjà cela en 1844 : ses idées ont été, un instant, presque partout réalisées. Il eût été désolé, s'il avait vécu jusque-là, du vote de la Chambre, du 4 mars 1884, interdisant à l'instituteur de jouer de l'orgue à l'église.

Ed. Person avait un faible pour la musique religieuse. Plusieurs fois, les élèves, stimulés par lui, exécutèrent fort convenablement des *Oratorios*, des *Ave Maria*, le *Regina cœli* du P. Lambillote, la *Prière* du *Moïse* de Rossini ou des chœurs de Hændel, comme celui qu'ils chantèrent, le 2 avril 1846, dans la séance où fut inauguré l'orgue de l'église Saint-Pierre. Les belles voix n'étaient pas rares à l'Ecole normale : basses, barytons et ténors allaient souvent au grand orgue et faisaient retentir de leurs échos les voûtes de la cathédrale. — Pendant tout le mois de Marie, dans la dernière maladie de M. Miné, ce fut un élève de l'Ecole, A. L., qui joua de ce grand instrument et fit entendre « ce concert et ce gémissement,

> Qui mêle aux cieux la terre, »

comme dit Victor Hugo dans ses *Chants du Crépuscule*.

Je n'oublierai pas non plus de rappeler les excellents conseils que voulut bien donner plusieurs fois aux élèves de l'Ecole normale — de tout cela j'ai été témoin, car j'étais son élève — Mlle Le Prince, cette artiste si généreuse et si désintéressée, sœur d'un autre artiste, Xavier Le Prince, dont le musée du Louvre conserve deux toiles exquises. J'ai parlé précédemment des grandes messes en musique, chantées à la cathédrale, sous la direction de M. Miné. Les élèves de l'Ecole normale prêtèrent aussi leur concours aux concerts de la Société philharmonique.

Ed. Person pensait avec raison que l'étude de la musique n'a pas de sanction sans audition, et, pour exciter le zèle de ses élèves, il cherchait pour eux des occasions de se faire entendre en public. C'est cette idée d'émulation qui lui fit provoquer la visite des élèves de l'Ecole normale primaire de Versailles, dont je parlerai plus loin. Les chœurs de M. Laurent de Rillé ne furent pas négligés. On se rappelle, dans les années qui ont précédé la guerre de 1870, une grande séance donnée au Théâtre en l'honneur de l'instruction primaire, présidée par l'inspecteur d'Académie, M. Hautome, et par les membres du Conseil général, et dans laquelle les chœurs de l'Ecole normale, vigoureusement enlevés et très délicatement nuancés, remplissaient les intermèdes. (Voir plus loin, chapitre XI.)

En ce qui concerne l'agriculture, l'Ecole normale de Chartres et les cultivateurs du département doivent à Ed. Person d'avoir pu entendre, pendant plusieurs années, les cours si instructifs de M. Heuzé. Mais je dois dire tout de suite que cette question de l'enseignement de l'agriculture donné par l'instituteur à l'école primaire, le directeur de l'Ecole normale l'avait depuis bien longtemps étudiée et résolue, témoin cet intéressant développement que j'extrais du 18e tableau de son Cours de Pédagogie, tableau qui est daté de février 1844 :

Les intérêts de l'agriculture sont remis à trois classes d'hommes différentes :

Les économistes, qui étudient ces intérêts au point de vue de la science politique et administrative.

Les cultivateurs proprement dits, ceux qui font valoir et se livrent aux diverses spéculations auxquelles donnent lieu les exploitations agricoles.

Les travailleurs employés de leurs bras dans les champs et dans les fermes — garçons de labour, de cour, de grange, bergers, charretiers, hommes occupés à fumer, à semer, à planter, à sarcler, à faucher, etc.

Les économistes ont de grands progrès à faire faire à l'agriculture par la solution bien entendue des importantes questions relatives à l'impôt, aux douanes, aux lois par lesquelles il convient de protéger ou de restreindre certaines cultures et certaines industries, aux traités internationaux qui doivent donner un écoulement facile aux produits indigènes.

Les cultivateurs ont aussi à faire prospérer l'agriculture par l'application de bonnes théories agronomiques, par l'adoption de systèmes plus éclairés d'exploitation, de méthodes mieux entendues de culture, d'élèves de bestiaux, de conduite et de direction de fermes.

Mais il y a encore un grand pas à faire faire à l'agriculture par les simples travailleurs. Quelles améliorations n'obtiendrait-on pas, si dans le détail des choses auxquelles ils sont employés, ces hommes de labeur acquéraient l'entente parfaite de l'opération qu'ils exécutent, la connaissance des propriétés et des ressources des instruments qu'ils manœuvrent, l'économie des forces qu'ils font agir ; si chacun d'eux devenait capable de voir, de raisonner, de remonter des effets aux causes, de s'instruire de ses observations de tous les jours et d'aider ainsi aux succès des essais, des expériences, des bonnes pratiques que tente l'agriculture !

Le moyen qu'il conviendra d'employer pour disposer ces hommes utiles à prendre ainsi la connaissance et le goût de leur état serait de les préparer à l'intelligence de cet état par les enseignements de l'école primaire.

L'école primaire, sous le rapport de l'éducation, préparatoire à donner aux travailleurs dont l'agriculture emploie les bras, pourrait rendre les plus grands services au pays. Dans les villages elle est peuplée tout entière des enfants des hommes adonnés aux travaux manuels des champs et des fermes. Ne pourrait-on pas, dans le cours des petites études classiques donner à ces enfants des idées justes et précises sur les opérations principales de la culture, et faire avec eux l'étude bien entendue et bien conduite des meilleures règles d'après lesquelles ces opérations doivent avoir lieu ?

Ne pourrait-on pas, par exemple, enseigner comment devraient se tenir la cour, l'étable, l'écurie d'une ferme ; — comment tant de choses précieuses qui se perdent et s'égarent pourraient être recueillies, conservées, recevoir bon usage et bon emploi ; — comment tant de lieux malpropres, incommodes, insalubres pourraient s'assainir et s'approprier ; — comment tant de choses qui s'usent, se détériorent faute de soin, faute de place, pourraient être entretenues et conservées ; — comment tant de mouvements inutiles pourraient être régularisés ; — comment le soin, l'ordre, la propreté, l'économie pourraient régner dans toutes les parties de la ferme ? Et ce qu'on enseignerait pour la tenue intérieure des fermes ne pourrait-on pas l'enseigner pour les opérations extérieures de l'exploitation rurale ?

N'y aurait-il pas sur toutes ces choses des idées fondamentales à donner, des règles élémentaires à prescrire ; un avant-goût, une mise en bonne disposition à faire prendre aux enfants ?

Et quels autres résultats moraux, cette préparation n'aurait-elle pas sur les hommes qui l'auraient reçue ! Ils s'adonneraient à leurs travaux, non-seulement avec leurs bras, mais avec leur intelligence et leur cœur. — Ils auraient le sentiment de l'utilité de leur œuvre. Ils l'accompliraient avec un certain élan, une certaine animation et vivraient de ce qui fait vivre les hommes et rend leur vie utile à eux-mêmes et aux autres : l'amour de l'état auquel on est employé.

La difficulté ne serait pas d'instituer de pareils enseignements, de pareilles influences à l'école primaire. Il y a et il y aurait bientôt de bons livres dans lesquels pourraient puiser les enfants et les instituteurs.

Nous recommandons d'abord l'usage des petits traités sur les principaux phénomènes et sur les grandes lois de la nature, sur les propriétés générales des corps, sur les terrains, les instruments, les machines.

Ces petits traités contiennent déjà assurément d'excellentes notions premières, mais lors même qu'elles seraient bien données aux enfants, elles ne suffiraient pas ; il leur faut une application immédiate.

Cette application serait très heureusement faite si on introduisait pour les écoles de petits manuels pratiques, ayant pour objet chacun des arts, des métiers, des emplois auxquels l'agriculture confie immédiatement les travaux qu'elle fait exécuter.

Il y aurait, par exemple, le manuel du garçon de labour ; on trouverait dans ce manuel des indications sommaires sur la manière de conduire la charrue, l'extirpateur, la herse, la houe à cheval, le rouleau, le semoir, le plantoir ; sur la façon qui peut être donnée au sol à l'aide de ces instruments selon le genre de culture qui doit y être établi, la nature du terrain, les difficultés provenant des pentes, des irrégularités, des contours des pièces.

Il y aurait dans un autre manuel des prescriptions importantes sur l'art d'atteler, de dresser, de conduire les chevaux, d'obtenir d'eux bon et utile service. — La description des espèces d'instruments serait aussi faite dans ces livres ; on indiquerait leurs avantages dans certaines circonstances, leurs défauts dans certaines autres ; on ferait voir où est l'économie de leur construction ; on donnerait d'utiles conseils pour leur conservation.

On voit aussi ce que pourrait contenir le manuel du garçon d'écurie, d'étable et de cour ; le manuel du berger, du gardien et de l'éleveur de troupeaux ; le manuel du moissonneur, faucheur, sapeur, botteleur, batteur, homme devant manœuvrer le hache-paille, le moulin à bras, le crible ; le manuel de la femme de basse-cour, du poulailler, du colombier, de la laiterie, du cellier, de la cuisine. Et chacun de ces traités serait suivi du modèle des comptes auxquels doit donner lieu chaque opération pratique. — Calculs utiles, pleins de bons enseignements, qui feraient voir que ce qui produit plus que la terre, c'est le travail, que ce qui est plus précieux qu'aucune chose, c'est le temps.

L'excellence de ces manuels se comprend à merveille.

Ils iraient de l'école dans la ferme. — On les aurait fait comprendre, aimer, goûter à l'école ; on les appliquerait à l'extérieur. — Le jeune homme prendrait avec lui ce livre de son enfance ; dans les premiers essais de la pratique, il s'aiderait de ses prescriptions et de ses conseils, plus tard habitué à agir avec réflexion, avec discernement, il perfectionnerait son livre dans son travail, et aurait tout le mérite et toutes les joies de ses bonnes œuvres.

Cependant ces livres, pour des enfants qu'une éducation première ne dispose pas à une compréhension bien facile, à une curiosité bien vive, ces livres doivent être expliqués.

Ici l'intervention de l'instituteur est indispensable, une intervention éclairée, suivie, capable de faire tout voir, tout saisir, tout aimer ; et si les instituteurs avaient la connaissance bien parfaite des services qu'ils peuvent rendre, possédaient bien eux-mêmes toutes les petites choses qu'ils ont à enseigner ; prenaient sur la vie des campagnes toutes les idées, tous les goûts qu'il est important de transmettre aux populations pour leur faire prendre attache au sol, et les y retenir à toujours ; si les instituteurs savaient ces choses, dis-je, et avaient de bons livres entre les mains pour les faire étudier aux enfants et leur donner le vrai sens de ce qu'ils contiennent, l'agriculture ferait immédiatement un pas immense ; ce ne serait pas si l'on veut le progrès de l'innovation, ce serait un progrès qu'il est bien plus important de créer en France, le progrès de la persévérance et du perfectionnement ; celui des petites choses qu'on néglige pour les grandes.

Plus tard, beaucoup plus tard, lorsque les circulaires ministérielles prescrivirent d'enseigner l'agriculture dans les écoles normales, le directeur de l'Ecole normale de Chartres demanda à l'Ecole de Grignon, qu'il connaissait de longue date (voir plus haut, page 55), de lui désigner, pour professeur, un élève qui viendrait donner toutes les semaines, à Chartres, les notions d'agriculture inscrites au programme. Grandes furent la surprise et la satisfaction d'Edouard Person, quand on lui répondit que M. Heuzé, inspecteur de l'agriculture, professeur à Grignon, et auteur d'ouvrages spéciaux fort estimés, se chargerait lui-même de ce soin. Le Conseil général d'Eure-et-Loir vota immédiatement une somme qui permit de demander au professeur un double enseignement : un cours fermé, à l'intérieur de l'Ecole, et, à la suite, le samedi, jour de marché, un cours public à la salle Sainte-Foy, où étaient conviés les cultivateurs et les amis de l'agriculture. Ce double enseignement fut inauguré avec une certaine solennité, au mois de novembre 1862, et le souvenir en est resté parmi les nombreux auditeurs de cette époque. Tous les samedis, à la suite de sa leçon aux élèves de l'Ecole normale, M. Heuzé se transportait dans la salle du Conseil général, bientôt après à la salle Sainte-Foy, et à propos des instruments aratoires, charrues, herses et scarificateurs, à propos des engrais, et de tous les calculs arithmétiques auxquels le dosage des fumures, mis en regard de la nature du sol, pouvait donner lieu, il agitait les problèmes les plus intéressants. Le 10 janvier 1863, les agriculteurs d'Eure-et-Loir offrirent au savant professeur de Grignon un grand banquet auquel vinrent s'asseoir, à côté des présidents des comices agricoles, MM. Emile Lelong et Léon Vingtain, le préfet d'Eure-et-Loir, M. de Charnailles, le maire de Chartres, M. Sedillot, le député M. le général Lebreton, l'inspecteur d'Académie, M. H. Denain, Ed. Person, et les principales notabilités de la Société d'horticulture [1].

Les cours publics, c'était là, aux yeux d'Ed. Person, un des plus grands moyens d'action des hommes éclairés sur les masses, et un instrument excellent de moralisation. Ces cours publics avaient commencé à Chartres en 1857, sous les auspices de la Société d'horticulture et de la Société

---

[1] Dans un rapport du ministre de l'Instruction publique, en 1867 (*Bulletin de l'Instruction publique*, tome VIII, 2ᵉ semestre, p. 148), on lit ce témoignage : « Les écoles normales où l'on prépare le mieux les maîtres qui devront enseigner l'agriculture sont celles de Chartres, Tarbes, la Grande-Sauve (Gironde), et le cours normal de Beauvais. »

d'archéologie. Les premiers professeurs furent MM. Salmon, Barois, Petit-Mangin, Merlet, Ouellard et Jules Courtois. Ed. Person fit aussi quelques leçons où la clarté de son plan et la symétrie de ses idées furent assez goûtées. Tels furent, dans une des salles de l'école Saint-Ferdinand, un entretien sur les bibliothèques populaires, et, quelques années auparavant, vers 1858, je crois, une série de leçons sur l'*utilisation* des végétaux. Végétaux utiles classés d'après leurs différents organes, racines, tiges, fleurs ou fruits, ou bien d'après les industries qui les emploient, — alimentation, construction, vêtement, teinture, médecine, etc., — furent passés en revue, suivant ce que j'ai appelé sa méthode des accolades ; et cette énumération n'avait rien d'aride, parce qu'elle était relevée à chaque instant par des idées générales et des aperçus sur les causes finales, à la fois très larges et très ingénieux. *Utilisation, installation, organisation, appropriation,* etc., c'étaient là de ses mots favoris. On lui faisait remarquer quelquefois, non sans malice, et lui-même l'avouait ingénûment, en déplorant que son langage n'eût pas plus de ressources, l'usage fréquent qu'il faisait de ces vocables. Mais s'il est vrai que le style, c'est l'homme même, ce langage peignait bien celui qui l'employait : car tous ces mots qui revenaient si souvent dans sa bouche, sont au premier chef des noms d'action. Or, en toute chose, mon père était un homme d'initiative et d'action.

Quand il n'enseignait pas lui-même, il se faisait auditeur assidu et sympathique : et il l'était d'autant plus volontiers qu'il cherchait toujours à s'instruire. Il avouait bien franchement, et avec une modestie des plus vraies, son ignorance sur une foule de points. C'est ce qu'il appelait « le sentiment de son insuffisance » ; et cet aveu, il ne le faisait certes pas pour s'attirer une protestation flatteuse. Quelques-uns l'ont pu croire : ceux-là le connaissaient mal. Un exemple de sa modestie réelle et sincère, c'est l'attrait et la déférence qu'il avait pour les jeunes. A soixante-dix ans, il écoutait encore les jeunes gens de vingt-cinq ans, dont les connaissances étaient plus fraîches que les siennes, ou qui avaient étudié et approfondi mieux que lui quelque branche du savoir humain. Il les questionnait et les faisait causer : il s'éclairait de leur avis. Ce n'étaient plus alors les jeunes gens qui se levaient devant un vieillard, comme dans le théâtre d'Athènes ; c'était le vieillard qui cédait sa place aux jeunes et se découvrait devant eux. Parmi ceux qu'il avait pris ainsi en affection et en estime particulières, je dois à l'amitié d'en mentionner au moins deux.

Le premier est M. A. P., qui s'intéressa de bonne heure, un peu à son exemple, à une foule d'applications utiles de la science, la météorologie, la chimie et l'électricité surtout, science dans laquelle il s'est même distingué par la construction d'ingénieux appareils. En ce moment, par une coïncidence nouvelle, A. P., collaborateur et héritier des idées et des œuvres d'un grand philanthrope, M. Tourasse, occupe toutes les heures de sa vie à propager, dans les Basses-Pyrénées, la fondation de bibliothèques et de caisses d'épargne scolaires et de sociétés de prévoyance et de secours mutuels, établies d'après les principes de la charité la plus intelligente. A. P. est revenu passer quelques heures à Chartres en 1877. C'est une des dernières figures amies qu'Ed. Person ait vues à son lit de mort.

Le second de ces jeunes gens, que mon père a profondément aimé, et dont il écoutait religieusement la conversation si savante et déjà si pleine d'expérience, c'est toi, Emmanuel Voyet, ami sûr et fidèle, conseiller discret et

dévoué, cœur généreux et tendre, âme à la Vauvenargues !
Reçois ici, ô mon cher camarade, ô mon meilleur ami, si
brusquement enlevé à nos affections, reçois l'hommage de
mes souvenirs attendris!... Emmanuel Voyet, mon père
l'avait vu grandir, se développer, affermir et étendre cet
esprit observateur qui devait faire de lui de si bonne
heure, à sa sortie de l'internat des hôpitaux de Paris, un
savant et un praticien consommé. Emmanuel Voyet et moi,
nous étions camarades au Collège de Chartres, et nous nous
disputions parfois les premières places ; mais la dispute
n'était pas longue ; avec son intelligence méthodique qui
s'avançait toujours à coup sûr et ne perdait jamais de ses
avantages, il avait sur nous tous une supériorité marquée.
Mon père avait pour lui tant d'affection et de sympathie,
qu'il se consolait tout de suite de ne me voir que le second,
dès qu'il apprenait qu'Emmanuel était le premier. E. Voyet
est mort à la tâche, épuisé par la double fatigue des visites
aux malades, des consultations et du travail de cabinet.
Rentré chez lui, après de longues courses, il voulait noter
ses observations et coordonner ses notes et ses lectures ;
il voulait pénétrer tous les secrets de la thérapeutique et
de la chirurgie, étudier à fond toutes les innovations, tous
les progrès de son art, et donner à ses diagnostics une
précision infaillible, à sa main, qui déjà maniait avec tant
d'habileté la sonde ou le bistouri, une sûreté encore plus
grande. Mourir ainsi à trente-quatre ans, pour un jeune
médecin, c'est presque mourir en face de l'ennemi ; c'est
mourir au champ d'honneur ! Je n'oublierai pas qu'à l'heure
des dernières convulsions de la Commune, en sortant de
chez moi, le 24 mai 1871, la première figure de connaissance que je rencontrai sur le boulevard Saint-Michel, ce
fut celle de ce cher ami. Il avait accompagné, à Paris, les

pompiers de Chartres, et il venait prendre de mes nouvelles. Pour arriver du Palais de Justice, où s'était rendu le bataillon chartrain, jusqu'à mon domicile, il avait eu à parcourir deux boulevards, dont la traversée n'était pas sans péril. Ce dernier trait de son amitié m'à pour toujours attaché à lui, et plus étroitement que jamais.

Que dire maintenant de l'intérêt qu'Ed. Person prenait à ces conférences chartraines, dont MM. Deschanel, Lissajous, Philarète et E. Chasles, Charles Blanc, E. Talbot, F. Sarcey, et d'autres encore étaient, dans l'ordre scientifique et littéraire, les principaux orateurs? Il y emmenait avec lui les élèves de son Ecole (plusieurs fois même on l'en blâma), et souvent il rendait compte, dans les journaux, de ces fêtes de l'intelligence; il exprimait aux auteurs la gratitude des auditeurs, mais parfois aussi, il stimulait la froideur du public. Il était grand amateur de la *Grammaire des Arts du dessin*, de Charles Blanc. En entendant, il y a quelques semaines, le discours de M. Ed. Pailleron, successeur de Charles Blanc à l'Académie française, je pensais à un article du *Journal de Chartres* de 1868, dans lequel mon père analyse d'une façon vraiment attachante une conférence chartraine de ce grand critique consacrée à Léonard de Vinci.

En 1864, les cours publics avaient pris à Chartres un nouvel essor. Les professeurs chartrains, que j'ai nommés plus haut, étaient renforcés de temps à autre par des professeurs venus de Paris. Le 27 novembre 1865, M. Deschanel parlait, dans le grand foyer du Théâtre, de Mme de Sévigné; le 21 décembre, M. Talbot entretenait ses auditeurs, dans une brillante leçon de littérature comparée, du type du misanthrope dans Lucien, dans Shakespeare, dans

Molière — (le 23 février de la même année, il avait parlé de La Fontaine, et plus tard encore, il analysa devant son auditoire le *Mystère d'Orléans*); la même année, le 3 mars, M. Longchamps était venu faire une conférence sur le mouvement de la terre et des planètes; en 1866, le 22 mars, Philarète Chasles parla de Collin d'Harleville et de la vie de province; puis vinrent de grandes séances scientifiques où M. Lissajous se faisait accompagner de MM. Duboscq et Bianchi; des leçons de M. Félix Hément sur les évolutions du globe, sur la mer et ses courants; de nouveaux entretiens de M. Deschanel sur les fabliaux et les contes populaires, sur Perrault et les contes de fées, sur Balzac et sa correspondance. En 1868 et en 1869 on entendit encore, à Chartres, M. Edouard Fuchs, professeur à l'Ecole des Mines; Gustave Lambert, qui exposa son projet d'exploration au pôle Nord et recueillit des souscriptions, avant de se faire tuer, en janvier 1871, à Buzenval, à quelques pas de celui qui écrit ces lignes; enfin M. F. Sarcey, qui étudia le rôle des femmes dans Corneille, et s'occupa, dans une dernière conférence, de l'aimable gamin de Paris qui s'appelait François Villon, de celui-là même dont la statue décore aujourd'hui le square Monge. Ed. Person rendit compte de cette leçon, et de beaucoup d'autres, dans le *Journal de Chartres*.

Je dois parler maintenant des visiteurs qu'amenaient à l'École normale de Chartres les travaux, les essais et les relations qu'entretenait au dehors le directeur de cet établissement. Des visiteurs, il y en avait de toutes sortes et on y rencontrait jusqu'à de simples curieux. On voyait d'abord les Inspecteurs généraux de l'Université, M. Matter, M. Cayx, qui devint plus tard vice-recteur de l'Académie de Paris et qui voulut constamment du bien à mon père; Isidore Geoffroy-Saint-Hilaire, le fils du grand savant; MM. Viguier et Despretz, que j'ai nommés précédemment; Ragon et Magin, deux excellents historiens; de Villemereux, cousin de l'annotateur de Lhomond; Riant; Ritt, aimable visiteur, mathématicien de première force, qui poussait fort loin les élèves de Chartres dans ses exercices favoris de calcul mental; M. Eug. Rendu (voir page 109); M. Danton; MM. Artaud et Mourier, les deux derniers vice-recteurs de l'Académie de Paris qu'ait connus mon père... d'autres encore que je ne veux point nommer, car je suis moi-même, tous les ans leur justiciable[1]. C'étaient ensuite les préfets, les députés, les membres du Conseil général. Je ne passerai pas sous silence le brave colonel Normand; le général Lebreton, qui a laissé en Eure-et-Loir le souvenir d'un esprit libéral et d'un cœur généreux; M. le marquis de Pontoi-Pontcarré, si bienveillant et si affable; M. Vacher du Grand Parc, qui toute sa vie a été si complètement dévoué aux intérêts de l'instruction primaire; enfin M. le vicomte Reille, qui ne cherchait, en sollicitant les suffrages de ses concitoyens, qu'une occasion nouvelle de faire plus de bien autour de lui. C'étaient encore des personnages importants, chargés de missions plus spéciales, tels que MM. Victor Rendu pour l'agriculture, Laurent de Rillé pour le chant, Renou pour la météorologie (j'ai nommé précédemment M. Le Verrier); enfin, des expérimentateurs autorisés, comme le docteur Blanchet, qui désirait s'entendre avec les instituteurs, sur la manière de propager dans les

---

[1] « Dès ma première inspection, m'écrit M. Mourier, je fus frappé de son talent d'organisateur et de son intelligence des questions pédagogiques : il comprenait à merveille la direction qu'il convient de donner à l'Instruction primaire dans nos campagnes. »

communes du département la méthode qui fait parler les sourds-muets; le pasteur Montandon, de l'Oratoire du Louvre, qui venait étudier, au nom de son consistoire, le fonctionnement d'une école normale ; Mme Marie Cavé qui, pendant plusieurs jours, expérimentait à l'École normale de Chartres une méthode de dessin dont elle était l'auteur. Cette méthode consistait en d'ingénieux transparents d'après lesquels chaque élève devait reproduire le modèle placé sous ses yeux et sous sa main[1].

Il y avait enfin les simples curieux qui, sans attache officielle, n'étaient pas toujours les moins compétents. Les uns étaient attirés par la réputation dont l'École normale de Chartres jouissait au dehors; d'autres étaient amenés par des amis chartrains, qui d'avance avaient inscrit cette visite à l'École normale dans leur programme, comme une des *great attractions* de la ville. Je citerai dans le nombre MM. Lepère et Jamin, horticulteurs et arboriculteurs distingués, directeurs du potager de Versailles et du jardin du Luxembourg; M. Morren, un des directeurs de la *Belgique horticole;* M. Riocreux, le conservateur du musée de céramique de Sèvres, celui dont le peintre H. Regnault a laissé un portrait si frappant; le docteur Trousseau, jadis représentant d'Eure-et-Loire ; le brave général Gréard, qui racontait aux élèves-maîtres qu'étant jeune officier, il avait fait l'école au régiment; le colonel Soulin, chargé d'affaires de la République de l'Équateur ; M. Poulain de Bossay, ancien proviseur et recteur, devenu propriétaire et horti-

---

[1] Devant Madame Cavé, en novembre 1862, et plus tard, sous la direction de M. Daudiet d'Austrive, les élèves de l'Ecole normale de Chartres firent usage de cette nouvelle méthode. Elle consiste, à proprement parler, dans l'usage d'un *vérificateur* ou feuille transparente, sur laquelle est empreinte l'image qui sert de modèle, et que chaque élève rabat sur son dessin pour corriger les erreurs de contours, autant de fois que cela est nécessaire.

culteur en Eure-et-Loir; le docteur Lescarbault, qui venait d'apercevoir la planète Vulcain; des étrangers même, anglais, russes et roumains, dont je n'ai pas retenu les noms.

Tous se retiraient enchantés de l'accueil affable qu'ils recevaient, des explications qui leur étaient fournies, de l'art avec lequel le chef de l'établissement rattachait à un plan d'ensemble, à une idée élevée les plus petits détails, et de l'à-propos avec lequel il leur adressait un compliment et un remercîment flatteur. Un jour, en 1851, un inconnu avait demandé l'autorisation de visiter le jardin. Ed. Person l'y rejoignit : on cause, et, au moment de se séparer, mon père demande à cet étranger de vouloir bien lui faire connaître son nom. — « Mon nom, répondit celui-ci, ne vous dira pas grand'chose, je m'appelle Ziégler. — Ce nom, bien au contraire, me rappelle, si vous n'êtes point son parent, un peintre de talent, l'auteur du *Giotto dans l'atelier de Cimabue*, de *Foscari, doge de Venise*, et des fresques de la Madeleine, que j'ai admirées dans ma jeunesse. — Monsieur, répliqua le visiteur d'une voix émue, c'était mon frère ! » Et les deux interlocuteurs échangèrent une cordiale poignée de main. Le peintre Ziégler, auquel faisait allusion Ed. Person, était mort l'année précédente.

Une des visites les plus curieuses, et que mon père avait imaginée et préparée avec son entrain accoutumé, fut celle que le directeur, les maîtres et les élèves de l'École normale de Versailles rendirent, le 17 août 1856, à l'École normale de Chartres. Ed. Person pensait que, de ce commerce et de ce contact de quelques heures, pouvait déjà naître, pour les deux établissements, un échange fructueux d'idées et de méthodes. L'École de Chartres offrait à ses hôtes l'attrait de ses collections et de son jardin ; les élèves de Versailles allaient faire entendre dans la cathédrale de Chartres d'abord, puis dans la grande cour de l'École normale, des chœurs religieux et profanes exécutés avec un ensemble, un goût et une délicatesse qui firent sur le public chartrain, appelé à les entendre, la plus vive impression. C'est de ce jour que fut décidée, à Chartres même, la fondation d'une Société orphéonique qui est devenue la Société chorale[1]. Parmi les maîtres de l'École de Versailles qui accompagnaient leurs élèves, se trouvaient, à côté du directeur, M. Bonnin du Bessay, l'éloquent abbé Tournemine, aumônier; le professeur de musique, M. Eigenschenck, qui eut les honneurs de la journée, et les deux maîtres-adjoints, dont l'un sortait de l'École normale de Chartres, et dont l'autre est aujourd'hui directeur de l'École normale primaire de la Seine.

Non content de recevoir les visiteurs, Ed. Person allait

---

[1] Qu'on rapproche en effet les dates : les élèves de l'Ecole normale de Versailles font entendre à Chartres, le 17 août 1856, dans la Cathédrale, une magnifique messe en musique, un superbe Ave Maria ; le soir, au Grand-Faubourg, les chœurs des *Enfants de Paris*, des *Petits Maraudeurs*, des *Vendanges*, de la *Nuit*, de la *Retraite*. Alors, M. Chabriel, professeur de chant, organise une société orphéonique dont les cours se font dans une des salles de la mairie de Chartres, en novembre 1856. Au commencement de l'année 1857, la société chorale fondée par M. Maroteau en 1855, et qui depuis cette époque n'avait eu aucun succès, se reconstitue, stimulée par l'exemple des normaliens de Versailles et des orphéonistes de M. Chabriel. Deux cents souscripteurs apportent leur adhésion à la Société chorale. Le 27 mars 1857, cette société donnait un très agréable concert d'inauguration. La Chorale de 1857 est devenue, en 1869, chorale et fanfare, sous la direction du regretté Escudié. Au moment où j'écris ces lignes, elle s'est transformée de nouveau, et elle porte actuellement le titre d'*Harmonie Chartraine*.

Quant à la Société philharmonique, tout à fait indépendante de ces sociétés, elle date, à Chartres, de l'année 1832.

les chercher au dehors, et trouvait même moyen d'emmener son École avec lui. Je parle ici au figuré. Les élèves avaient exécuté, en 1859, un magnifique album de dessins qui représentaient, dans tous ses détails, l'École normale et son jardin. Il eut l'honneur de soumettre ce travail à M. Rouland, ministre de l'Instruction publique, qui s'en déclara fort satisfait. Cet album fut envoyé jusqu'à Londres, à l'Exposition universelle, d'où il revint avec une mention honorable ; il fit plus tard, dans le même but, un autre voyage à Vienne.

Ceux donc qui trouvaient que le directeur de l'École normale de Chartres se répandait trop, ou qu'il entreprenait trop de choses étrangères aux programmes et aux études, furent bien obligés de convenir qu'il avait vu juste, quand des instructions précises vinrent confirmer et consacrer tant d'œuvres qu'il avait commencées de son chef. Il fallut bien reconnaître, d'autre part, que la pensée générale qui l'inspirait était habile et sage. Cette pensée, je ne saurais trop le redire, c'était d'associer, par cette diffusion même, le futur instituteur communal à toutes les œuvres intellectuelles et philanthropiques de son temps et de son milieu. C'était ensuite de gagner et de conquérir à l'enseignement primaire et aux instituteurs, des patrons puissants, des protecteurs éclairés, et de placer les écoles et les maîtres aussi haut que possible dans l'estime publique. C'est ainsi qu'il a amené à s'occuper des questions scolaires, et par cela même, à vouloir du bien aux instituteurs, des notabilités de la ville et du département que les circonstances n'eussent point attirées de ce côté, ou que leurs préventions même et leur entourage en eussent écartées à tout jamais. Pour beaucoup, s'intéresser au succès d'une école, s'occuper d'un instituteur, c'était s'occuper d'un ancien élève d'Édouard Person. Qu'importait le mobile, si le résultat était bon? Mon père estimait avec raison qu'il y a des cas où il faut faire flèche de tout bois, et il pensait aussi que tout chemin mène à Rome.

CHAPITRE X

1870-1877

Les dernières années. — L'Exposition scolaire de 1868. — La guerre de 1870. — L'ambulance des blessés à l'Ecole normale de Chartres. — Edouard Person prend sa retraite en 1876. — La pauvreté et la mort. — Ses derniers amis : Madame Alexandre Texier, madame E. Roux.

Nous voici arrivés aux dernières années de la vie d'Ed. Person. En 1870, il avait déjà atteint et dépassé l'âge légal de la retraite : mais, cette retraite, il en voyait venir l'échéance avec terreur. Il avait des motifs pour cela. Ces motifs, ses amis les connaissaient : je les rappellerai tout à la fin de ce chapitre. Certains symptômes, autour de lui, lui faisaient cependant comprendre qu'il avait achevé sa tâche, et qu'à des situations nouvelles, comme l'a dit un homme éminent, M. Dufaure, il faut des hommes nouveaux. Ed. Person, sans se faire beaucoup d'illusions, exprima plusieurs fois le désir et le besoin qu'il avait de garder sa place. On la lui conserva. Toutefois, il eut encore de bons moments : car ce n'est que par instants que l'âge parvenait à ralentir son ardeur ; et la terrible maladie d'estomac, dont il souffrit cruellement à plusieurs époques de sa vie, et qui finit par avoir raison de lui, cette maladie elle-même lui laissait encore assez de répit.

Dans les dernières années de l'Empire, l'enseignement primaire était fort en honneur. Les concours scolaires que j'ai vus, dans les Archives nationales, organisés déjà avant 1833, et qui furent supprimés en 1837, je ne sais trop pourquoi, avaient été rétablis, en 1865, sous le ministère de M. V. Duruy. Deux ans après, en 1867, l'année même de l'Exposition universelle, avait lieu au ministère de l'Instruction publique, à Paris, une exposition de devoirs, de cahiers, de compositions et de dessins exécutés par les élèves des écoles primaires de la France. Parmi les écoles récompensées à cette occasion figuraient l'école communale d'Illiers, avec la note *très bien* pour les compositions et les dessins; l'école de Bonneval, avec la note *excellent* pour les compositions; l'école communale de Chartres et celle de Courville, avec les notes *très bien* et *bien*. A la suite de cette grande démonstration, des expositions scolaires furent instituées dans les départements. L'exposition d'Eure-et-Loir fut organisée au mois d'août 1868. Ed. Person s'en donna à cœur joie; les exposants, en effet, étaient presque tous ses élèves, et, de plus, il fit admettre hors concours un grand travail préparé par les élèves-maîtres de l'École normale.

Pour tout ce qui concerne les détails de cette exposition, l'enquête à travers les huit mille cahiers, les deux mille dessins et les deux mille ouvrages à l'aiguille exposés, les cartes géographiques, les beaux herbiers envoyés par l'école de Bonneval, par l'école de Bailleau-le-Pin, les médailles et les récompenses accordées aux instituteurs, directeurs de cours d'adultes, fondateurs de bibliothèques scolaires, etc., et les souvenirs de la mémorable séance du 25 août

1868, je renvoie à l'intéressant ouvrage de MM. Ch. Defodon et H. Ferté (*Les expositions scolaires de 1868*, chez Hachette.) J'extrairai de ce petit livre ce qui concerne l'École normale primaire de Chartres :

L'Ecole normale primaire de Chartres, placée depuis de longues années sous la direction éclairée et savante de M. Person, avait été mise hors concours. Elle n'en exposait pas moins des produits très intéressants et très utiles aux futurs instituteurs. C'étaient, d'abord, deux vastes tableaux présentant une carte des gisements géologiques qui servent de base au sous-sol et à la couche arable du département d'Eure-et-Loir, d'après les tableaux de M. Boisvillette et les magnifiques collections de l'Ecole même ; une autre carte des terrains et reliefs de Chartres et de ses environs ; des échantillons de terrains formant les couches et le sol des plateaux, des coteaux et de la vallée des environs de Chartres ; puis les premières couches géologiques du dessous du sol arable et du sous-sol ; des échantillons des eaux intérieures et extérieures des puits, de la rivière et des fontaines de la même circonscription, avec l'analyse chimique de ces eaux ; un tableau représentant les couches traversées par le forage du puits artésien de la place Marceau, à Chartres. De l'autre côté de la salle se trouvaient réunis des échantillons des différentes plantes alimentaires et céréales cultivées dans la campagne de Chartres, et des principaux animaux et oiseaux qui s'y trouvent ; des spécimens des industries chartraines ; ainsi, les matières premières et les produits successifs de la fabrication du chocolat, du pain d'épice, de la bière, de la farine, du gaz, de l'acide pyroligneux, empruntés à des usines, brasseries, moulins de la ville et des environs ; sans oublier un tableau fort bien dressé portant le résumé des observations météorologiques faites à l'École normale depuis 1866. L'idée que la direction de l'École a voulu réaliser, en exposant des produits de cette nature, a été évidemment de montrer aux instituteurs comment ils peuvent faire, dans leurs communes, l'étude de la surface territoriale et des accidents topographiques qui la caractérisent ; du sol et des eaux ; du climat ; des plantes naturelles et cultivées, des insectes, oiseaux, animaux qui affectionnent particulièrement la commune et la contrée. Il est certain qu'en possédant exactement ces données premières et en y ajoutant tout ce qui se rapporte à l'archéologie, à l'histoire, à la statistique des communes, chaque instituteur pourrait non-seulement donner à ses loisirs un emploi sérieux et utile, non-seulement ajouter à son enseignement l'attrait si vif et si naturel qui s'attache aux choses locales, aux traditions et aux destinées de cette petite patrie que chacun de nous se fait dans la grande, mais encore apporter un contingent précieux à la collection bien incomplète encore de tous les détails spéciaux, de toutes les connaissances particulières dont l'ensemble mieux connu formera quelque jour notre véritable histoire nationale. C'est une excellente initiative qu'a prise sur ce point M. Person, et c'est de grand cœur, pour notre part, que nous applaudissons à ses efforts.

Cette grande exhibition de 1868 fut la dernière joie du directeur de l'École normale primaire de Chartres. De terribles épreuves nous attendaient tous ; il en eut sa part et il fut à la hauteur des circonstances, dans les douloureux événements de la guerre de 1870. Son âme attristée ne se laissa pas abattre, lorsqu'il revit pour la troisième fois l'invasion.

Il avait prévu nos désastres, et il assistait aux préparatifs de la guerre avec une inquiète mélancolie. Je me rappelle encore de lui plusieurs lettres dans lesquelles il était bien loin de partager notre aveugle enthousiasme. A ce moment-là, un grand déchirement se fit dans son cœur : il entrevoyait déjà la patrie mutilée. Trop jeune pour la défendre en 1815, il était trop vieux pour marcher à son secours en 1870. En 1848, il avait conduit ses élèves au feu, jusqu'au pied des barricades : en 1870, il n'avait plus assez de forces pour les mener au devant de l'envahisseur. Lorsqu'on apprit à Chartres la défaite de Wissembourg et la mort du général Abel Douay, un élève vint lui remettre une demande collective d'engagement dans l'armée active. Je laisse ici la

parole à ce fidèle témoin : « Il m'appela dans son cabinet et,
» la main sur son cœur et les larmes dans les yeux, il me
» dit ces simples paroles : Je regrette cette demande, car je
» ne pourrai pas vous suivre ! »

Pendant les grandes vacances de l'année 1870, l'École normale fut occupée par des compagnies de mobiles qui s'exerçaient, recevaient leur équipement, apprenaient le maniement des armes, avant de rejoindre l'armée française. Les mobiles restèrent à l'École, du 11 août au 21 octobre. Ce jour-là, les Allemands arrivèrent à Chartres ; il occupèrent l'École normale jusqu'au 8 décembre ; en partant, ils emportèrent tous les lits, afin de constituer leurs ambulances sur d'autres points de la ville. Du 8 décembre 1870 au 16 mars 1871, l'École normale fut une ambulance française.

Le Comité chartrain de secours aux victimes de la guerre, affilié à la Convention de Genève, et ayant pour président M. Collier-Bordier, conseiller général, avait organisé un service d'ambulances à poste fixe et d'ambulances volantes. Une partie des établissements publics, tels que la moitié de l'Hôtel-Dieu, la Prison, la Cour d'assises, le Collège, les écoles des Frères, étaient occupés par les ambulances de l'ennemi. Les ambulances françaises occupaient l'autre moitié de l'Hôtel-Dieu, les hospices de Saint-Brice et d'Aligre, l'École normale, le Théâtre, les Séminaires, plusieurs couvents et des maisons particulières. Les ambulances qui reçurent le plus de blessés pendant la guerre furent l'Hôtel-Dieu et Saint-Brice (931 blessés). C'est à Saint-Brice que mourut M. de Marnas, substitut à Fontainebleau, engagé volontaire dans les chasseurs à pied, blessé à Metz, échappé de Metz au moment de la capitulation et blessé de nouveau à Loigny. L'asile d'Aligre reçut 160 blessés, le Théâtre 119, l'École normale 97.

Les ambulances volantes allaient recueillir ces malheureux sur les points les plus accessibles, et jusqu'à Loigny même, où se livra, le 2 décembre, une terrible bataille, à 44 kilomètres de Chartres. M. Michel Isambert était chargé d'assigner à chaque blessé ou malade, selon le genre ou la gravité du mal, l'ambulance où il devait se rendre. L'ambulance de l'École normale, dépouillée de tous ses lits, s'était constituée par des dons volontaires, et de généreuses assistances de toute nature [1].

C'est là qu'arrivèrent, à une heure avancée de la nuit, les blessés de Loigny, cahotés dans des carrioles, transis de froid, gémissant, et couverts d'horribles blessures. Leurs habits déchiquetés se confondaient avec leurs chairs meurtries, et des lambeaux de leurs pantalons et de leurs capotes avaient pénétré dans les plaies, avec les balles et les éclats d'obus. La sollicitude et la vigilance du vieux directeur et de sa femme ne se démentirent pas [2]; ils vécurent au milieu de ces malades, les encourageant et les consolant à leur chevet; assistant parfois les chirurgiens dans la salle des opérations, et accomplissant de temps à autre le douloureux devoir d'écrire à leurs familles pour leur apprendre l'issue funeste de la maladie; dissimulant enfin

---

[1] Voici la composition exacte du personnel de cette ambulance, d'après le compte-rendu du Président du Comité central de Chartres :
Délégués : M. et Mme Person.
Docteurs : MM. Lelong (Adolphe) et Lelong (Marcel).
Aides et surveillants : MM. Lelong fils, Renault et les deux élèves Brosseron et Nalot.
Infirmières : quatre sœurs de Saint-Paul ; la sœur Amélie, supérieure.
Aumôniers : MM. L'Anglois, Duteyeul, Paty.
Comptable : M. Laigneau, maître-adjoint à l'École normale.

[2] A côté du comité des ambulances, il y eut à Chartres un *Comité des Dames*, pour donner des secours aux familles des soldats sous les drapeaux ; ma mère était l'une des trésorières de ce comité qui continua ses opérations longtemps encore après la guerre.

ceux qui étaient guéris et que les autorités prussiennes voulaient ressaisir comme prisonniers de guerre [1].

Mais pourquoi ne laisserai-je pas ici la parole à mon cher camarade Marcel Lelong, qui a bien voulu réunir pour cette notice des souvenirs déjà lointains? Je ne changerai rien, bien entendu, à cette saisissante déposition :

On ne saurait se faire une idée du dénuement absolu dans lequel nous nous trouvions vers le 8 ou 10 décembre. Nos blessés furent couchés sur des bottes de paille trouvées chez les habitants des faubourgs. Le lendemain on entonnait la paille dans des toiles préparés à la hâte : c'étaient les matelas. Le surlendemain on fabriquait des bois de lits avec des planches équarries : je regrette que l'École n'en ait pas conservé un spécimen.

Nous fûmes bientôt envahis par la plus affreuse des complications, la pourriture d'hôpital, à odeur fade et nauséabonde. Je la sens encore. Elle avait pénétré dans l'appartement de tes parents, situé juste au milieu de l'ambulance; elle leur causait des nausées et troublait leurs courts instants de sommeil. Ta mère s'était faite infirmière : toutes les femmes le sont à l'occasion. Ton père servait d'aide dans les opérations, et cela le plus bravement du monde ; mais il lui fallait surmonter son émotion et à ce point de vue, il commençait trop tard son éducation.

J'ai retrouvé, dans les papiers de mon père, des lettres naïves et touchantes dont la plus grande partie était envoyée de la Bretagne : c'étaient ou des familles désolées qui avaient reçu des mèches de cheveux de leurs enfants morts, et remerciaient le directeur de l'ambulance de ses soins affectueux, ou bien des blessés guéris qui s'empressaient de faire savoir qu'ils étaient arrivés à destination.

---

[1] Le 17 janvier 1871, à Chartres, l'ennemi avait enlevé pour les conduire en Allemagne, en violation des articles de la convention de Genève, 8 convalescents dans l'ambulance des Sœurs N.-D., 36 à Josaphat, 9 aux Dames Blanches.

Voici les dernières lignes du rapport d'Ed. Person, sur l'ambulance qu'il dirigea. Ce rapport a été inséré dans le compte rendu du président du Comité central :

Ici devrait actuellement se placer l'histoire médicale et chirurgicale de notre ambulance.

Histoire, hélas! pour beaucoup de nos blessés, très douloureuse et très lamentable, dans laquelle nous aurions à noter la nature et la gravité des blessures, leurs terribles aggravations par suite du froid nocturne supporté sur le champ de bataille, ou par suite de la tardivité des premiers pansements; dans laquelle encore il nous faudrait indiquer les grandes opérations et toutes les résistances opposées par la science aux complications survenues, soit par l'hémorragie et l'érésipèle, soit par la fièvre typhoïde et la petite vérole:

Histoire heureusement consolante pour le plus grand nombre, et dans laquelle nous aurons ensuite à mentionner les cures presque inespérées, la cicatrisation des plaies profondes de la balle et des déchirements de l'obus, et les guérisons obtenues par la double efficacité des soins habiles du médecin, secondés par ceux de la sœur.

Le 16 mars 1871, les derniers blessés recueillis à l'Ecole normale furent déversés à l'Hôtel-Dieu, pour céder la place aux élèves qui bientôt allaient effectuer leur rentrée. Ed. Person resta encore à la téte de l'Établissement jusqu'au mois de septembre 1876. Je ne vois plus rien de saillant à noter dans ces dernières années, si ce n'est le concours assidu et dévoué qu'il apporta, avec un zèle et une activité qui rappelaient les plus belles heures de sa jeunesse, au développement de la Société de secours mutuels des instituteurs d'Eure-et-Loir, dont il était depuis plusieurs années un des vice-présidents, et à la fondation de l'École normale des institutrices où une place lui fut réservée dans la commission de surveillance. Quelques mois avant de mourir il allait visiter journellement l'instituteur de Lèves frappé à mort, et il prononçait sur sa tombe un touchant discours. Ce furent ses derniers adieux à ses anciens élèves. Avant de quitter l'Ecole il avait eu soin de consacrer, dans le corridor du rez-de-chaussée, une inscription commémorative en l'honneur de deux anciens élèves, victimes de la guerre, Hogreau, instituteur, tué à Jouy, le 21 octobre 1870, Ringuenoir, instituteur de Droue, tué à Épernon le 5 octobre.

Ses derniers jours, à lui aussi, furent tristes. Blanchi sous le harnois, il eut voulu entrer tout droit, d'une vie d'affaires et de labeur, dans l'éternel repos. La dernière étape, qui a été cependant si courte, était à ses yeux une transition inutile. Il y a de ces natures pour lesquelles le loisir ici-bas constitue une sorte de décadence, et qui s'en trouvent presque humiliées. Le repos a été fatal à Edouard Person ; à un quart d'heure de distance de l'Ecole normale, il est mort de nostalgie. Une pensée du reste l'obsédait : il était pauvre, absolument pauvre. C'est avec une tristesse mêlée d'orgueil que je rappelle ces dernières circonstances : car la pauvreté qu'Ed. Person a léguée à ses enfants, c'est la meilleure et la plus noble part de leur héritage. Mais enfin, il ne pensait pas tout à fait comme nous, et cette funeste idée de la pauvreté a empoisonné les derniers jours de sa vie ; il dévorait ce chagrin, et ce chagrin l'a dévoré à son tour. Sa faible pension de retraite [1], jointe à la dot encore plus restreinte de sa femme, lui laissait à peine de quoi vivre, au sens le plus rigoureux du mot. En vain la nouvelle loi de 1876 sur les retraites des fonctionnaires de l'enseignement primaire augmentait-elle sa pension de

---

[1] Les fonctionnaires de l'enseignement primaire ne furent admis à participer aux avantages de la retraite, qu'à partir de 1853 (Loi du 9 juin). Or, en 1860 le traitement du directeur de l'Ecole normale primaire de Chartres ne s'élevait encore qu'à 3,000 francs. On voit ce que devait être la pension de retraite, dans ces conditions.

quelques centaines de francs : le budget du petit ménage était encore bien loin d'atteindre le chiffre normal de ce qui constitue de nos jours une modeste aisance. Edouard Person ne se faisait point à l'idée que les siens apportassent à sa vieillesse les soulagements et les adoucissements qu'il avait pendant toute sa vie prodigués à ses propres parents.

C'est pour cela qu'il avait reculé de jour en jour, au delà du terme raisonnable, l'heure de la retraite, et c'est pour cela qu'il a goûté sans plaisir et sans conviction le repos qu'il s'était à si grand'peine décidé à prendre. N'ayant pour lui-même ni goûts dispendieux ni aucun besoin coûteux à satisfaire, il ne faisait point fi de la richesse, en paroles du moins. Bien qu'il eût été profondément incapable de l'acquérir, en quelque position que la destinée l'eût placé, et peut-être même parce qu'il avait conscience de son incapacité, il enviait le sort des gens riches ; en effet, homme d'iniative et d'action, prêt à entreprendre tant d'œuvres utiles, comment n'eût-il pas trouvé la richesse désirable à cause du bien qu'elle permet de faire ici-bas ? Il l'enviait encore à cause de cet autre avantage précieux qu'elle apporte avec elle : l'indépendance. C'était un de ses mots habituels. Il avait à Chartres des amis placés dans de brillantes situations de fortune, et quand il les félicitait de leur sort, et que ceux-ci, tout étonnés, lui répondaient qu'ils ne s'en trouvaient pas plus heureux pour cela : « Votre bonheur, leur disait-il, vous n'en connaissez pas » l'étendue : grâce à votre fortune, vous êtes indépendant! » C'est le plus grand bien de la terre [1] ! » Or, aux yeux

---

[1] Ces idées se retrouvent jusque dans ses leçons : « Le bien-être, c'est-à-dire la liberté et l'indépendance, rend puissant pour bien faire ; la pauvreté, la nécessité met à la merci de tout le monde ; le bien-être met l'homme à sa

d'Ed. Person, l'indépendance c'était encore une force de plus pour faire le bien.

Parmi ces personnes amies qui, jusqu'à la dernière heure, ont entouré mes parents d'affection, de soins et de délicates amabilités, je tiens à nommer ici deux femmes également distinguées, l'une par les qualités de l'esprit, l'autre par les qualités du cœur. Elles aussi ne sont plus de ce monde. Je veux parler de Mme Roux, veuve d'un ancien professeur du collège de Chartres, intelligente, vive, lettrée, nourrie de lectures, et ayant tout l'esprit et toute la finesse de ses auteurs favoris ; et de Mme Alexandre Texier, cette bienfaitrice généreuse, et ardente à toutes les bonnes œuvres, qui a fait pendant sa vie et en mourant un si noble emploi de sa richesse, visitant les pauvres de Chartres, comblant la commune et l'école de Favières de ses dons, et finalement léguant presque toute sa fortune et celle de son mari au département d'Eure-et-Loir, pour la fondation d'œuvres charitables, et notamment pour la création de sept hôpitaux dans les cantons qui en étaient dépourvus. Hélas ! C'est presque un nécrologe que je retrace, en terminant ce chapitre : que de personnes qui nous étaient chères ont déjà disparu ! Emmanuel Voyet est mort le 26 décembre 1876 : Mme Texier est morte le 28 décembre de cette même année : Edouard Person est mort le 11 mai 1877 ; ma mère est morte le 6 juillet suivant ; Mme Roux est morte la dernière, le 13 février 1882 : que leur souvenir demeure, et que leur mémoire soit honorée !

---

place. et lui permet de prendre la responsabilité de ce qu'il fait. » (*Cours de Pédagogie*, 29e tableau).

CHAPITRE XI

Le passé et le présent. — L'œuvre d'Ed. Person encore vivante dans les élèves qu'il a formés, dans ses leçons et ses méthodes. — Pourquoi nous avons dû nous décider à ne citer ici aucun nom propre. — Les quatre principaux collaborateurs d'Edouard Person. — Nouveaux exemples tirés de son cours de Pédagogie. — Programmes de quelques-unes de ses leçons. — Les anciens collègues d'Ed. Person, Rapet, Vivien, Lebrun, Badin, Bentz, Lalain, Hilaire, Dalimier, Thévenot. — Conclusion de cette notice.

Il nous reste donc à montrer ce que l'œuvre d'Ed. Person peut avoir encore aujourd'hui de vivant et de durable, dans un monde et à une époque où les institutions s'améliorent et se transforment si rapidement, et où la loi du progrès efface à chaque instant les traces du passé. Cette œuvre d'Ed. Person grandira dans les souvenirs de ceux qui l'ont connu, à mesure que le temps va nous éloigner d'elle, jusqu'à ce qu'enfin elle atteigne le terme fatal assigné ici-bas à tout ce qui a vécu et à tout ce qui doit mourir. Pour l'instant, le bien qu'a fait autour de lui l'ancien directeur de l'École normale primaire de Chartres, demeure encore sensible dans les hommes et dans les choses. Les hommes, me disait mon père, leur avenir dépend ici-bas de trois conditions, à chacune desquelles il n'est pas facile de faire une exacte part : 1° les qualités individuelles, l'intelligence et la volonté natives, l'originalité enfin qu'il appelait encore : la spontanéité ; 2° les rencontres, les circonstances de la vie, et les effets de cette puissance mystérieuse qu'on appelle le hasard [1] ; 3° les facultés acquises, inculquées ou développées, les directions intellectuelles et morales qui sont le propre de l'éducation et qui établissent entre le maître et l'élève une solidarité [2] dont l'influence dépend plus encore de la puissance d'expansion et de pénétration du maître, que de la docilité de l'élève. Eh bien, parmi les six cents élèves de mon père, auxquels est dédiée cette notice, quel est celui qui pourrait dire qu'il n'a pas subi, dans une certaine mesure, volontairement ou à son insu, l'empreinte du maître ? J'avais eu un instant l'idée de le démontrer, en faisant un choix parmi ces six cents noms, et en citant, comme dans un livre d'or, les plus distingués parmi les instituteurs d'Eure-et-Loir qui, de 1838 à 1876, ont passé par l'École normale primaire de Chartres. Mais faire un choix, en pareille matière, cela aurait-il quelque sens ? Faudra-t-il nommer seulement, et encore sans être sûr de n'oublier personne, ceux qui sont parvenus à de hauts emplois dans les services de l'instruction publique ? — à l'image du maître d'abord, trois directeurs d'écoles normales et un inspecteur primaire ; dans l'enseignement secondaire, trois principaux de collèges florissants ; d'anciens élèves de l'École normale de Cluny, agrégés de l'enseignement spécial ou des langues vivantes, et attachés à des lycées de province ou aux établissements

---

[1] « Le hasard, mais c'est Dieu qui garde l'anonyme », a dit M. Pailleron.
[2] M. Henri Marion a employé le mot : il a écrit aussi celui de *contagion morale*. J'oserai dire à mon tour que cette contagion est parfois d'autant plus puissante que l'on fait plus d'efforts pour la repousser. C'est comme le remous qui vous entraîne. Vous voulez vous dérober, vous êtes déjà pris. Plusieurs ont éprouvé de cette façon la puissante influence d'Ed. Person.

de la ville de Paris ; des professeurs de collège ; des secrétaires d'administration académique ; puis, dans les administrations départementales, des chefs de division d'une importante préfecture, des secrétaires de sous-préfectures ou de mairies de chef-lieux de département et de chef-lieux d'arrondissement ; dans les finances, des percepteurs, et jusqu'à un fondé de pouvoirs de receveur général, devenu caissier principal d'une des plus importantes sociétés financières de Paris ; un commis principal à la Banque de France ; un autre au ministère des postes et des télégraphes ; un chef de bureau de la comptabilité à l'administration du chemin de fer de l'Ouest ; un autre, caissier dans cette même compagnie ; le receveur-économe d'un grand établissement départemental ; des conducteurs des ponts et chaussées ; enfin, des artistes distingués, l'un dans la peinture de genre, celui-ci dans l'art du dessin, cet autre dans la gravure sur bois ; un poète même, d'un esprit fin et délicat, qui consacrait à la muse les loisirs que lui laissait la direction d'une grande école de chef-lieu d'arrondissement... ? Ce n'est pas tout encore : car sans sortir de l'enseignement primaire, il faudrait nommer au moins les directeurs des écoles supérieures et des écoles cantonales ; ceux qui ont conquis, par la bonne tenue de leur classe et l'éclat de leurs services, les médailles, les diplômes, les palmes académiques et universitaires. Mais de quel droit exclure de cette liste ceux qui se sont distingués et se distinguent encore aujourd'hui dans de plus petites communes, et qui apportent à l'accomplissement de leurs fonctions un dévouement d'autant plus estimable qu'il est plus obscur ? Le plus modeste d'entre tous les instituteurs, dans la plus petite commune du département, fait autant et plus d'honneur encore à Ed. Person que ceux qui sont arrivés au plus

haut degré de l'échelle. Comment ne pas se rappeler ici ce mot de Vauvenargues, que mon père développait souvent dans ses entretiens, lorsqu'il répétait devant ses élèves qu'à tout prendre, il valait mieux être un homme de cœur qu'un homme d'esprit : « Mon bon ami, il ne tient pas à
» vous de devenir riche, d'obtenir des emplois ou des
» honneurs ; mais rien ne vous peut empêcher d'être bon,
» généreux et sage ; préférez la vertu à tout : la vertu
» vaut mieux que la gloire [1]. » Une autre pensée qu'Ed. Person commentait également dans ses conférences, c'était ce passage de la lettre circulaire que M. Guizot adressa à tous les instituteurs, au moment de l'application de la loi de 1883 :

Il faut qu'un sentiment profond de l'importance morale des travaux de l'instituteur le soutienne et l'anime ; que l'austère plaisir d'avoir servi les hommes et secrètement contribué au bien public devienne le digne salaire que lui donne sa conscience seule. C'est sa gloire de ne prétendre à rien au-delà de son obscure et laborieuse condition, de s'épuiser en sacrifices à peine comptés de ceux qui en profitent, de travailler enfin pour les hommes et de n'attendre sa récompense que de Dieu.

Toutefois, il est un point sur lequel Ed. Person se séparait de M. Guizot. M. Guizot avait dit « que la simple pro-
» fession d'instituteur communal ne serait jamais aussi
» attrayante qu'elle est utile ». Ed. Person soutenait au contraire que l'instituteur pouvait rendre sa profession attrayante ; et il lui en donnait l'exemple, et lui en fournissait les moyens.

J'ai donc renoncé à dresser cette liste des anciens élèves de mon père parce que, aussi longue que je puisse la donner,

---

[1] Vauvenargues, *Conseils à un jeune homme*.

je ne pourrais expliquer par aucune bonne raison pourquoi je la fais si courte encore. Qu'il me suffise de dire que nul n'est sorti de ses mains sans en garder la marque. A tous, aux plus indépendants même, il a donné une méthode pour conduire leur esprit, une règle pour diriger leur vie, et jusque dans la façon dont chacun enchaîne, développe et exprime ses idées, engage et mène une affaire, compose un rapport, écrit une lettre ; jusque dans le style même, administratif ou familier, ce style qui doit être cependant ce qu'il y a de plus original et de plus personnel en chacun de nous, dans tout cela, on reconnaît encore aujourd'hui l'empreinte du maître. « Il m'a fait ce que je » suis, m'écrivait l'un deux après sa mort ; je lui dois le » peu que je vaux ; c'est à lui qu'en toute occasion je » reporte le bien que je puis faire, et son souvenir m'ins- » pire toujours. »

Un autre de ses élèves m'écrivait, il y a deux mois : « Je » suis de ceux qui l'ont le plus aimé, qui ont gardé de lui » et de son enseignement un fidèle souvenir, et qui bénis- » sent chaque jour sa mémoire. Depuis trente-trois ans que » je suis sorti de l'École normale de Chartres, je n'ai » jamais rencontré un de mes anciens camarades sans » parler de lui, et sans partager avec eux les sentiments de » la plus respectueuse et de la plus affectueuse reconnais- » sance. »

— « Quand nous sortions de ses mains, me disait un » troisième, nous voulions renouveler le monde et réaliser » les rêves de l'âge d'or : et avec ces fortes résolutions » nous ne connaissions pas le découragement. Ses idées » généreuses étaient notre soutien dans les premières » heures. Par son enseignement, il nous apprenait à tra- » vailler seuls, dans l'isolement de la campagne. Savoir

» travailler seul quelle ressource contre l'ennui ! Quel
» secours moral et intellectuel ! Quelle protection ! »

Un autre de ses amis, qui, du premier coup d'œil, l'avait compris, mon maître et mon vénéré collègue, M. Eugène Talbot, me disait : « De pareilles natures si excellemment
» douées ne sont pas communes : quand on les rencontre,
» on s'y attache, parce qu'elles ont un attrait et qu'elles
» sont un modèle. Bien que les circonstances nous aient
» tenus éloignés l'un de l'autre plus que je ne l'eusse
» souhaité, je me suis toujours regardé comme un de ses
» amis, et j'ai dirigé vers lui mon souvenir, comme vers
» un cœur qui m'accordait une place que je me sentais
» heureux d'occuper. » Parmi les lettres de condoléance qui ont été adressées à ma mère, il y en a quelques-unes qui nous ont d'autant plus touchés qu'elles étaient signées de noms qui nous sont parfaitement inconnus. L'une de ces lettres disait : « La mort de M. Person n'est pas un deuil
» particulier à votre famille ; c'en est un pour tous les
» instituteurs du département. »

Toutefois, parmi ses élèves et ses collaborateurs, Ed. Person a trouvé des auxiliaires spécialement dévoués, intelligents et sûrs, sans lesquels il n'eût certainement pu mener à bien les différentes parties d'une œuvre aussi étendue que celle qu'il avait entreprise. Ces auxiliaires étaient des maîtres-adjoints, chargés à la fois de la surveillance et de l'enseignement. Quatre d'entre eux ont été plus particulièrement les dépositaires fidèles de ses pensées, et l'ont assisté dans tous les détails d'exécution de ses travaux. En n'allant pas au delà de ce chiffre, je suis sûr de faire tort à quelques autres ; mais tous reconnaîtront avec moi que ces quatre là doivent occuper, sans conteste, le premier rang dans cette notice.

Celui que je désignerai d'abord, esprit ferme, méthodique et précis, formé à l'école du savant Mahistre, dont il fut l'un des meilleurs élèves, et qui se serait distingué dans la carrière scientifique, si les circonstances l'y avaient porté, occupe à la Préfecture d'Eure-et-Loir une position honorable à laquelle l'avaient appelé, du vivant même d'Ed. Person, ses services déjà appréciés dans d'autres parties de l'administration départementale.

Le second, également doué d'une réelle valeur pédagogique et de talents variés, a dirigé pendant de longues années l'École normale primaire de Charleville, près Mézières ; il était à son poste en 1870, lorsque son établissement reçut les terribles atteintes du bombardement.

Le troisième, caractère indépendant, esprit original, s'engageant parfois dans d'autres chemins que les sentiers battus, un peu susceptible sinon farouche, mais plein d'entrain et travailleur infatigable à certains moments, a dirigé deux écoles normales, l'une dans le midi de la France, l'autre dans la France africaine. J'ai perdu sa trace, à mon grand regret, depuis quelques années.

Le dernier enfin de ces quatre principaux collaborateurs, après avoir signalé son aptitude à l'École normale de Chartres, dans l'enseignement de l'histoire et dans toutes les questions relatives à la comptabilité et à l'administration proprement dite, a reçu dernièrement la mission de diriger à son tour l'une des plus importantes écoles normales de l'ouest.

Voilà pour les hommes.

Quant aux choses qui constituent l'ensemble de l'œuvre, il faut les envisager à un triple point de vue : 1° les méthodes de l'enseignement proprement dit ; 2° la pédagogie ;

3° l'action intellectuelle et moralisatrice de l'instituteur dans sa commune.

1° Les méthodes et les sujets de l'enseignement proprement dit, consistaient, à ses yeux, dans un certain art d'acquérir et de développer les connaissances, puis de les transmettre aux enfants, art tout entier d'observation, véritable méthode de classement qui, par une série de déductions, menait l'esprit du simple au composé. Ses leçons se distinguaient toutes par l'à-propos avec lequel arrivaient les réflexions, et la symétrie du plan dans lequel étaient encadrés les faits; par la hauteur des vues philosophiques auxquelles il rapportait les moindres détails. Il voulait que l'élève-maître sortant de l'École normale eût, comme la femme dont le Clitandre de Molière a tracé le portrait, « des clartés de tout »; d'autre part, il voyait bien l'impossibilité, en trois années de cours, d'entrer dans le détail de tant de sciences et d'études si diverses. Aussi se préoccupait-il de tracer des cadres et de donner des vues d'ensemble. Chacun après cela pourrait, plus tard, remplir les intervalles; mais les lignes principales étaient tracées : c'est tout ce qu'il souhaitait. Dans les matières qu'il enseignait lui-même, ou à l'occasion des cours de ses maîtres-adjoints, dans lesquels il intervenait souvent avec autorité, il émettait ces vues d'ensemble : ainsi, il voulait qu'on enseignât en même temps l'histoire et la géographie d'un pays ou d'une contrée. Le cours d'un fleuve, la direction d'une vallée, les découpures d'un littoral, faisaient comprendre comment les civilisations ou les invasions avaient suivi tels ou tels chemins, comment et pourquoi des cités florissantes s'étaient développées en tels ou tels parages; et il esquissait tout d'un trait cette histoire. Et alors, il supprimait ces divisions factices de l'histoire ancienne, de l'histoire du moyen âge, et de l'histoire moderne; il embrassait les événements de toute la destinée d'un peuple. C'est ainsi que je l'ai entendu raconter, avec un intérêt soutenu, l'histoire de l'Égypte : il la prenait depuis les Pyramides jusqu'à la conquête d'Alexandre, la continuait sans interruption depuis les Ptolémées et la conquête romaine, jusqu'à l'invasion des Arabes, et la poursuivait depuis les croisades jusqu'à l'expédition de Bonaparte, et de là encore jusqu'au règne de Mehémet-Ali et aux exploits d'Ibrahim-Pacha. Ceux qui le connaissaient mal lui reprochaient de n'avoir que des idées vagues ou superficielles : qui ne voit au contraire qu'il fallait, pour pratiquer cette méthode, avoir longtemps réfléchi, et pénétré l'essence de bien des choses?

Un jour du mois de mai de l'année 1859, on apprend que la France a déclaré la guerre à l'Autriche. Le coin d'un mur, près de la salle d'études, était encore vide : il convie tous les élèves à y tracer une grande carte de l'Italie du Nord: le papier jaune, découpé et collé, figure la Péninsule; le papier bleu fera la mer. Puis chacun ouvre ses livres d'histoire; sur ce grand espace, il s'agit de placer toutes les localités illustrées par nos armes, depuis Charles VIII, Louis XII et François Ier, jusqu'aux guerres du XVIIe siècle, avec Vendôme et Catinat. On arrive enfin à la Révolution française et aux campagnes de Bonaparte. Chaque bataille dans chacune de ces guerres est marquée, sur la carte, par un trait de couleur différente. En trois jours, la besogne fut terminée; mais il en restait une autre encore, et qui ne fut pas moins attrayante; ce fut d'inscrire au fur et à mesure qu'arrivaient les dépêches du théâtre de la guerre, les noms nouveaux, glorieux pour nos armes, de Montebello, Turbigo, Melegnano, Magenta et Solferino. On travailla trois jours, presque sans interruption, à cette carte. Je n'affirmerais pas qu'on n'empiéta point sur les heures des autres conférences; mais cette année-là, j'en réponds, les élèves interrogés sur les campagnes d'Italie, ne manquèrent pas de faire de bonnes réponses aux examens !

En tout cela, il prêchait d'exemple et payait rudement de sa personne. Il démontrait le mouvement en marchant : mais il se plaignait parfois qu'on ne le suivît pas d'assez près. « Je ne suis pas secondé », disait-il dans ses heures de découragement. La confiance renaissait bien vite, et il était le premier à donner à qui voulait l'entendre le conseil de ne se point rebuter :

Il y a un mot que répètent sans cesse l'ignorance, la routine, la paresse, le mauvais vouloir ; mot terrible, qui fait avorter le bien partout ; c'est cette expression cruelle et railleuse : « *C'est impossible.* » Que répondre à cela ? — Rien. — Mais que faire ? — Se mettre à l'œuvre à l'instant, et démontrer le possible par la preuve invincible des faits accomplis. (Supplément au *Manuel général de l'Instruction primaire* pour Eure-et-Loir, année 1846).

2° Sa pédagogie avait la douceur pour moyen, et la curiosité pour instrument. Au point de vue moral, elle reposait sur un optimisme éclairé, qui cherchait à établir l'affection et la confiance entre le maître et l'élève ; au point de vue intellectuel, sur l'excitation très vive donnée à nos facultés d'observation, et sur une sorte de principe personnel et original qui consistait à créer à peu de frais des reproductions et des échantillons de tout ce qui peut frapper nos yeux. J'ai parlé plus haut des conseils qu'il donnait, pour éveiller et captiver l'attention et la réflexion de l'enfant. Je choisirai encore, dans son cours, trois nouveaux exemples, relatifs à la physique, à l'étude de la langue, à l'enseignement du dessin :

Voici d'abord le plan d'une série de leçons sur les explications, à donner aux enfants, des phénomènes naturels :

EXPLICATIONS SUR LES PHÉNOMÈNES NATURELS.

Les enfants sont extrêmement curieux de connaître les causes des phénomènes naturels dont ils sont si souvent les témoins ; les leur expliquer, c'est les intéresser en même temps que les instruire ; mais cette petite instruction sur les phénomènes naturels doit être faite méthodiquement. Il faut par exemple que pendant l'été on explique les phénomènes de l'été ; qu'on consacre l'hiver à l'explication des phénomènes de l'hiver. Nous conseillerons actuellement de diviser cette petite étude ainsi qu'il suit :

Phénomènes de l'atmosphère.	Météores aqueux.	Les brouillards et les nuages. Les pluies et la rosée. Le givre et la neige. La grêle, etc.
	Météores aériens.	Les vents. La foudre et le tonnerre. Les feux Saint-Elme. Les aurores boréales. Les étoiles tombantes.
	Météores lumineux.	Le mirage et les parhélies. L'arc-en-ciel solaire et l'arc-en-ciel lunaire.
Phénomènes qui sont le résultat de l'action des grands agents de la nature.	Phénomènes de la lumière.	Manière dont elle se transmet. Effet de la réfraction et de la réflexion. Coloration qu'elle donne aux objets. Manière dont elle cause la vision.
	Phénomènes de la chaleur.	Manière dont se transmet la chaleur. Effet de la chaleur naturelle et du refroidissement sur les corps. Applications de la chaleur artificielle dans les arts et dans l'économie domestique.

Phénomènes qui sont le résultat de l'action des grands agents de la nature. *(Suite.)*	Phénomènes de l'électricité et du magnétisme.	Manière dont se produit l'action électrique. Manière dont se combinent les fluides composants. La théorie des propriétés de l'aimant et de la boussole.
Phénomènes qui sont le résultat des propriétés des corps.	Pour les corps solides.	Les lois de la pesanteur et de la chute des corps. Les applications des propriétés spéciales des corps solides, la porosité, la dureté, la fusibilité et la malléabilité.
	Pour les corps liquides.	Les lois de l'équilibre des liquides. La pression qu'ils exercent sur les parois des vases qui les contiennent. La flottaison des corps sur les liquides. Leur élévation à l'aide des pompes, des tubes capillaires. La manière de les transvaser à l'aide du siphon.
	Pour les corps gazeux.	Les lois et les applications de la dilatation et de la compression des gaz. Les propriétés particulières de l'air surtout quant à la production et à la propagation du son. Les phénomènes de l'écho.

Voici maintenant comment il comprenait, dans l'école, les études préliminaires sur les mots :

I. Portez les regards de l'enfant sur tous les objets qui l'environnent et donnez-lui le nom de ces objets ; faites-les lui redire avec ordre et selon la suite naturelle de leurs rapports : le ciel, le soleil, les étoiles, l'air, les nuages ; — le jardin, les arbres, les feuilles, les fleurs, les fruits. Après avoir donné le nom des choses visibles, donnez celui des différentes choses abstraites dont l'esprit des jeunes élèves pourra déjà se rendre compte : la vertu, la bonté, la vérité, la piété. Aux noms de choses joignez aussi bientôt les noms de leurs parties composantes, afin de faire concevoir des idées d'ensemble et de faire rechercher, par l'analyse, les détails : L'homme a un corps et une âme. On peut étudier le corps, les organes, les sens, et dans les sens les parties du corps à l'aide desquelles ils s'exercent. Ces premiers exercices sur les noms peuvent être variés à l'infini et apporter aux enfants un nombre considérable d'idées nouvelles.

II. Faites bientôt considérer les noms avec les adjectifs qui les accompagnent dans la lecture courante. La signification du mot principal étant bien comprise, faites bien saisir le sens et les nuances que donnent à l'expression primitive les mots de modification : un ruisseau, un clair ruisseau, un ruisseau limpide et pur. Quand vous avez arrêté l'attention de l'enfant sur un mot d'adjonction, énumérez immédiatement les autres mots qui pourraient qualifier le même substantif : un jour, un beau jour, un jour pur, serein, un jour sombre, nébuleux, etc.

III. Bientôt arrivez aux mots par lesquels on énonce les actions, les opérations, les faits accomplis par les personnes ou par les choses. Si les hommes emploient leurs forces physiques à des choses utiles, ils travaillent ; s'ils considèrent intérieurement les choses, ils pensent ; s'ils pensent avec une attention plus grande, ils réfléchissent ; si leur réflexion va des objets à leurs conséquences et recherche les principes, les causes, les résultats, ils méditent ; ils étudient ; si leur âme s'adresse à Dieu pour le contempler, lui demander, le remercier, ils prient. — Le papillon voltige de fleur en fleur ; l'oiseau traverse l'espace d'une course plus rapide, il vole ; l'aigle s'élève au haut des airs, il plane. — Que de choses intéressantes à dire aux petits enfants, à propos d'un exercice sur le verbe !

IV. A présent voici l'enfant qui écrit : munissez-le d'un dictionnaire. Qu'il ne laisse pas passer un mot de la lecture, de la leçon, de la dictée, sans chercher ce mot. Il en comprenait déjà la signification ; mais il faut qu'il apprenne cette signification dans son sens rigoureux et qu'il suive le mot dans toutes les acceptions qu'il peut avoir. C'est l'exercice que nous avons déjà recommandé à propos des lectures de l'école. Que l'enfant consacre souvent une page d'écriture à l'étude d'orthographe et de signification de toute une famille de mots : jour, journée, journal, journalier, journellement —

ajourner, ajournement; et qu'il mette tous ces mots en rapport de sens et d'orthographe.

V. A cette étude des mots classés par familles orthographiques, faites bientôt succéder une étude plus délicate, celle des mots voisins, contraires, opposées de signification; faites-en saisir les nuances et exigez, pour preuve de la compréhension de ces nuances, la rédaction de phrases où ces mots seront employés. Ce sera à la fois un exercice d'orthographe, de grammaire, d'écriture; et, si vous faites rapporter les phrases à une nature quelconque d'enseignement, l'exercice aura encore un mérite de plus. Voir, c'est recevoir l'impression des objets extérieurs par l'organe de la vue; regarder, c'est voir une chose avec une attention et volonté; apercevoir, c'est voir fortuitement, un seul moment; distinguer, c'est voir à peine. Remarquer, examiner, découvrir, etc., sont encore d'autres manières de voir. Il y aurait bien d'autres choses à conseiller, tant les ressources sont abondantes. Ce que nous avons exposé suffit pour faire comprendre aux instituteurs l'objet qu'ils pourraient se proposer dans chaque exercice, et la marche qui pourrait être suivie dans cet utile enseignement des mots.

(*Cours de Pédagogie*, 18ᵉ tableau.)

Il passait ensuite aux exercices d'élocution :

I. Environnez de vos premières attentions l'élocution usuelle. Exigez que les questions des enfants soient bien posées, que les réponses soient précises et nettes. Faites recommencer quand on a mal dit, et fournissez vous-même les termes dans lesquels il convient que la demande ou la réponse soit rectifiée. Attachez-vous surtout à la réforme des locutions vicieuses. Faites une guerre incessante et implacable à ces locutions barbares, à ces idiotismes grossiers dans lesquels se travestit si malheureusement le langage. Le peuple vise souvent au pittoresque, à l'originalité, par des corruptions de mots volontaires. Apprenez à vos enfants à se servir d'un langage qui traduira purement, et par cela même plus heureusement, leurs intentions de gaîté, d'originalité vive et piquante.

II. Exigez qu'en parlant les enfants se posent bien devant vous, que l'air et le ton toujours convenables prennent, selon la circonstance, de la grâce et de l'enjouement. Vous aurez à apprendre la politesse dans tous les actes extérieurs. Demandez-la déjà dans le langage ; enseignez tous ces tours que la parole sait si heureusement prendre pour accuser le respect, la déférence, la prévenance, l'*aménité*. L'aménité ! comprenez bien. Écoutez sans cesse les enfants quand ils se parlent ; si vous n'obtenez pas qu'ils mettent, dans leurs rapports ordinaires, une aimable honnêteté, que vont-ils dire, s'ils discutent et s'ils se querellent ?

III. Vous avez à combattre, avec la religion et la morale, l'habitude des jurements, des sales propos, des expressions de mépris et de colère ; combattez aussi ces expressions avec la grammaire ! L'interjection joue un grand rôle dans la langue du peuple ; apprenez aux enfants à remplacer ces énonciations spontanées qui font mal comprendre ce qu'on éprouve, par des phrases, et que ces phrases soient convenables et par l'idée qu'elle expriment, et par les mots qui s'y trouvent employés.

IV. Quand le langage de la conversation ordinaire aura été amélioré, essayez les forces de vos élèves par des énonciations de plus longue haleine. Le compte rendu des dictées sera un excellent exercice ; mais souvent, faites raconter à l'enfant ce qu'il a fait, ce qu'il a vu — Exigez qu'il compare qu'il juge, qu'il sente, et obtenez qu'il exprime ses jugements, ses sensations, ses sentiments. Parmi le peuple, les hommes se replient rarement sur eux-mêmes pour faire l'analyse de ce qu'ils ont éprouvé. Ils chassent leurs émotions comme chose importune, et échappent ainsi aux bonnes influences, aux bons enseignements que ces émotions auraient pu leur apporter. En demandant aux enfants qu'ils vous rendent compte, vous les habituerez à s'étudier eux-mêmes et à profiter de cette étude de leurs propres dispositions et de leur propre cœur.

V. Exercez surtout les enfants au langage technique. Apprenez-leur à décrire un instrument, une machine, une opération d'art mécanique ou agricole. Nous insistons sur cet exercice, il donnera de la précision au langage des enfants, en même temps qu'il les forcera à apporter une attention plus grande à des choses au milieu desquelles ils doivent vivre, et qu'ils doivent s'appliquer à perfectionner. Prenez souvent

Francœur (*la Technologie*)¹ pour modèle. Faites lire et écrire, dictez et demandez compte.

VI. Et dès qu'il vous aura été fait une question remarquable, et quant au fait auquel elle s'applique, et quant à la manière, à la façon dont elle a été faite ; dès qu'une bonne narration orale se sera produite, qu'une bonne explication aura été donnée, faites bien vite écrire. Que ce soit là le cours de rédaction de l'école primaire. Quel honneur pour l'enfant! Il aura assez bien dit pour que son cahier ait été chargé de conserver ses propres paroles! Il y a un exercice écrit que nous prescrirons encore : les lettres ; non les lettres dont je ne sais quels motifs, dont je ne sais quels sentiments bizarres fourniront les sujets ; mais des lettres d'affection pure, simple et vraie, mais des lettres pour des affaires positives et honorables. Combien d'hommes n'écrivent pas, bien qu'ils auraient grand intérêt à le faire, parce qu'ils ne savent pas rédiger. Apprenez cette rédaction simple et facile, ce sera un nouveau service que vous rendrez aux enfants.

(*Id.*, ibid.)

Voici enfin quelques-unes de ses idées sur l'enseignement du dessin :

DE LA MANIÈRE D'ENSEIGNER LE DESSIN.

Écrire, c'est dessiner ; c'est reproduire une forme, pleine et vigoureuse ici ; là, fine et déliée ; ronde en cet endroit de la lettre, droite dans une autre partie du caractère.

Faire des lettres moulées si utiles pour varier certaines écritures de titres d'états, de tableaux, c'est dessiner. C'est avec la notion des grosseurs égales, des séparations égales, des angles égaux, des courbes semblables et symétriques ; c'est apprendre à manier la plume d'une manière différente qu'en écrivant.

Tracer au tableau noir des lignes isolées qu'on mesure ; des lignes qui figurent des surfaces ; tracer dans cette surface des lignes qui la coupent, la divisent, la partagent, c'est

---

¹ Louis-Benjamin Francœur, fils et neveu des deux célèbres compositeurs de musique, géomètre et membre de l'Académie des Sciences (1773-1849). Son *Dictionnaire Technologique*, en 32 volumes, a été publié de 1822 à 1825.

dessiner; et si un enfant sait faire purement un trait, mener une ligne parallèle à une autre ligne; faire tomber un trait d'équerre sur un autre trait; s'il sait les arrondir en cercle, il est déjà fort en dessin.

Calquer, réduire une carte de géographie, mettre en relief, à l'aide d'ombres, les plateaux et les montagnes; en creux, les lacs, les fleuves et la mer; imiter le cours des fleuves par la ligne sinueuse qui représente les irrégularités de son lit, c'est dessiner et c'est déjà avoir une certaine habitude de main, une certaine dextérité dans la conduite de la plume et du pinceau.

Or, si l'on fait déjà tout cela avec succès dans les écoles primaires, pourquoi ne va-t-on pas plus loin?

Hélas! si, on va plus loin, souvent! On fait copier dans les écoles primaires de campagne, des dessins représentant des colonnes, chapiteaux, entablements des cinq ordres grecs.

On leur fait dessiner des rosaces, des arabesques, des ornements somptueux.

On leur fait mettre au trait des vases étrusques, des bustes antiques, des meubles de luxe.

On leur fait représenter, sur d'immenses feuilles de vélin, des églises, des cathédrales gothiques.

L'enfant perd dans ces exercices la notion naturelle qu'il pouvait avoir du simple, du vrai, de l'utile, le sentiment du perspectif, le goût du beau.

Est-ce que l'enfant des écoles primaires aura à juger du mérite d'un monument d'architecture grecque, de l'ameublement d'un palais, des hautes questions d'art qui se rapportent à la construction de nos grandes cathédrales?

Est-ce que l'enfant des écoles primaires entendra et devra jamais entendre quelque chose à tout cela? — Pauvre jeune homme qui passe un temps infini à faire gros un trait qui doit être fin, à briser une ligne qui doit être délicate, suivie; à mettre une ombre noire où il faut une demi-teinte!

Ah! ne transformez pas l'école en atelier d'architecte (et quel atelier serait-ce?). Dessinons à l'école primaire des charrues, des hersoirs, des semoirs, des houes, des machines à traîner les fardeaux, à casser les grains, etc. Dessinons encore de petits plans, de petites élévations, de petites coupes de constructions rurales.

Mais ne faisons rien dessiner sans faire *voir*. Copions l'objet lui-même et non le dessin qui a déjà été fait de cet objet. Le dessin de seconde main ne nous enseigne que peu de chose ; le dessin de première main et à première vue, c'est celui-là qu'il nous faut pratiquer, c'est celui-là qu'il faut absolument mettre en pratique avec nos élèves.

(*Id.*, ibid.)

Je ne me lasserai pas de répéter que toutes ces citations sont extraites d'un cours de pédagogie professé à l'Ecole normale primaire de Chartres, de 1841 à 1845.

3° Enfin, ce que j'ai appelé le côté moral de son œuvre, c'est cette carrière si large et si féconde qu'il traçait à l'instituteur. Il voulait, ai-je dit, en faire, en toutes choses, en agriculture comme en archéologie, l'homme le plus éclairé, le plus distingué, et par cela même le plus influent de son village : et il ne donnait presque point de limites à l'action qu'il pouvait exercer dans sa commune, au point de vue social et moralisateur ; car il rêvait que l'instituteur se fît le propagateur et le défenseur de toutes les vérités et de toutes les idées de progrès, en même temps qu'il voulait l'attacher à sa commune et à son milieu, en donnant, par mille sujets de recherches et d'études qu'il lui proposait, un aliment à son esprit, un but à son activité, une satisfaction aux instincts élevés de son intelligence. Comme ce côté de la physionomie d'Ed. Person est rappelé, pour ainsi dire, à toutes les pages de cette Notice, je n'ai vraiment plus besoin d'insister sur ce point.

Je voulais, en terminant cette étude, rattacher le nom de mon père, à celui de ses collègues de la première génération, les Rapet à Périgueux, les Vivien, à Strasbourg, les Lebrun, à Versailles, les Thiriot, à Commercy, les Ernest Badin, à

Auxerre, les Bentz, à Nancy[1], les Hilaire, à Douai, les Dalimier, à Saint-Lô, les Lalain, à Chaumont, les Thévenot, à Dijon. Ce type des premiers directeurs d'écoles normales a nécessairement disparu aujourd'hui, sous l'action de mille causes diverses. Mais je me demande si Ed. Person n'a pas dépassé encore ses anciens collègues par le caractère philosophique et pratique à la fois qu'il a donné à toutes ses œuvres, par l'active curiosité de son esprit, et le nombre d'idées qu'il a remuées. Tous les hommes de mérite que je viens de citer ont reçu de leurs concitoyens les hommages les plus flatteurs. En 1868, Thévenot, directeur de l'Ecole normale primaire de la Côte-d'Or, recevait des mains du maréchal Vaillant la croix d'officier de la Légion d'honneur: et, après sa mort, une pétition, recouverte de plus de six mille signatures, demandait au Conseil municipal que le nom du premier directeur de l'Ecole normale primaire de la Côte-d'Or fût donné à l'une des rues de Dijon, à côté de celle qui porte le nom de Jacotot. Aujourd'hui le buste de Thévenot, offert par ses anciens élèves, orne la cour de l'ancienne Ecole normale de Dijon, et une seconde image a été placée dans le vestibule du nouvel établissement. Enfin tout dernièrement, le 27 mars 1884, les élèves de M. Marlier, directeur de l'Ecole normale de Meurthe-et-Moselle, inauguraient à Nancy, un monument en l'honneur de leur ancien maître, et le Recteur de l'Académie prononçait un magnifique discours à cette occasion. Le nom d'Edouard Person mériterait, lui aussi, un pareil honneur dans la cité chartraine ; il mériterait d'être porté par une des

---

[1] Bentz était un des apôtres de la méthode heuristique. Mon père disait de la méthode heuristique comme de beaucoup d'autres du reste : « les » instituteurs, en lisant cette description, trouveront qu'eux aussi, à leur » insu, ils font de l'éducation par la méthode heuristique. Que de choses » le bon pédadogue ne sait-il pas trouver de lui-même ! »

rues qui avoisinent l'Ecole normale primaire de Chartres, au fond de ce Grand Faubourg, où le vieux maître a passé sans interruption trente-huit années de sa vie. Il rappellerait le souvenir d'un homme intègre et désintéressé, d'un apôtre convaincu du beau et du bien, d'un ami éclairé de l'enseignement populaire, et d'un serviteur dévoué de l'Université et du pays. N'est-on pas tenté vraiment de voir une cruelle ironie des choses dans cette circonstance qui fait que, près de dix ans après sa mort, Edouard Person, qui a couvert les murs de son Ecole de tableaux et d'inscriptions, n'a pas aujourd'hui dans cette même Ecole, une seule image, un seul cadre, un seul panneau où soient tracées les six lettres de son nom! Honneur à ceux qui prendront l'initiative de ce grand acte d justice !

Si notre vœu ne peut s'accomplir, nous nous en consolerons ; car Ed. Person nous a appris à donner à nos pensées et à nos aspirations ici-bas une portée plus haute :
« Oui, Messieurs, disait-il un jour sur la tombe de M. Char-
» les [1], oui, la terre est légère aux hommes de bien ; mais
» au delà de toutes ces choses qui disparaissent, de tous
» ces souvenirs qui s'effacent, de toutes ces traces fugitives
» que le temps emporte si rapidement avec lui, on est heu-
» reux de pouvoir placer la mémoire de ceux qui ne sont
» plus, sous la sauvegarde de l'espérance qu'on met en
» Dieu. »

P. S. Au moment où s'achève l'impression de ces dernières pages, on me rappelle les services que rendirent les élèves de l'Ecole normale, conduits, à différentes époques, par leur

---

[1] 18 mai 1850. M. Charles avait été conseiller de préfecture et membre de la Commission de surveillance de l'Ecole normale de Chartres.

Directeur, à de terribles incendies qui désolèrent les environs de Chartres. Il est vrai que pendant plusieurs années, jusqu'en 1850, je crois, ils avaient acquis une adresse particulière dans le maniement de la pompe. En ce temps-là, la municipalité chartraine avait mis un de ces engins en dépôt à l'Ecole normale, et je le vois encore, placé sur sa voiture, entouré des seaux en osier doublés de cuir goudronné, dans un petit hangar sur l'emplacement duquel s'éleva plus tard la nouvelle école annexe. (Dans ce petit bâtiment se trouvaient encore une collection variée d'instruments aratoires et un atelier de menuiserie). Je ne sache pas non plus, et Dieu merci ! que les environs de Chartres aient été de nouveau victimes de sinistres aussi épouvantables que les incendies du Coudray et de la Mihout, où les élèves de l'Ecole, Directeur et maîtres en tête, arrivèrent au pas gymnastique, et combattirent au premier rang, pendant de longues heures. On les vit aussi porter secours des premiers à la Porte Guillaume et à l'église Saint-André dont un dépôt de bois et un dépôt de fourrages, subitement embrasés, augmentèrent les ruines. Mais il me semble que ces actes de bons citoyens ne sont point particuliers à telle ou telle génération, que ce sont là des devoirs élémentaires que personne n'a besoin d'apprendre, et je ferais injure aux Normaliens d'aujourd'hui, si je signalais la belle conduite de leurs anciens, comme un mérite spécial à ceux d'entre eux qui vécurent sous la direction d'Edouard Person.

L. P.

FIN.

APPENDICE

APPENDICE

NOTE I, se rapportant à la page 38, sur les comités cantonaux et le mode de nomination des instituteurs primaires d'après la loi de 1833, comparé aux dispositions de la loi votée, le 18 mars 1884, par la Chambre des députés.

La loi du 28 juin 1833, que l'on a coutume d'appeler la loi Guizot, a consacré, en s'inspirant d'ailleurs sur quelques points, de l'ordonnance royale du 21 avril 1828, quatre principes importants : 1º elle forçait les communes d'entretenir une école publique ; c'était un commencement d'instruction obligatoire imposée aux communes, sinon aux familles ; c'était en même temps la destruction plus ou moins éloignée, mais certaine, de l'enseignement primaire libre ; 2º elle développait l'institution des écoles normales primaires, en imposant aux conseils généraux l'obligation de voter des fonds pour ces établissements ; 3º elle instituait, en principe du moins, l'enseignement primaire supérieur (article 10 déclarant que toute commune, dont la population excède six mille âmes, devra posséder une école primaire supérieure); 4º elle donnait aux fonctions d'instituteur une dignité et une inamovibilité que ces fonctions n'ont pas reconquises depuis les lois du 11 janvier et du 15 mars 1850 et du 14 juin 1854.

En effet, d'après la loi de 1833 les écoles étaient surveillées par un comité local, dérivé des comités cantonaux de la Restauration. Et les instituteurs étaient nommés, suspendus ou révoqués par un comité supérieur, siégeant au chef-lieu de l'arrondissement, sur l'avis du comité local siégeant dans la commune, et sur la proposition du conseil municipal. Les jeunes instituteurs d'Eure-et-Loir qui liront cette Notice et qui, au sortir de l'Ecole normale primaire, ont été nommés par le Préfet sur la proposition de l'Inspecteur d'Académie, seront peut-être curieux de lire ce diplôme que j'ai copié textuellement aux Archives nationales (liasse 70,428); tous les instituteurs nommés jusqu'au 11 janvier 1850, doivent en posséder un du même genre.

DÉPARTEMENT DE LA CHARENTE-INFÉRIEURE.

ARRONDISSEMENT DE SAINTES.

Comité supérieur de Saintes

Le sieur KRUG, Louis-Joseph-Victor, instituteur de la commune d'Ecoyeux, canton de Burie.

ARRÊTÉ DE NOMINATION.

Séance du 28 *mars* 1839.

Le comité supérieur d'instruction primaire séant à Saintes,

Vu le brevet de capacité pour l'enseignement élémentaire délivré le 19 juin 1832 au sieur Krug ;

Vu les certificats de moralité délivrés audit sieur Krug, par les maires des communes de Nazelles, Bourbon-Vendée et Ecoyeux ;

Vu l'avis du comité local d'Ecoyeux, en date du 24 mars 1839 ;

Vu la présentation faite le 24 mars 1839, en faveur du sieur Krug, par le Conseil municipal de la commune d'Ecoyeux ;

Vu l'article 22, § 6 de la loi du 28 juin 1833, et l'article 28 de l'ordonnance du 16 juillet suivant :

Arrête :

Le sieur Krug, né à Pont-le-Voy, département de Loir-et-

Cher, le 22 novembre 1799, est nommé instituteur de la commune d'Ecoyeux, canton de Burie, arrondissement de Saintes, département de la Charente-Inférieure, pour y donner l'enseignement primaire élémentaire.

Fait à Saintes, le 28 mars 1839.

Les membres du comité :

(Suivent cinq signatures.)

Vu et vérifié :

Le Recteur de l'Académie.

Les débats qui ont eu lieu récemment, à la Chambre des députés, dans la discussion de la proposition de la loi de M. Paul Bert, sur l'organisation de l'enseignement primaire, et du projet de loi relatif à la nomination et au traitement des instituteurs et institutrices primaires, donnent à ces anciens textes que nous venons de citer un singulier intérêt d'actualité. Ils montrent que, malgré le progrès des temps,— progrès qui n'est souvent autre chose que le changement des idées, — l'humanité tourne toujours dans le même cercle. — Ainsi, nous avons expliqué précédemment (p. 38), que l'ordonnance royale du 29 février 1816 organisa, pour surveiller les écoles et encourager l'instruction primaire, des comités cantonaux composés de six ou sept membres ; le curé cantonal, président ; le juge de paix et le principal du collège voisin, membres nécessaires ; trois ou quatre autres notabilités choisies par le recteur de l'Académie et approuvées par le préfet, sans compter le sous-préfet et le procureur du Roi, qui étaient de droit membres de tous les comités cantonaux de leur arrondissement.

L'ordonnance du 21 avril 1828 remplaça ces comités cantonaux par des comités d'arrondissement ; enfin, la loi du 28 juin 1833 établit, sous l'autorité des comités d'arrondissement, des comités locaux ou communaux composés du maire ou adjoint, président, du curé ou du pasteur, et d'un ou plusieurs habitants notables désignés par le comité d'arrondissement.

L'arrêté de nomination du sieur Krug, que nous avons pris comme exemple, est rédigé conformément à la loi de 1833 : le comité communal ou local donnait son avis ; le conseil municipal faisait la présentation ; le comité d'arrondissement arrêtait la nomination.

Cet état de choses dura jusqu'à la loi du 11 janvier 1850, d'après laquelle les instituteurs, tout en continuant à être nommés par les comités d'arrondissements, pouvaient être réprimandés, suspendus, et même révoqués par le préfet.

La loi du 15 mars 1850 rendait aux conseils municipaux le droit de nommer les instituteurs, d'après une liste d'admissibilité et d'avancement dressée par le conseil académique départemental, et donnait, aux recteurs départementaux, le droit de les réprimander, de les suspendre et de les révoquer.

Enfin, en vertu de la loi du 14 juin 1854, la nomination des instituteurs est faite par le préfet, sur la proposition de l'inspecteur d'Académie. Rien n'a été changé à cette disposition essentielle, dans la loi votée, le 18 mars 1884, par la Chambre des Députés.

Seulement, de toutes ces institutions, c'est la plus ancienne, l'institution des comités cantonaux de 1816, que les législateurs de 1884 viennent de faire revivre. Il est vrai que la composition des nouveaux comités cantonaux sera passablement différente ; cette assemblée comprendra, en effet : 1° le conseiller général, le ou les conseillers d'arrondissement ; 2° quatre membres nommés par le préfet ; 3° un instituteur et une institutrice élus par leurs pairs ; 4° six délégués municipaux nommés par l'ensemble des conseillers municipaux du canton ; 5° l'inspecteur primaire, avec voix consultative. — Le comité élira son bureau.

Quant au mode de nomination des instituteurs, tous les systèmes mis en pratique aux différentes époques de notre histoire ont été rappelés, proposés et défendus dans les dernières séances de la Chambre.

Le 3 mars 1884, M. le député Barodet, ancien instituteur, demande que le droit de nomination appartienne au conseil municipal de la commune, et le droit de révocation au conseil départemental.

M. le comte Albert de Mun demande que les instituteurs soient nommés par le recteur d'Académie, après avis conforme du conseil municipal de la commune. M. le baron de Mackau appuie l'amendement de M. de Mun.

Le 4 mars, M. le député Lenient, professeur en Sorbonne

demande que les instituteurs soient nommés par le recteur, sur la proposition de l'inspecteur d'Académie, et d'après une liste de présentation dressée par le conseil départemental. M. le député Hippolyte Maze, ancien professeur d'histoire au lycée Condorcet, appuie les idées de M. Lenient.

Dans la même séance, M. Anatole de La Forge, ancien préfet du 4 septembre, un des héros de la défense de Saint-Quentin, appuie le mode de nomination des instituteurs par le recteur, et rappelle, dans son discours, la mort glorieuse des trois instituteurs de l'Aisne, Debordeaux, Peulette et Leroy, fusillés par les Prussiens.

Le 8 mars 1884, M. de Lanessan, répondant à un discours de M. Fallières, ministre de l'Instruction publique, conseille, faute de mieux, dit-il, la nomination des instituteurs par le recteur; son idéal serait une nomination, une délégation directe des pères de famille. Mais qui a jamais pu, ici-bas, réaliser son idéal?... Je me trompe : l'idée de M. de Lanessan est plus ancienne encore que les comités cantonaux de 1816 : cette idée était appliquée, sous l'ancienne monarchie, avant la révolution de 1789, ainsi que le démontre le livre de M. Babeau, dont j'ai dit quelques mots à la page 34 de cette notice.

Enfin, un ancien instituteur, M. Michou, député de l'Aube, développe un amendement d'après lequel les instituteurs seraient nommés par l'inspecteur d'Académie, sur une liste dressée par le conseil départemental.

Aucune de ces différentes propositions n'a été votée par la Chambre ; mais leur émission n'en est pas moins curieuse. Ajoutons qu'il n'a plus été question non plus de la création d'un Directeur départemental, pour le service de l'instruction primaire : cette idée, mise en avant, il y a quelque temps, par M. Paul Bert, a été définitivement abandonnée par son auteur lui-même.

NOTE II, se rapportant à la page 43, sur l'enseignement mutuel.

On trouvera dans le tome I de l'ouvrage de M. O. Gréard, cité plus haut, et dans l'*Histoire de la Pédagogie* de M. Gabriel Compayré, p. 434 et sqq., des textes et des détails intéressants sur la méthode d'enseignement mutuel. Dans les rapports des inspecteurs de 1825 à 1835, se trouvent de nombreux tableaux où les écoles de chaque département sont classées d'après les quatre procédés d'enseignement qui se partageaient à cette époque la faveur des pédagogues : *mode individuel. — enseignement mutuel, — méthode simultanée, — méthode mixte.*

J'emprunte au 19e tableau du *Cours de Pédagogie*, professé en 1844 à l'Ecole normale primaire de Chartres par Ed. Person, le classement et la définition de ces quatre modes d'enseignement :

I. MODE INDIVIDUEL OU ALTERNATIF.

D'après ce mode, chaque enfant reçoit particulièrement et isolément une leçon qui ne profite qu'à lui seul, alors que les exercices par lesquels passent successivement les autres enfants ne lui profitent pas à lui-même.

L'enseignement par le mode individuel frappe de stérilité une école. — Il a deux inconvénients principaux : 1° celui de ne donner à chaque enfant qu'une très petite part du temps et de l'attention du maître ; — 2° celui de priver l'enfant du charme, de l'entraînement, de l'animation des études communes. — Il y a pourtant des parents qui voudraient que chaque enfant reçût individuellement la leçon du maître. — Nous ne nous étendrons pas sur le *vice radical* de ce système en tant qu'il serait appliqué en grand dans l'école. — On aperçoit tout d'abord les tristes résultats qu'il amène, — paresse, ennui, insouciance, et dès lors bruit, désordre ; pauvreté, indigence, misère dans les études, lenteur, nullité dans les progrès. — Mais si nous repoussons l'enseignement individuel comme système général de direction d'école, nous sommes loin de proscrire l'*exercice individuel* en tant qu'il n'est pas la leçon habituelle, mais l'épreuve de circonstance, l'occasion d'une action plus directe, plus attentive, plus puissante du maître sur l'élève. Soit dans l'enseignement mutuel, soit dans l'enseignement mixte, il faut que souvent l'instituteur fasse lui-même le moniteur, qu'il interroge, qu'il se mette aux prises avec l'enfant pour le remuer, l'animer, l'entraîner. C'est surtout dans les leçons morales que l'exercice individuel est utile. Les enfants ne se ressemblent pas. Celui-ci est bon, celui-là est vif, celui-ci est ouvert, celui-là est taciturne, celui-là est doux, cet autre est emporté; dès lors l'épreuve à laquelle il importe de le soumettre est différente de celle que devra subir l'autre. Quand vous saisissez ainsi un enfant, saisissez-le bien, qu'il sente votre force, et que cette force soit d'autant plus énergique qu'elle sera rare. Quand le maître aura passé par là, qu'on s'en aperçoive : enfant, école, famille. D'ailleurs, dans l'enseignement mutuel, simultané ou mixte, l'interrogation, c'est l'exercice individuel; l'attention du maître à un devoir commun, c'est l'exercice individuel; la lecture courante reprise à propos, la page d'écriture vue et annotée, le devoir d'orthographe corrigé, la composition, l'examen, c'est encore l'exercice individuel; — encore une fois que l'action du maître en ces choses se fasse sentir, et les familles ne se plaindront plus !

II. MODE. COMMUN OU SIMULTANÉ.

D'après ce mode, les enfants classés dans chaque école d'après leur âge, leur force, leur intelligence, composent des divisions qui étudient, travaillent au même moment sur les mêmes choses, font ensemble le même exercice, reçoivent la même leçon.

Les écoles dirigées d'après ce mode, peuvent se partager en écoles dirigées par plusieurs maîtres et en écoles dirigées par un seul maître.

1° Ecoles dirigées par plusieurs maîtres. — On comprend les facilités que ce système donne à l'enseignement ; c'est celui des collèges; c'est celui des écoles primaires supérieures; c'est celui des écoles dirigées par les frères de la Doctrine chrétienne. Chaque classe d'enfants n'a pas seulement un maître spécial, elle a une salle d'étude particulière. Dès lors, les conditions d'ordre, de discipline, de surveillance, sont remplies. Si actuellement on suppose, à la tête de chaque classe, un homme éclairé, intelligent, laborieux, dévoué à son œuvre, quel bien, quel progrès ! Comme l'éducation morale surtout profite de cette autorité qui s'exerce sans entrave, de cette attention que rien ne vient détourner ou distraire, de ce travail commun des intelligences et des cœurs, auquel nulle éventualité, nul dérangement, ne viennent ôter sa suite, son intérêt, son fruit !

2° Écoles dirigées par un seul maître. — La difficulté de direction de ces écoles est évidente. On a cherché par divers systèmes à en amoindrir les inconvénients, et alors se sont créés différents modes de direction qui ont classé les écoles en écoles mutuelles, écoles simultanées et écoles mixtes.

A. *Écoles mutuelles.* — Les écoles mutuelles, comme toute organisation qui repose sur un mécanisme compliqué, doivent fonctionner dans toutes les parties du système de direction auquel elles appartiennent, sous peine d'être de mauvaises écoles où rien de bon ni de bien ne se fera. Dès lors nécessité pour les écoles mutuelles d'être dirigées exactement et scrupuleusement selon la méthode. Or donc, la première condition de succès des écoles mutuelles est d'avoir un maître qui comprenne, entende cette méthode, ait toute l'activité, tout le zèle nécessaire pour la pratiquer. — Ce n'est pas ici le lieu de faire la théorie de l'enseignement mutuel ; cette théorie se trouve ailleurs.

Nous indiquerons seulement ; 1° à quelles conditions une école mutuelle doit fonctionner ; 2° quels sont les avantages des écoles mutuelles ; 3° quels seraient les inconvénients du mode mutuel mal appliqué et mal entendu.

1° Condition de succès d'une école mutuelle.

La première condition de succès d'une école mutuelle, c'est nous l'avons dit, l'intelligence et le zèle du maître. Si l'instituteur ne ménage pas son action extérieure, s'il est trop emporté dans ses commandements, s'il est trop brusque dans ses mouvements, s'il crie, s'agite, se tourmente, ces défauts du maître passeront à l'école. Les enfants rendront bruit pour bruit, éclat pour éclat, agitation pour agitation. Si le maître se fatigue, s'endort, fait à ses moniteurs la tâche grande, à lui la tâche petite; s'il se promène en se plongeant dans ses rêveries, dans ses ennuis, tout est perdu; l'animation cesse. Les moniteurs sentent où est la faiblesse du maître; ils jouent avec leurs élèves, ou font peser sur eux une autorité cruelle. Encore une fois, tout est perdu; mieux vaudrait encore le premier défaut que le second.

Il faut donc que l'action du maître soit calme, réfléchie, mesurée, que ses mouvements soient modérés; mais que sa surveillance soit continuelle. Il faut donc qu'il voie tout, qu'il entende tout, préside à tout, sans embarras et sans fatigue.

Une seconde condition de succès des écoles mutuelles réside dans l'emploi des moniteurs. Il ne suffit pas que le moniteur ait de l'aptitude à enseigner; il faut par-dessus tout qu'il ait l'habitude de l'ordre, le goût du bien; l'amour-propre nécessaire pour vouloir que sa petite famille avance, progresse, fasse honneur à l'école. Le choix des moniteurs doit donc se faire d'après le caractère des enfants, d'après leur cœur, bien plus que d'après leur savoir et leur intelligence.

Parfois les instituteurs directeurs d'enseignement mutuel ont de la peine à trouver des moniteurs. Quand les enfants sont un peu avancés, ils quittent l'école; puis les familles s'imaginent que le temps de l'enfant consacré à l'enseignement d'autres enfants est perdu pour le jeune élève. Si les instituteurs éprouvent cette résistance, à coup sûr leur école, ou n'a pas produit ses résultats, ou n'est pas en voie de les obtenir encore. — L'instituteur qui veut bien faire a une énorme puissance sur les familles et sur les enfants. C'est à lui de conquérir ce pouvoir; dès qu'il l'aura, tout lui sera possible.

2º Avantages de l'emploi du mode mutuel quand il est bien appliqué.

Ces avantages se voient au premier coup-d'œil. — L'école est une société tout entière, bien enrégimentée, bien disciplinée. L'autorité morale domine en toutes choses. Il y a une hiérarchie d'après laquelle les enfants apprennent à obéir, à subir l'autorité les uns des autres, quand c'est le plus digne qui l'exerce; à s'animer de concert. L'honneur joue ici un plus grand rôle que partout ailleurs; il y a de plus grandes facilités pour la spontanéité vive et générale. — Puis les marches, les mouvements, les chants jettent dans la classe des incidents, des joies nombreuses, sous les auspices desquelles l'éducation des organes et des sens marche de concert avec l'éducation intellectuelle et morale.

3° Inconvénients qui résulteraient d'une mauvaise direction d'école mutuelle.

Autant une école bien dirigée peut obtenir de succès, autant une école mutuelle tenue sans soins et sans zèle doit présenter d'inconvénients. C'est alors le désordre organisé, l'indiscipline enrégimentée, la turbulence rendue légale. Et au dehors tous les fruits d'un enseignement mauvais se produisent. Les enfants sont désobéissants, bruyants, impolis, indociles.

Observations. — On croit généralement qu'une école mutuelle n'est possible qu'avec 100 ou 150 enfants ; c'est une erreur. Pourvu qu'il y ait assez d'enfants de même force dans chaque groupe, pour rendre l'émulation possible, cela suffit ; à ces conditions, une école mutuelle de 60 enfants serait d'une direction d'autant plus profitable aux enfants qu'elle serait facile au maître.

Tous les instituteurs non plus ne sont pas propres à diriger un enseignement mutuel. — Il faut des qualités naturelles pour cela ; une grande vigueur de corps et d'esprit ; une grande puissance de volonté ; un grand esprit d'observation, et par-dessus tout l'habitude, le goût, l'ordre. Une légende donne à la fois dans son sens économique et dans son sens moral, le caractère de l'enseignement mutuel : chaque chose à sa place, une place pour chaque chose. — La première chose qui doit donc être à sa place dans l'école mutuelle, c'est le maître. — Le bon maître dans une école mutuelle, est un homme d'élite, nous allions presque dire un homme supérieur.

B. *Écoles simultanées.* — Ces écoles sont celles dont la direction présente le plus de difficultés. Ce n'est pas de l'enseignement individuel, parce que les enfants de la classe sont partagés en divisions ; mais la classe comporte six divisions d'élèves ; chaque division n'a donc que le sixième du temps du maître. Et pendant que l'instituteur passe de classe en classe, pour faire lire, écrire, réciter, pour corriger les devoirs, donner la leçon, que d'évènements qui viennent le distraire ! Il a le silence à maintenir, l'ordre, la discipline, à faire observer, le travail à surveiller.

La nécessité est la mère de l'industrie. — Il faut que l'instituteur ait beaucoup de cette industrie pour parer à une mesure subite, à un accident inattendu, pour inventer des moyens qui viennent à son aide au moment où son autorité périclite, où ses forces ploient, où sa surveillance va se trouver en défaut.

On a bientôt senti les inconvénients de ce système de direction, inconvénient qui se complique, dans les écoles des campagnes, de la présence des petites filles dans l'école des petits garçons. On a alors créé le système mixte, d'après lequel on emprunte à l'enseignement mutuel l'intervention des moniteurs.

C. *Ecoles mixtes*. — Les écoles mixtes sont des écoles d'enseignement mutuel, moins les grandes salles de ces dernières classes, et par conséquent moins les mouvements, les marches, les évolutions et les leçons aux groupes, moins le corps important et bien constitué des moniteurs ayant à leur tête un moniteur général, moins l'ensemble bien arrêté des mesures réglementaires complètes et précises. — Les écoles mixtes emploient des premiers de table, des surveillants ; mais ces auxiliaires sont moins nombreux que dans les enseignements mutuels ; ils sont commis seulement aux classes des petits enfants. Pour es divisions plus avancées, le maître donne lui-même la leçon ; le moniteur ne fait plus que ranger les papiers, les livres ; il n'est plus adonné qu'aux soins matériels de la classe.

Dans les départements, les écoles mixtes sont bien plus nombreuses que les écoles d'enseignement mutuel. C'est un malheur.

La méthode de l'enseignement mutuel a été faite pour de grandes agrégations d'enfants ; il faudrait actuellement qu'on instituât une méthode bien fixe et bien déterminée pour de petits enseignements mutuels ; c'est le caractère que tendent à prendre les écoles mixtes ; quand elles se seront ainsi peu à peu transformées, quand elles se seront organisées dans le bon système du partage en classes, et de la surveillance de la classe par les moniteurs, de l'institution d'un corps d'élèves d'élite, devant fournir à l'école d'excellents moniteurs, l'enseignement primaire aura fait son dernier progrès dans les villages.

(Edouard Person, *Cours de pédagogie*, 1844, 19ᵉ tableau.)

NOTE III, se rapportant à la direction de l'Ecole normale primaire d'Albi de 1834 à 1838 (pages 69 et suivantes).

Il n'y a pas que les souvenirs qui nous viennent d'une époque déjà lointaine, qui donnent du prix aux choses. Ceux qui nous arrivent d'un endroit éloigné acquièrent encore à nos yeux une valeur nouvelle. C'est à ce double titre que je réunis ici, en les classant par ordre chronologique, divers extraits de documents qui m'ont été expédiés de la préfecture du Tarn, avec un empressement et une libéralité dont je suis fort reconnaissant. Tôt ou tard ces vieux papiers seront mis au pilon ; et, sans l'intérêt qui nous guide en ce moment, aurions-nous eu jamais l'idée d'aller les rechercher aux archives d'Albi ? Je recommande aux anciens élèves d'Edouard Person la lecture de ces pièces ; je leur signale notamment la lettre ministérielle du 15 mars 1836, où le directeur d'Albi est fortement blâmé de donner à ses élèves une instruction trop élevée et trop développée. Ces passages sont caractéristiques.

1° 3 juillet 1834 : Commission de surveillance. — La Commission détermine les attributions des fonctionnaires de l'établissement. Le directeur est chargé des cours suivants : arithmétique, géométrie, dessin, topographie, physique, sciences naturelles, géographie, pédagogie.

2° 31 décembre 1834 : Rapport du directeur au préfet du Tarn. — Il sollicite, à la fin de ce rapport, des visites fréquentes et régulières des membres de la commission de sur-

veillance : « lorsque l'élève et le professeur, seuls avec eux-
» mêmes, n'ont pour juges de leurs efforts que leurs obser-
» vations réciproques, le zèle de l'un tend à s'engourdir par
» la monotonie, l'ardeur de l'autre s'éteint par le dégoût et
» l'ennui. »

3° 29 janvier 1835 : Commission de surveillance. — Une place de maître-adjoint étant disponible, par la nomination de M. l'abbé Bonnafous, aux fonctions de principal du collège communal de Gaillac, la Commission émet le vœu que M. Person-Collard soit nommé à l'emploi vacant :

La Commission après en avoir délibéré, considérant que M. Person fils a obtenu déjà les plus heureux succès dans la direction de l'École normale ; que les progrès de l'établissement, chaque jour plus marqués, sont dus en très grande partie au zèle et aux talents dont il n'a cessé de faire preuve, depuis son arrivée parmi nous, et qu'il est du plus grand intérêt de le conserver longtemps à la tête de l'enseignement primaire dans le département ; qu'un moyen assuré d'y réussir, c'est sans doute d'appeler son père à la place qui reste vacante à l'École ; qu'au surplus les talents personnels et le mérite de M. Person père sont déjà connus, *et qu'à défaut de toute autre garantie, il nous suffirait d'ailleurs de savoir que c'est lui qui a fait l'éducation de son fils ;* par ces motifs, la commission émet à l'unanimité le vœu que M. Person-Collard soit nommé maître-adjoint, en remplacement de M. Bonnafous.

4° 4 juillet 1835 : Commission de surveillance. — Le directeur rend compte du résultat de l'inspection universitaire. L'École normale a été visitée par M. Ampère, qui a interrogé les élèves sur l'arithmétique, la géométrie, la physique, l'histoire naturelle, et par M. Naudet, qui les a interrogés sur l'histoire, la chronologie, la géographie et la grammaire. L'impression de ces hauts dignitaires de l'Université a été très favorable.

5° 10 juillet 1835 : Lettre du directeur de l'École normale à M. le président du Comité d'instruction primaire de l'arrondissement d'Albi :

Pour que l'École normale, dans son institution, ne soit pas une vaine œuvre, pour qu'elle justifie et conserve les sympathies du pays, il faut que sa direction soit éclairée par des faits observés de toute la hauteur d'une impartiale sagesse ; aussi c'est aux comités d'arrondissement que je m'adresse pour avoir, sur chacun des jeunes maîtres commis à leur tutelle, les renseignements qui doivent établir la statistique de l'instruction normale du département. Le Comité comprendra les motifs qui me font désirer d'obtenir ces renseignements de l'autorité de sa censure; j'en ai besoin pour diriger ma marche progressive : je les attends de sa sollicitude pour l'amélioration morale du peuple.

Pour comprendre le sens de ce passage, il est bon de rappeler que l'ordonnance du 26 février 1835, établissant dans chaque département un inspecteur primaire, n'était pas encore appliquée dans le Tarn.

6° 10 juillet 1835 : Lettre du directeur de l'Ecole normale à M. le président du Comité supérieur d'instruction primaire d'Albi, demandant la création d'un Bulletin de l'enseignement primaire pour le département du Tarn :

... Il est donc vrai que l'isolement dans lequel vivent les instituteurs tuerait leur volonté affaiblie, si de temps en temps on ne retrempait leurs forces ébranlées, par l'énergie de résolutions prises en commun dans des réunions périodiques. Eux aussi doivent avoir leurs conférences et leurs congrès. Déjà j'ai proposé qu'un Bulletin spécial fût publié à Albi, tous les quinze jours, et envoyé à tous les instituteurs. Ce Bulletin serait un véritable journal d'études, d'enseignements, de méthodes, de conseils et d'exemples. Chaque Bulletin renfermerait deux leçons, et la répétition de chaque leçon, faite chaque semaine en réunion d'instituteurs, constituerait la conférence.

7° 15 mars 1836 : Lettre du ministre de l'instruction publique au préfet du Tarn :

... Des renseignements qui me sont parvenus me font craindre que l'enseignement donné aux élèves-maîtres, et particulièrement celui dont est chargé M. Person, ne soit pas contenu dans les limites qu'on ne saurait dépasser, sans compromettre les résultats qu'il faut attendre de l'École normale pour l'amélioration de l'instruction primaire. Il importe beaucoup de ne pas perdre de vue qu'il s'agit de former, dans cette école, des instituteurs appelés pour la plupart à exercer, dans des communes rurales, les fonctions graves et modestes de l'enseignement primaire. Il y aurait de grands inconvénients à ce que les élèves-maîtres reçussent des connaissances trop étendues qui pourraient leur procurer un jour les moyens ou leur donner l'ambition de se livrer à quelque profession plus lucrative que celle qu'ils se destinent à embrasser. J'invite M. le Recteur à faire à M. Person des recommandations sérieuses à cet égard.

NOTE III, SUR L'ÉCOLE NORMALE D'ALBI   249

8° 12 décembre 1837 : Commission de surveillance. — Rapport du directeur sur l'organisation nouvelle à donner à l'Ecole normale ; discussion de ce rapport quant aux questions suivantes ;

a) Adjonction à l'Ecole normale d'une école supérieure préparatoire et d'une école élémentaire.

b) Conditions à déterminer pour l'admission à ces écoles.

c) Programmes à fixer pour les études à l'École normale et dans les annexes.

d) Développement à donner à l'enseignement musical.

e) Institution de cours pour les adultes et de deux écoles permanentes, l'une de géométrie pratique et de dessin, l'autre de chant (voilà une société chorale en germe).

f) Publication d'un Bulletin de conférences.

g) Affectation à donner aux salles de l'établissement.

h) Taille et greffe des arbres fruitiers.

i) Questions relatives à l'internat : trousseau, uniforme des élèves.

Dans la même séance, la commission demande qu'une indemnité de logement soit accordée au directeur. En effet, sur son traitement de 2,000 francs, le directeur prélevait jusque-là le prix d'un appartement en ville, et de plus, « il a été » obligé de conserver dans son logement les meubles, ins-» truments, livres appartenant à l'Ecole ; il y a reçu les élèves » pour plusieurs de leurs cours ».

9° 28 juin 1838 : Commission de surveillance. — Voici le résumé d'une discussion, au sujet de la musique, et notamment de la musique religieuse, qu'il me paraît intéressant de conserver. Edouard Person a obtenu deux ophicléides, mais on lui a refusé impitoyablement les deux basses ! En ce qui concerne la musique religieuse, j'ai à peine besoin de rappeler que, dans la séance du 3 mars 1884, la Chambre des députés a voté (§ 1 de l'article 23), l'interdiction aux instituteurs « des emplois rémunérés ou gratuits dans les services des cultes ».

Le directeur demande qu'une somme restée disponible soit consacrée à l'achat de deux ophicléides et de deux basses. Diverses objections se produisent contre cette proposition. M. le principal du Collège et M. l'inspecteur primaire pensent que ce qu'il est avant tout utile de faire pour les villages, ce sont des chantres d'église ; que l'enseignement musical à l'École normale devrait se borner au plain-chant; comme l'ophicléide peut être d'un bon effet au lutrin, ce sont ces seuls instruments qu'ils voudraient qu'on introduisît à l'École.

Le directeur expose d'autres idées : selon lui la musique doit avoir les plus salutaires influences sur les mœurs des populations. Il pense que les instituteurs ne devraient pas seulement être capables de diriger un lutrin, *mais encore de faire du chant un des enseignements classiques de leurs écoles.*

L'instituteur devrait être le maître de chapelle du village, et pour lui faire remplir un semblable rôle, il faudrait qu'une certaine force, qu'un certain goût musical lui fût donné. Il insiste pour que l'enseignement de la basse soit autorisé à l'École.

Sur d'autres observations de M. l'inspecteur primaire qui pense *que la musique distrairait les maîtres de campagne de leurs occupations* (!), la Commission décide que l'enseignement musical à l'Ecole normale ne prendra pas plus d'étendue. Elle ne consent pas à l'acquisition proposée de deux basses.

10° Budget de 1839 : Rapport du directeur à la commission de surveillance. — Il demande que le cours d'études soit fixé à trois années au lieu de deux; dans la première année on éprouverait la vocation des élèves : les élèves de premiere année seraient externes et suivraient, sans subvention, les cours de l'École. Ils ne seraient internes et boursiers que pendant les deux dernières années de leurs cours :

C'est l'homme moral qu'il s'agit avant tout de former : il faut donc s'assurer préalablement de la vocation des élèves, de leurs dispositions, de leurs mœurs, de leur caractère. Avec une première année d'études préparatoires, vous pourrez éloigner de l'École, non pour des fautes graves, mais pour inhabileté morale, un certain nombre d'élèves-maîtres. Pour mille raisons diverses cette mesure nécessaire sera difficile à prendre : mais il deviendra désastreux qu'on ne la prenne pas. Ceux qui n'auront point été élus se retireront, sans cette espèce de flétrissure qui accompagne une expulsion. Et si une année a été consacrée à un but qui n'a pu être atteint, elle aura été assez profitable, sous d'autres rapports, pour que personne n'ait à se plaindre.

11° Rapport du directeur à M. le ministre de l'Instruction publique, sur l'état des études et de la discipline à l'Ecole normale d'Albi pendant l'année classique 1837-1838. Il mentionne le succès des cours d'adultes et des classes du soir pour les ouvriers de la ville, cours et classes institués à l'Ecole normale par le directeur, avec la collaboration des élèves-maîtres.

NOTE IV, se rapportant à la page 91, sur la décoration de l'Ecole normale du Grand-Faubourg.

Dans une note insérée, en 1846, dans le *Supplément au Manuel général de l'Instruction primaire*, le directeur stimule le zèle des élèves et des instituteurs pour enrichir les vitrines et les collections d'histoire naturelle : il remercie en ces termes plusieurs donateurs qui avaient offert à l'Ecole normale de précieux spécimens longtemps conservés à l'Etablissement.

Nous mentionnerons déjà ici M. Barbier, de Prouais, qui a donné un magnifique paon tout monté; M. Delaval, de Querre, qui, ayant reçu de M. le maire de sa commune un autre paon blanc, en a fait l'offrande à l'École.

M. Leroy, de la colonie agricole de Bonneval, a envoyé des débris de poteries romaines, des minéraux et des médailles.

M. Friteau, de Saint-Prest, a apporté des pierres, des sables, des pétrifications et un débris d'ossement extrait des fouilles du chemin de fer et se rapportant à un animal ante-diluvien de dimensions gigantesques.

NOTE V, se rapportant à la page 173, sur l'origine de la culture des pêchers à Montreuil.

A propos des pêchers de Montreuil, dont parlait souvent Ed. Person, voici une petite anecdote que je dois, non pas à ses souvenirs, mais à un piquant récit que m'a fait dernièrement M. Michel de Rotrou, ancien maire de Montreuil.

La culture des pêchers de Montreuil date d'un mousquetaire de Louis XIV, nommé Girardot, qui, après avoir « pris ses invalides », comme on disait en ce temps-là, cultiva le premier, dans son petit jardin de Montreuil, des pêchers qui réussirent à merveille. Girardot avait connu à la guerre le grand Condé, et un jour que le prince recevait à Chantilly le roi Louis XIV, il envoya à l'intendant un panier de ses pêches, d'une grosseur et d'un parfum inconnus à cette époque. Ces pêches parurent à la table royale et chacun se récria sur leur beauté. La Quintinie, le fameux jardinier de Versailles, qui était présent, vivement interpellé par Louis XIV, fut obligé d'avouer qu'il était incapable de produire à Marly, à Versailles ou à Trianon, de pareils fruits. Louis XIV voulut voir l'ancien mousquetaire devenu si expert en jardinage. Quelques jours après, dans une de ses promenades, il passa par Montreuil et se fit présenter Girardot, ainsi que ses sept enfants (qui tous étaient au service du Roi et devaient y mourir). Le Roi ayant accordé une pension au vieux soldat, Girardot demanda au souverain la permission de lui offrir tous les ans, en échange, un panier de ses plus belles pêches. L'offre fut acceptée. La culture des pêchers se développa à Montreuil, et plus tard, à la mort de Girardot, les principaux horticulteurs de la commune se substituèrent à lui pour offrir au roi de France un échantillon de leurs plus beaux fruits.

A la mort de Louis XVI, la commune de Paris hérita de ce tribut annuel. Puis, après la Révolution, le cadeau fut scindé et présenté à la fois au préfet de la Seine et au préfet de police.

Devenu maire de Montreuil, M. Michel de Rotrou, surpris de cette coutume qui lui parut inexplicable, voulut en connaître l'origine ; l'ayant découverte, il demanda au roi Louis-Philippe que le préfet de la Seine et le préfet de police fussent dépossédés de ce cadeau, auquel ils n'avaient aucun droit, et qui devait appartenir au souverain. L'insistance de M. Michel de Rotrou était d'autant plus amusante que le préfet de la Seine, M. de Rambuteau, était son parent et son intime ami. Le roi Louis-Philippe accepta la proposition, et de 1830 jusqu'en 1848, le maire et les notables horticulteurs de Montreuil furent reçus tous les ans par le Roi et la Reine, auquel ils allaient offrir les pêches de Montreuil. Il en fut de même, à partir de 1848, avec le Prince Président et avec l'Empereur. Là s'arrêtent les souvenirs de M. Michel de Rotrou, et, de mon côté, je n'ai pas poursuivi mes recherches sur cette importante question. Cependant il serait aujourd'hui assez curieux de savoir si le chef de l'Etat continue à recevoir, tous les ans, l'hommage des pêches de Montreuil, qui date de Louis XIV et du mousquetaire Girardot.

TABLE DES MATIÈRES

Avant-propos.. VII

CHAPITRE Ier. — 1805-1814.

Vitry-le-François. — La conquête de la Hollande et la reddition de Berg-op-Zoom. — La bataille de Leipzig. — L'invasion de 1814. — Napoléon Ier à Luxémont. — Les lagunes de la Marne. — L'oncle Abraham.. 13

CHAPITRE II. — 1815.

Versailles. — L'invasion de 1815 et le combat de Rocquencourt d'après des documents inédits.................................. 20

CHAPITRE III. — 1815-1833.

La carrière d'un instituteur primaire sous la Restauration. — L'ancien régime. — Les projets de la Convention. — Les ordonnances de 1816, 1824, 1828 : MM. de Frayssinous et de Vatimesnil, ministres de l'Instruction publique. — Les trois brevets de capacité. — Les comités cantonaux. — L'autorisation préalable de l'évêque diocésain. — Person-Collard, maître d'écriture à l'Ecole des Pages. — Edouard Person, instituteur primaire à Versailles, en 1825. — La méthode Lancastérienne. — Le mode simultané. — Que faut-il penser des tableaux peu flatteurs qui ont été tracés de la situation de l'enseignement primaire, en France, sous la Restauration et avant la loi du 28 juin 1833 ? — Qu'il y a à prendre et à laisser dans ces peintures. — Le ivre de P. Lorain. — Développement graduel de l'enseignement primaire de 1821 à 1833. — Cours normaux et premières écoles normales. — M. de Montalivet, ministre de l'Instruction publique en 1831. — Efforts et premiers succès d'Ed. Person, comme instituteur primaire, puis comme maître de pension dans l'enseignement secondaire, à Versailles. — Honorables amitiés et hauts patronages qu'il conquiert à cette époque : MM. Aubernon, de Jouvencel, Théry, Barthe et Polonceau. — Il adresse au maire de Versailles, M. Haussmann, un projet d'organisation pour l'Ecole primaire supérieure de la ville.. 33

CHAPITRE IV. — 1834-1838.

La loi du 28 juin 1833. — Les 490 inspecteurs. — Ed. Person mandé et reçu par M. Guizot, ministre de l'Instruction publique. — L'Ecole normale primaire d'Albi. — Difficultés de la situation. — La Croisade des Albigeois. — M. de Villeneuve, préfet du Tarn. — La cathédrale d'Albi. — Le saut de Sabo. — Services exceptionnels et succès d'Edouard Person. — Il reçoit à Albi les palmes académiques et la croix d'honneur. — Le docteur Rigal. — Les préparatifs d'un duel au pistolet.. 60

CHAPITRE V. — 1838-1848.

L'âge héroïque. — Faveur dont jouissent les écoles normales primaires dans l'opinion publique et dans les conseils du gouvernement. — Sujet de concours proposé par l'Académie des sciences morales et politiques. — Programmes d'enseignement. — Première organisation de l'Ecole normale primaire de Chartres de 1831 à 1833 : l'Ecole d'enseignement mutuel ; le Cours normal ; le premier directeur, M. Dunand. — Seconde période de 1834 à 1838. — Les premiers élèves-maîtres et les premiers professeurs. — Installation définitive de l'Ecole normale au Grand Faubourg. — Appropriations et décorations intérieures. — Tableaux et collections. — Méthode des accolades. — Les premiers professeurs de l'Ecole normale primaire de Chartres : MM. Mahistre, Louvancour, Geneau, Dr Genet, Chabriel, Gilbert, Mouton, Brière. — Ed. Person, grammairien et pédagogue. — Sa méthode d'enseignement. — Ses idées sur la fin chrétienne et morale de l'éducation. — Les leçons de choses. — Ed. Person est présenté, en 1839, à Chartres, au duc d'Orléans. — M. de Villeneuve est remplacé à la préfecture d'Eure-et-Loir par M. le baron de Jessaint..... 78

CHAPITRE VI. — Février et juin 1848.

Rapports d'Edouard Person avec les autorités républicaines. — Obligations particulières qu'il contracte envers M. Marescal, commissaire de la République en Eure-et-Loir. — Les journées de Juin. — M. Sebire, préfet d'Eure-et-Loir. — Le directeur et les élèves de l'École normale primaire de Chartres font partie du détachement de la garde nationale qui se rend à Paris pour défendre le Gouvernement. — La gare Saint-Lazare. — La place de l'Hôtel-de-Ville. — Le général Négrier. — Le faubourg St-Antoine et la rue Castex. — Monseigneur Affre. — La prison de Sainte-Pélagie. — Lettre de Victor Hugo au directeur et aux élèves de l'Ecole normale de Chartres. — Directions morales et conseils, au point de vue politique, qu'Edouard Person donne à cette époque aux futurs instituteurs d'Eure-et-Loir. — La circulaire Carnot... 115

TABLE DES MATIÈRES 255

CHAPITRE VII. — 1849-1850.

La loi du 15 mars 1850. — L'Université et les écoles normales primaires menacées. — Commissions préparatoires. — Opinion des députés dans les bureaux. — Ed. Person s'efforce de conquérir à l'institution des écoles normales des défenseurs et des patrons. — Requête adressée à Victor Hugo. — Audience du ministre de l'Instruction publique, M. de Falloux. — M. de Suleau, préfet d'Eure-et-Loir. — Inauguration, à Chartres, du chemin de fer de Paris à Rennes (5 juillet 1849). Ed. Person est présenté au Prince Président. — Le baron Lacrosse, ministre de l'Agriculture et des Travaux publics, visite l'Ecole normale. — Le choléra. — Vote de la loi sur la liberté de l'enseignement. — L'inamovibilité des instituteurs supprimée. — Création de 86 recteurs départementaux et de 86 conseils académiques. — Mgr Clausel de Montals, évêque de Chartres. — Ed. Person fait partie du Conseil académique d'Eure-et-Loir. — Il refuse la direction de l'Ecole normale de Versailles qui lui est offerte. — Souvenir à mes professeurs du Collège de Chartres, MM. Fontaine, professeur de logique, Ouellard, professeur de rhétorique, Varnier, professeur de seconde.. 135

CHAPITRE VIII. — 1850-1856.

L'application de la loi de 1850. — M. H. Fortoul, ministre de l'Instruction publique. — Décrets du 24 mars 1851 et du 9 mars 1852. — M. Bouchitté, recteur du département d'Eure-et-Loir. — Edouard Person, secrétaire du Conseil académique. — Sa parole y est souvent écoutée : ses réelles qualités d'orateur. — Loi du 14 juin 1854 plaçant l'enseignement primaire sous l'autorité immédiate des préfets. — La réaction cléricale. — Ed. Person prend la défense de plusieurs de ses anciens élèves calomniés. — L'abbé L'Anglois, aumônier de l'Ecole normale de Chartres.. 156

CHAPITRE IX. — 1854-1870.

Les ministres de l'Instruction publique, MM. Rouland et V. Duruy. — Développement des idées d'Ed. Person. — Ses œuvres à l'extérieur. — La colonie agricole de Bonneval. — La Société d'horticulture. — Les Expositions. — Le jardin de l'Ecole normale primaire. — Essais et champ d'expériences. — Société archéologique d'Eure-et-Loir. — Exposition d'Archéologie et des Beaux-Arts à Chartres, en 1858. — Succès obtenus par l'Ecole normale de Chartres dans les différents concours. La grande médaille d'or au concours régional de 1863. — Observations astronomiques et météorologiques. — Le cours d'agriculture de M. Heuzé. — Curiosité universelle et désir de s'instruire persistant, chez Ed. Person, jusqu'à la dernière heure. — Sa sincérité et sa modestie. — Souvenir à deux jeunes amis, A. P. et Emmanuel Voyet. — Cours publics et conférences chartraines. —

Visiteurs attirés à l'Ecole normale primaire de Chartres. — Les Inspecteurs généraux de l'Université, de l'Agriculture, du Chant, etc. — MM. Lepère et Jamin, J.-B. Dumas, Le Verrier, Renou, Dr Lescarbault, Dr Trousseau, Dr Blanchet, le Pasteur Montondon ; M. Riocreux, Mme Marie Cavé, M. Ziéglér, le général Gréard, M. Poulain de Bossay. — Visite de l'Ecole normale de Versailles à l'Ecole normale de Chartres. — La Société chorale. — L'Album. — Audience de M. Rouland. — Comment l'Ecole normale de Chartres se ressentait heureusement de toutes les relations et de toutes les influences de son directeur 168

CHAPITRE X. — 1870-1877.

Les dernières années. — L'Exposition scolaire de 1868. — La guerre de 1870. — L'ambulance des blessés à l'Ecole normale de Chartres. — Edouard Person prend sa retraite en 1876. — La pauvreté et la mort. — Ses derniers amis : Madame Alexandre Texier, madame E. Roux... 201

CHAPITRE XI.

Le passé et le présent. — L'œuvre d'Ed. Person encore vivante dans les élèves qu'il a formés, dans ses leçons et ses méthodes. — Pourquoi nous avons dû nous décider à ne citer ici aucun nom propre. — Les quatre principaux collaborateurs d'Edouard Person. — Nouveaux exemples tirés de son cours de Pédagogie. — Programmes de quelques-unes de ses leçons. — Les anciens collègues d'Ed. Person, Rapet, Vivien, Lebrun, Badin, Bentz, Lalain, Hilaire, Dalimier, Thévenot. — Conclusion de cette notice........................... 212

APPENDICE.

Note I, se rapportant à la page 38, sur les comités cantonaux et le mode de nomination des instituteurs primaires d'après la loi de 1833, comparé aux dispositions de la loi votée, le 18 mars 1884, par la Chambre des députés.. 235

Note II, se rapportant à la page 43, sur l'enseignement mutuel... 240

Note III, se rapportant à la direction de l'Ecole normale primaire d'Albi de 1834 à 1838 (pages 69 et suivantes)...................... 246

Note IV, se rapportant à la page 91, sur la décoration de l'Ecole normale du Grand Faubourg.. 251

Note V, se rapportant à la page 173, sur l'origine de la culture des pêchers à Montreuil... 251

Table des Matières... 253

VERSAILLES, IMPRIMERIE CERF ET FILS, RUE DUPLESSIS, 59.

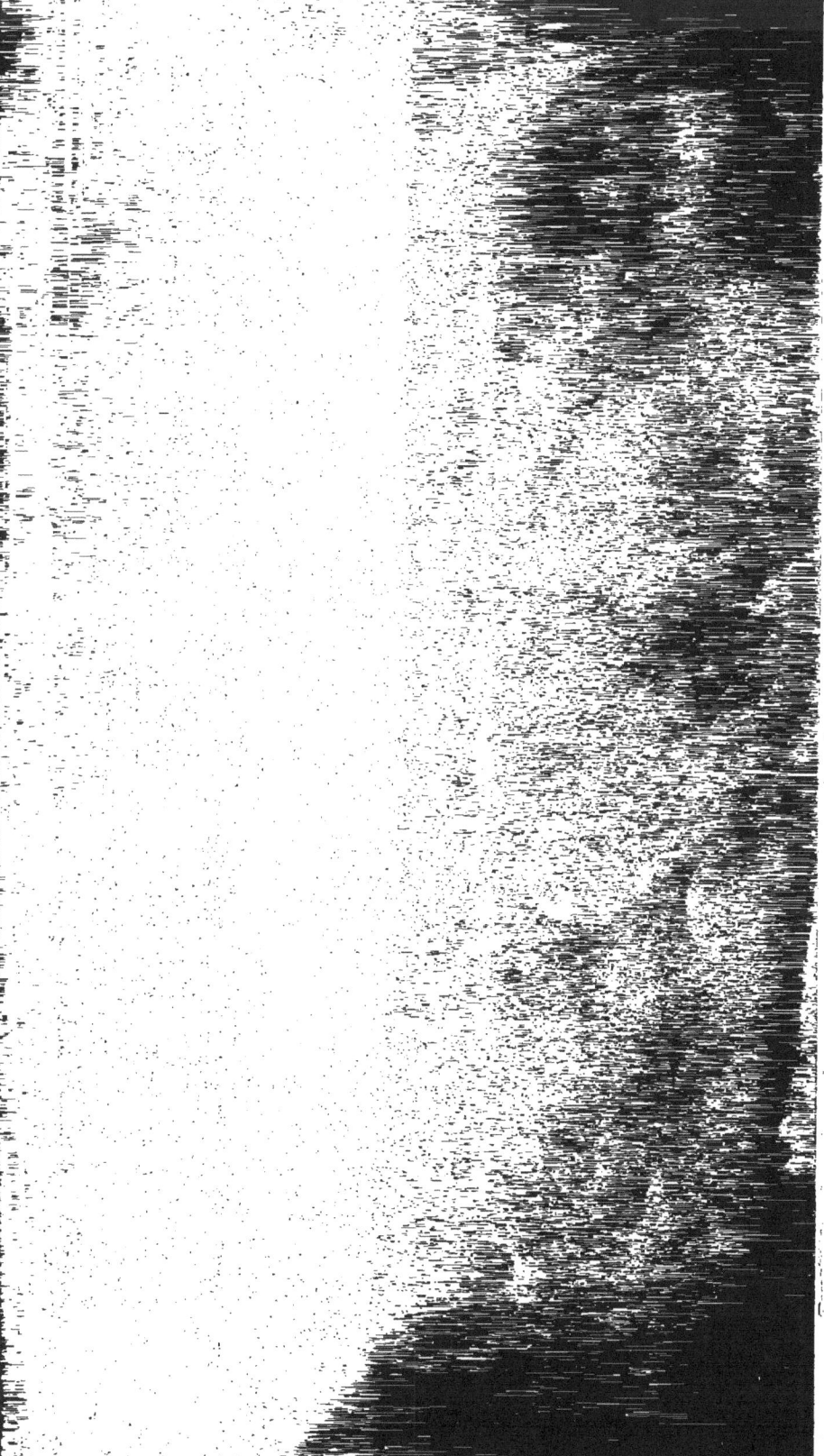

LIBRAIRIE LÉOPOLD CERF
13, RUE DE MÉDICIS, PARIS.

HISTOIRE
DU
VÉRITABLE SAINT-GENEST DE ROTROU
Par Léonce PERSON
Professeur au Lycée Saint-Louis.

HISTOIRE DU VENCESLAS DE ROTROU
SUIVIE DES NOTES CRITIQUES ET BIOGRAPHIQUES
Par Léonce Person
Professeur au Lycée Saint-Louis.

LES PAPIERS
DE
PIERRE ROTROU DE SAUDREVILLE
SECRÉTAIRE DU MARÉCHAL DE GUÉBRIANT
INTRODUCTION
Par Léonce PERSON
Professeur au Lycée Condorcet.

LE GÉNÉRAL CHANZY
(1823-1883)
Par A. CHUQUET
DEUXIÈME ÉDITION
Ouvrage couronné par l'Académie française.

LE SIÈGE DE BELFORT
Par L. DUSSIEUX
Professeur honoraire à l'école de Saint-Cyr.

LETTRES INTIMES DE HENRI IV
AVEC UNE INTRODUCTION ET DES NOTES
Par L. DUSSIEUX
Professeur honoraire à l'école de Saint-Cyr.

HUIT JOURS A VERSAILLES
Versailles et ses Environs (avec 4 plans coloriés)
Par Lucien AUGÉ

LE PERIL NATIONAL
Par Raoul FRARY
5ᵉ ÉDITION
Ouvrage couronné par l'Académie française.

LE BLASON POPULAIRE DE LA FRANCE
Par H. GAIDOZ et Paul SÉBILLOT

ESSAI SUR L'INFLUENCE FRANÇAISE
Par LEFEBVRE SAINT-OGAN

VERSAILLES — IMPRIMERIE CERF ET FILS, 59, RUE DUPLESSIS.

www.ingramcontent.com/pod-product-compliance
Lightning Source LLC
Chambersburg PA
CBHW070626170426
43200CB00010B/1926